卓越教师
教学主张丛书

厦门市卓越教师培育项目成果
西南大学教育学"双一流"学科建设实践成果
总主编 陈 珍 朱德全

融通 语文
——小学语文教学化成

陆佳音 著

西南大学出版社
国家一级出版社 全国百佳图书出版单位
· 重庆 ·

图书在版编目(CIP)数据

融通语文:小学语文教学化成/陆佳音著.
重庆:西南大学出版社,2024.12. -- (卓越教师教学
主张丛书). -- ISBN 978-7-5697-2608-4
Ⅰ.G623.202
中国国家版本馆CIP数据核字第2024QJ1797号

融通语文——小学语文教学化成
RONGTONG YUWEN——XIAOXUE YUWEN JIAOXUE HUACHENG

陆佳音 著

责任编辑:	秦 俭
责任校对:	徐庆兰
封面设计:	闽江文化
版式设计:	散点设计
排 版:	黄金红
出版发行:	西南大学出版社(原西南师范大学出版社)
	地址:重庆市北碚区天生路2号
	邮编:400715
	市场营销部电话:023-68868624
印 刷:	重庆紫石东南印务有限公司
成品尺寸:	170 mm×240 mm
印 张:	18.5
字 数:	345千字
版 次:	2024年12月 第1版
印 次:	2024年12月 第1次印刷
书 号:	ISBN 978-7-5697-2608-4
定 价:	58.00元

编委会

总主编
陈 珍　朱德全

副总主编
洪 军　刘伟玲　庄小荣　潘世锋　罗生全　周文全

执行主编
范涌峰　魏登尖

编委（以姓氏笔画为序）
王天平　王正青　牛卫红　艾 兴　叶小波　朱德全
庄小荣　刘伟玲　陈 珍　陈 婷　范涌峰　罗生全
周文全　郑 鑫　赵 斌　侯玉娜　洪 军　唐华玲
　　　　　　　　　　　　韩仁友　潘世锋　魏登尖

总序

习近平总书记在2024年全国教育大会上指出,要实施教育家精神铸魂强师行动,加强师德师风建设,提高教师培养培训质量,培养造就新时代高水平教师队伍。《中共中央 国务院关于弘扬教育家精神加强新时代高素质专业化教师队伍建设的意见》指出,要加强中小学学科领军教师培训,培育一批引领基础教育学科教学改革的骨干。强化中小学名师名校长培养。

厦门市历来重视名师队伍的培育培养工作,根据教师专业成长规律,经过二十年探索,逐步形成了"骨干教师—学科带头人—专家型教师—卓越教师"的金字塔式名师阶梯成长体系。自2021年起,厦门市教育局与西南大学开展战略合作,共同推进厦门教育高质量发展和教师队伍建设。"厦门市首期卓越教师培育项目"是由厦门市教育局与西南大学教育学部联合倾力打造的精品培训项目,也是厦门市迄今为止最高层次的教师培训项目。该项目旨在打造一支具有教育情怀、高尚师德,富有创新精神,具有鲜明教育教学思想和教学主张,在教育教学和教育科研上发挥领军作用的高层次教育人才队伍。项目以产出导向为理念,坚持任务驱动,通过个人自学、高端访学、课题研究、讲学辐射、挂钩帮扶、发表论文、出版专著、提炼教育思想、推广教学主张等方式优化培育过程。

三年琢磨,美玉渐成。通过三年的探索,围绕成为"有实践的思想者"这一核心目标,每一位卓越教师培育对象形成了特色鲜明、理念前沿的教学主张,并以教学主张为中心形成了一本专著,从而汇集成目前呈现在大家面前的"卓越教师教学主张丛书"。本丛书既是"厦门市首期卓越教师培育项目"三年实施成果的沉淀,是每一位卓越教师培育对象思想的结晶,也是西南大学教育学"双一流"学科建设的实践成果。

仔细阅读本丛书,可以欣喜地看到,卓越教师培育对象们不仅能敏锐地捕捉到教育教学领域的难点、热点问题,揭示其中的本质规律,还能结合本地教学实际智慧地提出解决方案。总体来说,本丛书有以下三个方面的特点。

一是有较浓厚的学术气息。29位培育对象中有获得国家、省级基础教育教学成果奖的教师,有正高级教师,有省特级教师,但他们还在不断突破,追寻对教育教学本质的理解,追寻从实践到思想的蝶变,追寻高水平的专业表达。他们从实践中提炼出主张,再用主张引领实践,他们在书稿中融入了理论的阐释,学会了建构模型,并借助模型简洁地表述自己的教育教学思想,读起来不生涩也不单调。

二是有较强的系列探索味道。《义务教育课程方案(2022年版)》提出,应做好学段间的教育教学衔接。29位培育对象中,既有教育科研专职人员和学校的管理者,也有班主任、一线教师等,研究成果覆盖了小学、初中和高中的大部分学科,最终形成了29本培育对象教学主张的专著和1本全景式呈现卓越教师培育的经验和初步成效的论著。因此,本丛书既有基于教育者几十年教学实践的思想提炼,又有深入课堂的案例剖析。可以"用眼睛来读",作为教师专业发展的自读文选;也可以"用行动去做",作为教学范例直接进入课堂实践,在行动研究中孵化、创生;也适合教育研究者或管理人员参阅,从中窥探从小学到高中的教育教学重点与发展脉络。

三是有鲜明的课程育人特色。本丛书的撰写以学科课程为载体,以学科课程核心素养为目标,积极探索新时代背景下的育人方式变革,寻求育人最佳路径,以德施教,立德树人。因此,单看每本专著,已能感受到其中鲜明的课程育人特色,综合丛书来看,这一特色更加明显。

期盼厦门市首批卓越教师培育对象大力弘扬践行教育家精神,追求卓越的步伐永不停留,不断完善、应用和推广自己的教学主张和教学成果,为厦门教育作出更多更大的贡献。也期盼本丛书能为广大中小学教师深化教学改革提供参考,为教育学"双一流"学科服务教育实践提供借鉴。

是为序。

陈 珍

(中共厦门市委教育工委书记、厦门市教育局局长)

朱德全

(西南大学教育学部部长、西南大学教育学一流学科建设"首席责任专家"、国家重大人才工程特聘教授、国务院学位委员会学科评议组成员)

序言

学校课程教学改革深化背景下,数字化赋能基础教育,拓展教学时空、共享优质资源、优化课程内容与教学过程,需要教师具有宽广的视野格局、课程内容整合和跨学科教学能力,更好地满足教育数字化转型背景下对创新人才的培养需求。在学科育人方式上,教师需要充分依据核心素养导向的课程标准,结合教学内容所蕴含的人类美好的思想情感、积极正向的价值取向、道德伦理等因素对学生进行融合式的教育,挖掘学科知识所蕴含的育人因素,并将其渗透到学科教学具体过程中,促进学生将知识上升到智慧,实现整体人格发展,从而更好地实现当前教育立德树人的根本任务。"融通语文"教学主张正是对当前课程育人和教学方式转变的有力回应。

教学主张是教师基于时代背景,对教育哲学和教育理想的认知,对教育教学规律的深度理解,对学科课程的准确把握,对教学实践的经验智慧总结。陆佳音老师的"融通语文"教学主张,是在融通理念引领下,以育人为导向,从自身教学经验中提炼的教学范式。这一教学主张不仅体现了对传统语文教学模式的超越,更深入地融会了新时期课程改革的核心思想,其着眼于落实"立德树人"的根本任务,以"融通"的理念和思维回答学生语文素养培育的时代命题,彰显了以下三个基本特征。

首先,"融通语文"顺应了"五育融合"的时代要求。在新时代的教育背景下,德、智、体、美、劳全面发展已成为教育的重要目标。"融通语文"正是通过整合各种教育资源,将语文教育与其他学科、生活实践紧密相连,实现了知识、能力、情感态度与价值观的全面培养。

其次,"融通语文"建构了"语文核心素养"培育的有效途径。在新时期,培养学生的核心素养已成为学科育人的重要任务。"融通语文"教学主张提出,在联动共生的生态场域中,有效把握智能化时代资讯涌现的特点,打破学科壁垒,链接学习通道,畅通学段衔接,把握"融、和、通、达"四层境的操作策略,进而促进课堂教学改革,实现知识的兼收并蓄、融会贯通、传承创新,以及生命的完整生长。

最后,"融通语文"回应了文化"传承创新"的时代召唤。"融通"的思想,是中华优秀传统文化的一种教育哲学和思想精髓。语文作为文化的载体,承载着传承与创新的双重使命,"融通语文"的教学理念,努力建构的是具有中国特质的面向未来的教学实践育人样本,旨在为文化的持续发展注入新的活力。

本书汇集了陆佳音老师多年来对小学语文教学实践及教学理论研究的思考及其创新性实践经验,其凝练的"融通语文"之教学范式、策略路径等,为小学语文教师的教学改革实践创新提供了有益的参考。

艾 兴

(西南大学教授、博士生导师)

2024年1月

目录

第一章　融通语文概述

第一节　时代背景 ·· 003
第二节　融通概说 ·· 009
第三节　融通语文的意义 ·· 019

第二章　融通语文的理论基础

第一节　哲学基础 ·· 023
第二节　心理学基础 ·· 031
第三节　教育学基础 ·· 038

第三章　融通语文的范式建构

第一节　从统编版小学语文教材认识教学 ·················· 049
第二节　基本模型 ·· 062
第三节　方式方法 ·· 069
第四节　评价机制 ·· 091

001

第四章　融通语文的策略路径

第一节　综述：策略的整体构建……………………………109
第二节　融："多域联通"策略……………………………113
第三节　和："整体统摄"策略……………………………137
第四节　通："深度对话"策略……………………………152
第五节　达："化用知行"策略……………………………169

第五章　融通语文的运用实例

第一节　例析："融"层境的策略运用……………………189
第二节　例析："和"层境的策略运用……………………198
第三节　例析："通"层境的策略运用……………………215
第四节　例析："达"层境的策略运用……………………230

第六章　融通语文的支持条件

第一节　教学观念……………………………………………247
第二节　教师素养……………………………………………253
第三节　资源开发……………………………………………259

第七章　融通语文的教学反思与优化

第一节　融通语文的教学反思……………………………269
第二节　融通语文的教学优化……………………………272

主要参考文献……………………………………………………283
后记………………………………………………………………284

第一章

融通语文概述

第一节 时代背景

数智时代,呈现出万物智联、交融共生的智能发展新形态,人工智能、物联网、云计算等数字智能技术群形成"核聚变"效应,推动着时代变革。在这个时代,我们获取知识比以前任何时代都来得容易,却也身陷信息过载等困境。如何在纵向上培养让学生贯通终身的元能力,在横向上与其他学科相互联系;如何应对当下阅读形态和方式的变化,使学生掌握"智能"时代语文学科的关键学习能力,是语文教学需要深入思考的问题。

一 数智时代的教育警示及人才召唤

面对时代变革浪潮,需要静观与凝视,更需要动观与辩证思考。只有科学把握数智时代背景的本质属性,找准智能化教育的切入点,才能有效应对时代需求,全面推进教育现代化,迎接智能化教育的到来。

(一)教育警示:表面繁荣下的实践迷宫

数智时代,信息技术、数字技术、智能技术的快速发展,给教育带来了重大影响,不仅为教育提供了丰富的资源,也为教育改革提供了强有力的技术支撑。然而,面对浩瀚的信息,我们往往真假难辨;新技术、新变革、新生态的各种新名词不断涌现,往往让教育者迷失于信息"噪声"之中。在各种新的教育理念、成果层出不穷的表象之下,也有表面化、形式化、急功近利、追求时髦的暗流涌动,其不仅忽视了学习的底层逻辑和学生的真实基础,让学生的学习活动陷入设备堆砌、功能叠加的泥沼,而且导致了许多不良后果——浅层阅读、学路阻塞、思维钝化、人文迷失……在这样的背景下,"双减"教育理念很难落地,教育焦虑也很难从源头上得到纾解。

这种现状不能不令人警惕,它警示我们:在信息过剩的时代,多并不意味着好,清晰的见解成为一种力量,博学不见得出真知,会学更为关键。在智能化时代,教育工作者更要专注于发展人的独特智慧,进一步探索关键学习力的内容以及培育路径。

(二)理性省察:数智时代的育人召唤

数智时代的特征,迫切需要教师在教育教学中培养学习者相应的阅读、思维、表达能力,以适应时代的发展。首先,在信息过载的社会环境中,要教会学生避免快餐式、跳跃式、碎片化阅读带来的不良影响,提升阅读思维能力。其次,要让学生学会有意识地专注于学习主题,建立系统化的学习路径,懂得信息筛选,关注知识的实践转化。再次,要注意让学生避免互联网依赖导致的思维惰性、驯化,注重对学生创造力的培养。最后,要警惕人工智能的僭越行为,走出重科技轻人伦的误区,避免学生感知钝化、能力弱化,让技术真正服务于学习,使学生能在传统与现代、民族与世界间,搭起交流、融通、借鉴、整合的桥梁。就学科教学而言,语文教学不仅要开展全方位的融合与协同创新,更要思考从"融合"走向"融通"的深层次育人理念及实践路径,这是语文教学应对数智化时代挑战、永葆生机的必然选项。

二 课程改革的融合样态与问题思考

(一)"五育融合"的实践样态

《中国教育现代化2035》发布后,一系列全新的教学改革举措持续涌现,这些改革举措更加注重学生的全面发展,大力推进素质教育,促进德育、智育、体育、美育和劳动教育的有机融合。"五育融合"是对五育并举的进一步深化,是以发展素质教育、实现学生终身发展为目标,将不同学科、不同领域、不同学段的内容、知识、思想、经验,以适合学生发展的方式有机融合为一体的实践过程。"五育融合"的教学理念高度重视课程内容知识的内在逻辑关联性、重视教育课程内容的统整和学生对知识的自我建构。

国内一些课改研究的先行者基于"五育融合"等理念做了许多有益的尝试。主要表现为打破学科边界、打破课时边界等。践行综合育人、实践育人、课程育人,是从以学科知识为中心走向培养学生综合素质的有益尝试,是以学科教学为基础、以价值体认为核心,打破边界、重构意义,生成多种融通样态的实践。

在中国知网以"五育融合"为主题进行检索发现,2019年以后,"五育融合"的文献数量呈爆发式增长,研究内容主要聚焦于"五育融合""五育并举"理念及"劳动教育""核心素养""作业设计""情景研究"等方面。以"五育并举""五育融合"为核心的研究也成了全国各省市的热点研究课题,其研究成果主要体现在以"融合"为核心的教育新样态等方面。

"融合"的教育理念是一种行动理念。它要求教师以一种系统思维的方式进行育人实践,"融合"教育给教育现场的学习情境、学习组织、学习内容、学习方式和学习资源等多方面带来了深刻的改变。

第一,学习情境的融入。在学生学习的过程中,学习情境成为课程的组成部分。将情境融入学生的学习,学生能在真实情境下运用某种或多种知识完成特定任务,实现对知识意义的感受与理解,从而逐渐培养出综合素质。

第二,学习组织的重组。教师、家长、专业人士构成多样化的"学习群",角色多元,动态转换。既有传统的生生、师生组成的教室中的正式学习组织,又有时时处处发生的因学习而生成的非正式学习组织。

第三,学习内容的贯通。学习内容设计指向学生的完整生命成长,在横向扩展上,知识与知识之间产生关联,知识结构化;在纵向贯通上,知识和能力形成进阶式、螺旋式的上升,前后相连,让学生的学习内容具有生长性。

第四,学习方式的整合。建立知识与知识之间的联结,知行合一,学以致用,经由批判性地解决问题来提高个人的理解力。学生的综合素质在运用知识解决现实问题的过程中、在知识的迁移与运用中得以培育。

第五,学习资源的统整。学习资源因学习需要而统整,应以学习活动单元为起点,调整学校课程设置、课时安排等课程元素,统整校内图书馆、信息平台和社会场馆等优质课程资源,支持学生的现场学习。

(二)教学现状的反思

随着教育改革的不断深入,课堂教学从"教"走向"学",从"以教为中心"转变为"以学为中心",已经成为教师普遍认同的基本理念。但随教育改革而来的一系列新概念,比如"核心素养""学科核心素养""深度学习""真实性学习""高阶能力""项目化学习""真实问题情境""合作学习""跨学科统整""STEAM教育""单元整体教学""批判性思维""创新能力""大概念"等,也让老师们不免有"眩晕感",在课程实施中产生了许多问题。

1. 概念不清,实施乱

不经推敲的统整,是否是一种更严重的"碎片化"? 一种容易被人忽视的欺骗性在于,事物之间可理解的关联被视同因果必然性,但有时"这种因果性不过是唯心主义的构建"[①]。大数据时代在海量信息中要审慎对待命题的边界与有效性实证,要避免"断章取义"式的"拆解"、"融合"与"重构"使学习过程中获取的知识更加混乱;传统意义上的"体系化"资源应用模式被打破,学习者需要用全新的思维方式认识复杂多变的大数据环境带来的学习上的变化。事物往往是各种矛盾的统一体,教学亦然。教学规律、理念、思想、策略之间,绝非都能和谐运行、互动相生,更多的是存在着千缠百结的复杂矛盾,彼此冲突或对立,相互牵制或相克。因此只能在全面认清规律的前提下寻找一种平衡和调和。[②]

2. 目标模糊、效能低

资讯碎片化时代,学习者不是需要更多,而是需要精简。既要学会对知识碎片的挖掘、筛选、删除、遗忘,又要学会处理四者之间的关系和管理技能。知识体系可以看作一个被剔除、吸取、加工多个知识点而形成的具有整体性架构的新体系。由于知识碎片的离散性,在知识点、新知识体系建构过程中,系统化思维起着至关重要的作用,它贯穿于整个过程。当前,语文课堂教学任务引导力不足,目标模糊带来的情境建构缺乏现实意义,学生学习效能低下。

3. 浮躁功利,泡沫多

重形式,轻内在,热热闹闹的活动讨论,取代了个性化的自由阅读,"浅阅读"挤占了沉浸式阅读的空间,形式烦琐花哨,效率低下。学生仅仅获得一些文学常识、名言警句、传统文化的碎片,却无法获得对文化传统的整体把握。这才出现了孩子背诵《端午》古诗朗朗上口,却不知端午节的纪念意义,把端午节过成了"狂欢节"。语文教学改革应守正出新,"守"的是中国语文教育优良传统培根铸魂之"正","出"的是新时代语文教育启智增慧之"新"。

综上,语文教学的问题整体体现为:首先,教学"碎片化",割裂重复,忽视

[①] 卡尔·雅思贝尔斯.什么是教育[M].童可依,译.北京:生活·读书·新知三联书店,2021:57.
[②] 施茂枝.语文教学:学科逻辑与心理逻辑[M].北京:教育科学出版社,2013:9.

"统整";其次,活动"随意化",缺乏支架思考,忽视"系统";最后,拓展"泛化",与学科实践脱节,忽视"关联"。当前,教师应当冷静地看到热点背后的问题。面对当前的新概念、新名词、新理念,乱花渐欲迷人眼,教师要警惕被迷惑,应当关注这些新概念、新名词、新理念的解释力与指导力,并进行深度思考与批判性反思。

(三)"融通育人"的研究启示

《义务教育课程方案(2022年版)》提出新时代义务教育课程要遵循的基本原则:坚持全面发展,育人为本;面向全体学生,因材施教;聚焦核心素养,面向未来;加强课程综合,注重关联;变革育人方式,突出实践。课程方案是教材之母,是国家级的纲领性、指导性文件,是育人蓝图、课程总纲。这一课程方案反映了时代需求,也体现了"综合融通"的育人特质。

2024世界数字教育大会闭幕式上,中国教育科学研究院正式发布了《中国智慧教育发展报告(2023)》,报告也彰显出融通育人的思想观念。

1.综合的体系结构

智能化时代的教育将突破学校教育的边界,推动各种教育类型、资源、要素等的多元结合,推进学校、家庭、社会协同育人,构建人人皆学、处处能学、时时可学的高质量个性化终身学习体系。

2.跨域的教学范式

智能时代的教育将融合物理空间、社会空间和数字空间,创新教育教学场景,促进融合,培育跨年级、跨班级、跨学科、跨时空的学习共同体,实现规模化教育与个性化培养的有机结合。

3.融贯的教育内容

教育将聚焦发展素质教育,基于系统化的知识点的逻辑关系,建立全新的知识图谱,创新内容呈现方式,让学习成为美好体验,培养学习者的高阶思维能力、综合创新能力、终身学习能力。

4.融合的教育治理

以数据治理为核心、数智技术为驱动,整体推进教育管理,提升教育治理体系和治理能力的现代化水平。

可见,以"五育融合"为理念的实践,需要不断突破藩篱,不断纵深研究。比如,打通学习空间的通道,实现异质学习空间互联。学习空间承载着学生的学习行为,物理环境空间提供学程发生的场所,人际关系空间让学习在街头调查、场馆对话的现场中产生,具身认知空间建构学生身体在场的学习,虚拟学习空间通过延展出学生学习的新天地而创生学习组织的新形态。打通课程资源的通道,才能支持学生群体的个性化学习。因此,教师要重组学校课程资源、优化场馆学习资源、开展学习资源"云建设"、发掘课程基地资源,让学习资源的异质构成给学生的学习提供更多的选择性。更为重要的是,还要建构能够把学习资源供给学生群体的现实路径,让人人、时时、处处的学习发生成为可能;打通学习工具的通道,融合线上线下学习样态。要进行"工具研学"的持续研究,让学习工具撬动学生的学习变革。从来源上看,学生可以利用已有学习工具,可以调整优化配套学习工具,还可以自己研制学习工具;从方式上看,智能工具嵌入学习过程中,可让线上线下混合式学习、人机交互式学习成为学习的新常态;从功能上看,学生不只是在使用工具开展学习,而且在优化和研制工具的过程中也生发出学习组织新形态的元素。

融通,绝不是简单的学科知识叠加。融通语文,就要思考"融通"思想,如何在语文这个基础性学科中扎根,实现适应时代需求的有效实践,这需要我们找到学科的整合点,将问题解决线、知识逻辑线、素养发展线紧密结合,在实践活动的学科本位性、情境设置的高度结构化、问题设计的良构性突破基础上,综合运用体验和表达、成就和刺激、反馈和深化等策略,促进学生知、情、意、行的统一,促进其知识、技能、思想的提升。

第二节 融通概说

新时代的语文学科教学需要培养学生的一种关键能力——融通学习力。要说明何为融通学习力,需要对其理论依据进行挖掘,对其中的因果关系进行揭示。

一 "融通"概念的演化流变

(一)"融通"一词的溯源

"融通"一词出自南朝梁任昉《齐竟陵文宣王行状》:"公道识虚远,表里融通。"明朝宋濂《白云稿序》中也这样表述:"经乃圣人所定,实犹天然。日月星辰之昭布,山川草木之森列,莫不系焉覆焉,皆一气周流而融通之。"可见,"融通"一词,含"融会贯通"之意。《朱子全书·学三》:"举一而三反,闻一而知十,乃学者用功之深,穷理之熟,然后能融会贯通,以至于此。"《辞海》中,将"融会贯通"解释为"把各方面的知识或道理融合贯穿起来而得到系统透彻的理解"。

在汉语文字中,"融"与"通"互训互证。"融"更重于过程,"通"更重于结果,"通"由"融"开始,"融"以"通"标示完成。从阐释学角度来说,"融"与"通"包含的开放与澄明,融合与确证,追求在最终理解上的"知"与"行"。"融"与"通"蕴含着以开放为核心、以融合为特征、以路径为准则、以追求"知行合一"为目的的意蕴与取向。

第一,"融"有温暖、和乐、唤醒、转化之意,是会意兼形声字。《说文·鬲部》:"融,炊气上出也。从鬲,虫省声。"(融,煮食物的蒸汽向上冒出。从鬲,虫省声)可见,"融"的本义与炊具有关,"融"的对象常为自然现象及生活用品,如冰雪、蜡烛等。[①]引申为消融、溶化。又引申指几种不同的事物合成一体,如"水乳交融"。还引申指和煦、暖和,如"春光融融"。进而引申指和乐、恬适,如《郑伯克段于鄢》中的"其乐也融融"。

---

① 杜维东,杜悦.错别字辨析小词典[M].北京:人民教育出版社,2010:275.

第二，"通"指向知识、明通、晓达、得理。此义可综合为"认知""通晓""明理"。"通"是"知""识"的情况，如《汉书·赵充国传》："通知四夷事。"颜师古注："通知者，谓明晓也。"对象非孤立存在，而与其他存在者处于普遍联系之中，所以学习活动不能停留于对单一对象的"知"与"识"，而是要融于与之紧密相关的现象域，通晓现象背后的本质。

第三，"通"具有开放、敞开的意义，即把关闭的东西打开，或开设、成立某些东西。如《汉书·何武传》"通三公官"，颜师古注："通，开也，谓更开置之。"从内在的意识主体而言，融通的开放，首先是意识主体的自我开放。意识主体不满足于自我理解，以本能的提升愿望推动自我将封闭的理解向外敞开，以此说明和证明自我，并不断反归于己，在开放的阐释中实现自我。没有阐释者的开放，阐释者就会孤立地囿于本己之眼界或成见，这样，文本的开放就失去了意义。

所谓"开放"，首先是视域的开放。主体不能固守于本己狭隘视域，以有限眼界束缚对象或文本，不能认定符合本己视域的只是一个唯一的或处境狭隘的领域。伽达默尔将视域定义为"看视的区域"，并指出"这个区域囊括和包容了从某个立足点出发所能看到的一切。把这运用于思维着的意识，我们可以讲到视域的狭窄、视域的可能扩展以及新视域的开辟等等"。其次是前见的开放。强调打开而非自守于前见。通，即要害在开通前见之束缚，迭代更替。王聘珍言："迭，代也。"学习者彻底放弃旧见，持新知而建构自我。开放视域，如同登高望远，能够看到视域内的一切有意义的东西，而非只对自己有利的东西，这样就能最大程度地防止和纠正片面和狭隘之见。

第四，"通"具有交往、往来的意义。《周易·系辞上》："往来不穷谓之通。"《孙子兵法·地形》："我可以往，彼可以来，曰通。"《史记·吴太伯世家》："吴于是始通于中国。"在学习上，"通"强调的是学习主体与主体之间的相互协商与交流。阐释主体将本己之意传递出去，与接受主体协商交流，征得反馈并订正，在往来循环中展开互动，获得新的理解，并因此改善自我。阐释主体之意与接受主体之理解交互碰撞，取所长，去所短，辗转融合，生为新知。

从具体概念的内涵与外延看，"融"与"通"包含的开放、交流、融合、明彻等指向去除障碍，通及澄明，融贯历史，达及当下，通彻各方，达及一致。

在中国传统文化中，《周易》早有以变通、旁通的方式化解一切自然与社会矛盾冲突的思想，这是融通思想的源流体现。《周易·系辞上》说，"广大配天地，变通配四时"，"法象莫大乎天地，变通莫大乎四时"。《周易·系辞下》说，"穷则变,变则通,通则久","刚柔者,立本者也;变通者,趣时者也"。可以说,"变通"是《周易·系辞》中常用的关键词,甚至可以称为《系辞》的核心。此外,触类旁通的方法论思想也来自《周易》,《周易·系辞上》说:"引而伸之,触类而长之,天下之能事毕矣。"触的本义是以角撞物,引申为以手遇物和以心感物。"触"是主客体在思想的碰撞感悟中,触发出新的思想火花。

(二)"融通"的英语词源及"融通"漫谈

1."融通"的英语词源

从英语词源分析,"融通"(consilience)由con(共同,结合)和resilience(弹性)合成,resilience源于拉丁语resilio一词,字面意思为"弹性、后坐力","resiliens由词根re(又,再)和salire(跳跃、飞跃)构成。'融通'不仅表明了使知识结合、统一的方法,更是表明了目的,'知识融通'旨在知识再次飞跃,创造出'弹性'知识"[1]。

2."融通"漫谈

20世纪70年代,美国理论物理学家F.卡普拉在他的著作《物理学之"道"——近代物理学与东方神秘主义》一书中"揭示了各种最新的物理学概念与东方哲学思想惊人地相似"。该书英文版本自1976年问世以后,至1988年即已销售了50万册,并被译成12种语言,[2]可见西方世界对于东方哲学思想的浓厚兴趣。F.卡普拉在这本书中明确指出,"物质的成分和涉及它们的基本现象,全都是相互有关,相互联系和相互依赖的,不能把它们看作孤立的存在,而只能看作是组成整体的部分"[3],"本书的目的是要通过说明东方智慧的精髓与西方科学在本质上是协调的,来改善科学的形象;试图指出近代物理学远远超出了技术,物理学的道路或曰'道'"[4]。

---

[1] 黄璐,裴新宁.科学理性主义视野下的STEM教育思考:知识融通[J].比较教育研究,2018(6):31.
[2] 卡普拉.物理学之"道"——近代物理学与东方神秘主义[M].朱润生,译.北京:北京出版社,1999:译者前言1.
[3] 卡普拉.物理学之"道"——近代物理学与东方神秘主义[M].朱润生,译.北京:北京出版社,1999:114-115.
[4] 卡普拉.物理学之道:现代物理学与东方神秘主义[M].朱润生,译.北京:北京出版社,1999:12.

这本书引发的思考在于,所谓"科学"的分析方法是否存在片面性。纯粹把物质进行物理切片,然后细分研究,是否切断了物质内部的某些密切联系,而这些联系却是构成物质真相的秘密所在。由此,卡普拉的著作不由得让人追问:为何老子仅凭直觉与对自然的思考,竟然能参悟自然之"道"(宇宙的本质)?自然之声,泥土之味,是否与人的思维、宇宙有着密切的联系?

当今国际生物学界的翘楚、生物学家、两届普利策奖获得者——爱德华·威尔逊的《知识大融通:21世纪的科学与人文》一书,鲜明地提出融通理论,该书生动推演人类知识谱系的进化历程,展现融通为各学科带来的革命性突破,描绘了一幅激动人心的未来知识蓝图。爱德华·威尔逊认为,将哲学、生物学、演化论三者之间连接起来,会成为他的"新综合理论"的范例,也就是所谓的"融通",即众多思想"一起跳跃",创造出统一的知识体系,坚持不懈地试图打破并超越科学与人文之间的学科壁垒。在一个更广阔的时空背景下,融通将赋予人类一种分析和预测的强大力量,让我们有能力应对即将到来的新时代。

二 融通理念的现实观照

未来的优秀人才既要具有复合的知识,又要具有开放、包容、协作的精神;既要坚守民族自身独特的历史积淀、文化底蕴和精神内核,具有独特的资源禀赋和比较优势,又要在特定方向精深钻研,具有创新、探索、终身学习的能力,这些能力的获得需要建立在多元文化浸润的基础上。我们需要以蓬勃开展的学习实践活动,集聚优质资源、激发前进动能,实现科学知识的开源和人文精神的回归,促进更广泛意义上的跨界融合与协同创新。"五色交辉,相得益彰;八音合奏,终和且平。"多元、独特与融通结合在一起,就形成了一个有机和谐的整体。一方面,在日趋多元的当今世界,多样性和多元化成为教育的基本生态;另一方面,将多元发展力量和办学要素熔铸在一起,也构筑起了学校发展的坚实载体。

融通,需要促进智识、集聚共享、交融共生,这样才能迸发教育的生机与活力。

(一)守正创新是"融通"的根本追求

中国历来注重家与国同构、民与邦共生,始终胸怀天下、立己达人,"天下一家"的价值理念深深根植于中华民族的血脉基因。习近平总书记指出,"我们要拓展世界眼光,深刻洞察人类发展进步潮流","以海纳百川的宽阔胸襟借鉴吸收人类一切优秀文明成果,推动建设更加美好的世界"。这就要求我们以"融通"的广阔视野,推动中华优秀传统文化进行创造性转化、创新性发展,焕发出光彩夺目的时代光芒。

守正创新是一种强劲的原生动力,既不刻舟求剑、封闭僵化,也不照抄照搬、食洋不化。守正才能不迷失方向、不犯颠覆性错误,守正使"贯通""融通"有了灯塔航标;创新才能把握时代、引领时代,创新让"贯通""融通"气象斑斓多彩。天下为公、民为邦本、为政以德、革故鼎新、天人合一、自强不息、厚德载物、讲信修睦、亲仁善邻等中华文明的智慧结晶,生动地反映出"贯通""融通"的本质要求。

世界万事万物相互作用、相互依赖、相互联系、相互依存。理论创新不是割断和否定系统联系的"一枝独秀"式创新,而是有机整体的"融通组合"式创新。只有用普遍联系、全面系统、发展变化的观点观察事物,才能把握事物发展的规律,促进系统结构的整体优化,实现理论的精彩升华。

(二)学科实践是"融通"的根本抓手

纵观近年来中小学课堂教学改革,都体现着融通学习的思想特征。

1.综合化:培养整体认知和综合解决问题的能力

语文课程是一门学习祖国语言文字运用的综合性、实践性课程,语文学科的核心素养是学生在积极的语言实践活动中积累与建构起来,并在真实的语言运用情境中表现出来的语言能力及品质,是学生在语文学习中获得的语言知识与语言能力,思维方法与思维品质,情感、态度与价值观的综合体现。与综合化相对立的是知识的碎片化和各科课程之间的割裂。著名的哲学家、数学家怀特海在演讲稿《教育的目的》中指出:"假如教师零零散散地教给学生很多科目,那么学生就只能接受那些不成体系的知识,却不能被任何具有生机与活力的思想所启迪。"[1]怀特海告诉我们,综合化的学习有利于提高一个人的文化修养,还能激发学生思想的活力,促进学生的自我发展。这反过来促使我们思考:推进课

---

[1] 怀特海.教育的目的[M].艾文,译.北京:台海出版社,2022:3.

程整合的内在逻辑和依据是什么？其实就是能把相关知识串联起来的、处于更高层次、居于中心地位的大概念。综合性是大概念和课程整合的内在灵魂，在综合性的学习中，学生更容易建立知识之间的内在关联，形成整体认知。

2.情境化：在体验知识生成与应用过程中提升理解能力

人类一切知识起源于劳动实践活动。我们所学的知识，归根结底是人类经过长时间的观察、思考和体验，从自然现象和生产生活实践中总结、概括出来，抽象出意义，进行升华或符号化后的结果。情境化的课程设计，实际上就是把已经抽象出来并符号化的知识，再以某种隐含的方式拆解、渗入具体的情境中去；而学生分析和理解情境、透过情境看到学科知识本质的过程，就是体会知识生成的过程。如果说知识的起源是由具象到抽象的过程，那么情境化的学习，就是让学生从抽象（学科知识）到具象（给定的生活情境和探索情境），并在具象中找到概念的内涵、隐含的意义（抽象的学科知识）。如何建立起从具体情境到抽象化、概念化的学科知识间的联系是关键，也是一个"关节"，只有打通这个"关节"，才能让学生在"抽象—具体—抽象"的过程中，经历"归纳—演绎—归纳"的思维训练，达到对知识的深度理解与灵活应用。

3.开放性：创设丰富的学习任务，让知识与生活碰撞生成智慧

开放性的教学应给学生更多的独立思考空间。当前许多教师的课堂教学还是重预设轻生成，引导和启发也是沿着预定轨道走，害怕学生"跑出了圈"，学生思维集中有余而发散不足。有些教师在课堂讨论环节给学生思考的时间不足，互动讨论流于形式，这背后还是对培养学生开放性思维能力的价值认识不足。开放性的教学还应打开面向自然和生活的大门。今天的课堂已经打破了教室和校园的时空局限，"生活即教育，社会即学校"。只有让学生走向自然与社会的广阔天地，"家事国事天下事，事事关心"，才能让知识与生活碰撞生成智慧，让思维在实践探索中变得更加开放而深刻。

三　融通学习力的出场语境

学习力，是人在当下与未来联结的最核心竞争力。所谓"学习力"，是指对

学习者的可持续发展具有重要意义的能量、品质、素质或能力[①],是用于描述在特定学习机会中学生内在的性格、生活经验、社会关系、价值观、态度、信仰等要素的复杂混合体。[②]数字化转型背景下,对学习力的培养有必然要求,究竟要培养学生怎样的学习力,本书提出"融通学习力"的理念。

为何以融通学习力为关键？这需要对其理论依据进行挖掘,对其中的因果关系进行揭示。

(一)万物智联,是融通学习力的社会文化语境

从社会文化发展源流分析,融通思想起源于中国传统哲学的"天人合一"思想。在对《周易》的诠释中,"变通"是不容忽视的关键词,甚至可以称作《系辞》的一个核心,其特征可以概括为协调共生、动态开放、灵活变通、可持续发展。"天人合一"作为中国哲学的宇宙观,呈现出了一种彼此相因、交融互摄、旁通统贯的整体思维特征。它认为世界是作为一个整体而存在的,万事万物相互联系沟通,是一个统贯合一的大生命体。从现实世界来说,作为信息化的公共基础设施,互联网已经成为人们获取、交换信息的主要方式。网络"智联"打破了知识、空间、时间之间的壁垒,学习者的学习场域和资源空间时刻处于知识、时间两个维度协同融合的环境之中。

(二)神经联结,是融通学习力的认知语境

自从心理学的科学地位确立以来,学习理论的提出几乎都要在心理学领域寻找理论基础。融通学习力的认知逻辑,来源于联结主义认知心理学。从神经科学的原理出发,联结主义认知心理学的网络模型中,学习网络是自组织的[③],学习者的学习认知过程可以概括为:知识以交互激活的方式扩散于整个网络,人类个体在学习过程中不断自我调适,获得的新节点,形成新的连接,因而聚合成更大的网络;或者废弃某些连接,淘汰旧的节点,将大网络拆解成了更小的网

---

① 郑勤华,徐珺岩.在线学习力:结构特征及影响因素[J].开放教育研究,2020(4):78.
② CRICK R D, BROADFOOT P, CLAXTON G. Developing an effective lifelong learning inventory: the ELLI project[J]. Assessment in education: principles, policy & practice, 2004, 11(3):247-272.
③ 王保中.本真学习的构想:兼议代表性典型学习理论[M].哈尔滨:哈尔滨出版社,2021:89.

络。①"节点""连接"和"网络""自组织"是联结性学习中的关键要素。②

(三)"五育融合",是融通学习力的教育语境

马克思主义关于"人的全面发展"学说是实施素质教育的理论基点,我国教育充分吸收并在实践中逐步丰富其思想内涵,提出"五育融合"思想,即"五育并举,融合育人"。"五育融合"理念的提出,就是要解决学生在"五育"过程中存在的整体性缺失的问题,具体表现为"五育"常常被分割,彼此不关联。要解决各育"分离"和"割裂"的痼疾,就要以"五育融合"理念关注学生的整体发展,致力于实现全面育人的教育目标。

当文化、认知、教育这三者的内在特征都趋于共通时,融通学习力就成为一个凝结点,基于生态开放互联的宏观语境,它使学习者在学习中进行智慧汲取、创造,实现素养习得与民族文化传承创新。

四 融通学习力的内涵萃取

在信息爆炸、万物智联与教育聚合赋能的背景下,教育应当回归"育人"本质,思考人与人工智能的区别是什么,人才更需要培养怎样的核心能力。人工智能的基本运算速度、运算精度等看似远超人脑,但究其实质是模拟人脑思维的。人脑具有独特和不可超越之处在于,人具有内在心智,能够自主发展,人具有社会属性,能够合作与共同发展,人还具有机器所没有的性格、情怀、品格与情操等个性心理特征。

融通学习力,是指学习者在动态学习场域中有效把握智能化时代信息涌现的特点,能够专注聚焦学习目标,科学融合运用有效资源,在协作性学习中自主构建路径,实现知识的兼收并蓄、融会贯通,具有文化传承创新的学习能力。其内涵基本表现为以下四个方面。

---

① ARSHAVSKY Y I.Brain energetics and the connectionist concept in cognitive neuroscience[J].Journal of neurophysiology,2023(1):61-68.
② ELMAN J L.Connectionist models of cognitive development: where next?[J].Trends in cognitive sciences,2005,9(3):111-117.

(一)思域融通:在动态混沌的网络中,建构思维路径的能力

智能化时代,海量信息处于不断流动、碎片化的混沌状态,学习者获取的信息知识往往是彼此孤立、封闭且线性、静止的。要克服这一问题,应当关注思维路径的建构。首先,要有识别知识源头的能力。学习者接触的大量信息是未经筛选甄别和验证的,因此应当培养学习者关注学科大概念的习惯。大概念有着丰富的底层逻辑和基础性概念,是知识的发源地,其反映的是学科本质,能将学科关键思想和相关内容联系起来,指向学科的核心内容、知识框架。识别知识源头有助于学习者不盲目追逐热点,能识别信息,透过纷纭复杂的表象准确清晰地把握住事物的本质,让要点浮现,并形成汇聚性问题,寻求整体最优解。其次,要有让知识之间形成稳定架构的能力,让知识从散装变成整体。整体性思维、关联性思维、结构化思维是融通学习力的核心思维,能使学习者在庞杂泛滥的信息网络中,从建构系统化思维解决问题的路径,实现素养更新。

(二)行知融通:复杂变化情境中,善于转化应变的能力

人与自然、人与社会、人与人工智能等构建的多元文化冲突、多维视角、多重角色等,决定了人所处的情境面临前所未有的复杂性。融通学习力强调摒弃机械模拟取向的学习观,聚焦基于复杂情境的知识建构与创生,提升元认知,探索更多具有创新属性的问题解决方案。这一能力指向学科核心素养,如语文学科的言语运用、语文素养、语言表达与交流等,既发展想象、创造等思维品质,更培养在实践中的创新能力。因此,学习者也是创造者、交互共生者,除了敏锐地发现有价值的信息,更需要促进知识的有意识建构,实现其运用、转化和再生。

(三)艺趣融通:技术泛滥趋势中,强化想象、创造的能力

智能技术让生活变得便利,也导致人的情感钝化、思维能力萎缩退化。想象力与创造力是人脑超越人工智能机器的最大优势,是融通学习力的关键要素。因为机器是以计算为基础功能,本质上没有自主意识,属于"有中推有"的逻辑思维。而创造力则属于"无中生有"的非逻辑思维,是以想象为前提的。要培育想象力、思想力、创造力,根基几乎都离不开审美。中华文化就是极具美感和智慧的文化,其文字、诗词、歌赋等,无不闪耀着艺术光芒。审美创造作为一种强调个人主动性的教育方式,能够激发学生的创造潜能,让他们在欣赏和感

受美的过程中,发现新的艺术形象或文化价值,从而培养创造力和创新思维。创造力培育,就是让学生在感受、欣赏、运用语言文字中,体会语言表达的乐趣,以及表现美、创造美的审美情趣。

(四)守创融通:多元文化冲击下,坚定文化自信的能力

经济全球化的今天,多元文化浪潮的冲击不可避免,价值观领域也呈现出交流、交融、交锋、多变的局面。许多人因此迷失自我,在思想观念、价值取向、人生态度上出现犹疑,甚至走入误区。因此学习者需要具有开阔的文化视野,了解和借鉴人类文明优秀成果;具有文化底蕴,能够认同、热爱、弘扬中华优秀传统文化,具有坚定的文化自信;同时,还能在多变的时代之中,以积极开放的精神,进行中华优秀传统文化的现代价值挖掘和现实阐释,使其在与新时代的交融中获得新的发展机遇。

五 本书对融通语文教学主张的解读

本书将融通语文教学主张解读为以下几方面。

"融":融合,是基础,是基于融通理念,指向树立语文课程建构、教学实施的整体观。

"通":通达,是目的,是在融入、融合、融通基础上的一种发展与变通,指向"五育融合"路径下语文核心素养的目标达成。

"融通":是方法,是融情、融智、融行的知、情、意、行的学习实践过程。其本质是在融通理念引领下,以育人为导向的经过自身经验提炼的教学范式。

融通语文教学主张要解决的问题是:当下语文课堂所存在的传统与时代割裂、思考与行动分离、层次与层次脱节、学科与生活割裂四误区,以及课堂教学中前后联系不通、左右关系不和、上下通道不畅、内外关系不紧的关系障碍。

融通语文教学主张的内涵是:融通语文是在融通理念引领下,以育人为导向的经过自身经验提炼的教学范式。它以语文学科教学为基础,以价值体认为核心,在联动共生的生态场域中,有效把握智能化时代信息涌现的特点,打破僵化壁垒,链接学习通道,畅通学段界限,把握融、和、通、达四层境的操作策略,进而促进课堂教学改革,让学生实现知识的兼收并蓄、融会贯通、传承创新,以及生命的完整生长。

第三节 融通语文的意义

融通语文着眼于落实立德树人的根本任务,以"融通"的理念和思维回答培育学生综合素质的时代命题。

一 实践意义:培育有中国底蕴和文化认同的未来公民

(一)有助于学生融通学习力的形成

学生融通学习力的培养,找准目标是关键。基于"融通"思想的传统文化教育,必须关注学生思维能力的培养,让学生形成对待传统文化的正确态度和科学思想观。小学生还处于儿童年龄段,"儿童性""当代性""世界性"是儿童传统文化教育遵循的"三大原则"。传统文化教育要与儿童的生活相连接,用符合儿童心性和特点的方式,采用艺术的手段和体验的模式实施。实践儿童的传统文化教育,不是为了否定今天的时代,而是为了让今天的儿童拥有幸福的童年,因此教育应与儿童生活建立联系。同时,进行儿童的传统文化教育还必须让儿童拥有广阔的视野,世界的眼光,以使他们能更好地面向世界,面向未来,具备与世界对话的能力。

(二)有助于学生增强文化自信与文化认同

人生百年,立于幼学。儿童时期的教育是人一生之中最为重要的教育时期,因此,小学阶段的语文教育,不仅要教会学生读书、识字,更要在小学生幼小的心灵中埋下中华优秀传统文化的种子,增强其民族自豪感、文化自信与文化认同,使其具备作为"龙的传人"应有的文化知识。只有这样,中华民族的优秀传统文化才能有一代又一代的文化传递者,才能保护华夏文明的生命根脉。融通语文有利于培养未来的创新人才。创新人才要具备的认知素养、人际素养等,需要在融合课程中培养。"融通"的主张倡导以开放与融合的理念朝向未知世界,让学生广泛接触社会、自然中鲜活的事物,让学生葆有对未知世界的好奇心,拥有探索、发现、创造的强烈愿望。

二 理论意义:推动中华优秀传统文化"两创"实践的理论深化

所谓"两创",指的是"创造性转化"和"创新性发展",就是通过对中华优秀传统文化的概念、命题和理论的转化,进行文化传统范式的转化。融通语文的教学主张旨在探索扎根中国文化、融通中外,将教育思想融入人才培养和学科教学的路径与方法中。随着语文教育改革的发展,人们越来越重视语文教育中人文性、思辨性理论的深化。在传统与现代的对峙中,语文教材所蕴含的传统性与现代性构成了巨大的张力,如何合理地开发利用语文教材中的传统文化资源,在理论上对语文教育提出了挑战。

融通,是从全局和整体的视角,结合中国社会文化背景以及学习者特点,系统地研究不同要素之间的作用机制及优化途径、完善人才培养策略,是进一步激发中华优秀传统文化的生机和活力,实现中国式现代化背景下学科知识的相互诠释、相互转化和相互融合。对语文教材中传统文化的理论探究,不仅有助于语文教育理论的发展,而且对继承和发扬中华优秀传统文化的理论建设也有着积极作用。尤其是全球化视野下,我们更要立足于中国现实的国情,更新教育思想,从而更有效地进行教育实践。

融通,是中国传统思想方法和文化思维方式,具有刚柔并济、深广醇厚的内涵。语文课程是守护、传承文脉的课程。何谓文脉?文脉是中华文明起源与演进的脉络,丰富多样的各类历史文化遗产是文脉的载体,涵括了收藏在博物馆里的文物、陈列在广阔大地上的遗迹、书写在古籍里的文字、传承于无数工匠大师的技艺,是弥足珍贵的中华文化基因,是中华民族的代表性符号和中华文明的标志性象征,是涵养社会主义核心价值观的重要源泉。

融通,是学习者应对智能时代挑战的重要能力。融通语文课程承担着涵育学生坚定的文化自信、开放联通的视域、灵活简洁的问题解决思维、艺趣相融的审美创造力等任务,旨在让学习者真正走向适应未来时代的情智相融的境界。

第二章

融通语文的理论基础

第一节 哲学基础

本节内容将从中国传统文化中的"天人合一"思想来讨论"融通"的哲学基础。

"天人合一"作为中国哲学及思想史研究中的核心命题,深刻凝练了古代先贤的卓越智慧。

庄子在《齐物论》中说:"天地与我并生,而万物与我为一。""天人合一"作为一个完整的词语最早出现在北宋张载的《正蒙·乾称》一文中:"儒者则因明致诚,因诚致明,故天人合一。"但"天人合一"的思想却早已有之,《周易》中就有多处体现了"天人合一"的思想,如"大人者,与天地合其德,与日月合其明,与四时合其序,与鬼神合其吉凶,先天而天弗违,后天而奉天时"等。历经时代更迭,"天人合一"的思想逐渐渗透至思想领域的各个层面,获得了多元化的阐释与深化发展。尽管古人未曾系统总结或刻意提炼"天人和谐共生"的独立命题,但源自《周易》的天、地、人相互依存之观念,却依托传统教育得以传承,历经千年而不衰,深深植根于中华民族的文化血脉之中,成为不可磨灭的文化基因。传统文化中的中庸、纲常、五伦思想以及道、礼、义、仁、智、阴阳、气等概念均可经人们各自的意义建构,被不同程度地纳入"天人合一"的框体内。[①]

一、"天人合一"思想在中国文化思想史上的整体特征

"天人合一"的特征可概括为和合共生、动态开放、灵活变通。

(一)和合共生

"合"意指整合,它彰显了一种整体观念,象征着"天道"与"人道"间的交融贯通,是触及宇宙本原的必由之路;"和"则蕴含和谐与顺应自然之意,构成"天道"与"人道"融合的内生动力。"和合共生"的思想认为,人与自然、人道与天道

---

① 洪颜."天人合一"和谐观下的课堂生态[M].北京:中国言实出版社,2014:7-8.

乃至世间万物是一个不可分割的统一体，其整体性源自各组织要素间"和合"的动态构建。这一思想与辩证法中的对立统一原则高度吻合，展现了辩证思维的精髓，深刻剖析了对立面的相互依存、渗透、互补与平衡的内在逻辑，描绘了作为有机整体的事物发展规律，蕴含着独特的中国智慧。

《周易》非常强调"贯通"，其整体性思维方式对后世思想发展产生了深远而重要的影响。《周易》巧妙地将天、地、人三者置于同一思域之中，倡导"天行健，君子以自强不息""地势坤，君子以厚德载物"，将君子形象与天地同构，彰显了人类效法自然的客观性，以及人与天地宇宙间不可分割的整体性关联。《周易》的"贯通"思想启示我们，从思维科学推动学术探索与文化创新的视角出发，唯有实现思维领域的全面贯通与视野的清晰明澈，方能多维度、全方位地认知事物本质，有效突破思维局限，实现认知的广度和深度的双重飞跃。

宋代大儒朱熹进一步将整体性思维拓展至宇宙万物与人类社会的统一体之中。他在《中庸章句》中阐述："盖天地万物，本吾一体。吾之心正，则天地之心亦正矣；吾之气顺，则天地之气亦顺矣。"此言不仅凸显了人的主观能动性与宇宙万物的内在联系，还深刻体现了整体性、系统性思维的广阔视野。

至近代，王国维在《人间词话》中说道："诗人对宇宙人生，须入乎其内，又须出乎其外。入乎其内，故能写之。出乎其外，故能观之。"这段话不但深刻揭示了诗人创作的内在机理，而且在很大程度上反映了人类认识事物乃至认识世界的思维方法，即由浅入深，由感性达到理性，由现象深入本质，通过入乎其内与出乎其外的融通，表现了对生命体验与理性把握相统一的整体性思维，由此达到对宇宙人生本质的体验与深刻洞察。[①]

中国文化思想史自始至终贯穿着天地万物与人和谐共生的哲学思考，体现着"天下一家，中国一人"的宏观思维框架，彰显了中国古代智者的高远视野与深厚的宇宙观。

（二）动态开放

动态开放，即对所有未知领域保持一种接纳与探索的心态。中国古代的开放性思维展现出非凡的广度与深度，不仅体现出历时性与共时性思维特质，还

---

① 薛永武,张涛.从中国古代的思域融通看文化自信的思维归因[EB/OL].(2022-11-11)[2024-07-14].https://clajc.ouc.edu.cn/sdgxgb/2022/1111/c7806a382287/page.htm.

体现出广泛的包容性。其思维方式如同一股清泉,不仅冲破了传统思维模式的束缚,而且促进了不同思想的交流与融合,极大地激发了智慧的火花,为文化的持续创新与发展提供了不竭的动力与源泉。

庄子的思维便是中国古代开放性思维的典型。庄子的思想展现出非凡的开放性,他以一种将人类与自然紧密相连的视野进行哲思探索,其哲学思想洋溢着丰富的诗意与形象化的开放特质。在《逍遥游》中,庄子以极为宏大的笔触描绘了鲲鹏的形象,其文曰:"鲲之大,不知其几千里也。化而为鸟,其名为鹏。鹏之背,不知其几千里也。怒而飞,其翼若垂天之云。"此外,通过大夫棘向商汤转述的寓言,庄子进一步拓展了这一意象:"穷发之北,有冥海者,天池也。有鱼焉,其广数千里,未有知其修者,其名为鲲。有鸟焉,其名为鹏,背若泰山,翼若垂天之云。抟扶摇羊角而上者九万里,绝云气,负青天,然后图南,且适南冥也。"这一描绘,生动地体现了庄子在《逍遥游》中构建的超越常人思维框架的宏大图景,他对生命的绝对自由之境的追求,对无我、无功、无名的超脱状态的向往。在《天下》篇中,庄子强调"独与天地精神往来";在《齐物论》中则主张"天地与我并生,而万物与我为一",此语道出了庄子主客交融、心物合一、与道同游、物我两忘的哲学境界,庄子认为,人与天地、万物之间存在着一种深刻的内在联系,共同构成了宇宙和谐统一的整体。

刘勰的思维也体现了中国古代开放性思维的特点。其思域融通表现在古今融通、人与自然融通两个方面。刘勰在《文心雕龙》中提出"沿波讨源,虽幽必显""思接千载""视通万里""思理为妙,神与物游"等观点。其中,"神与物游"既是对形象思维的高度概括,也反映了人类思维感性与理性和谐统一的特点。在《文心雕龙·神思》篇中,刘勰还说,"登山则情满于山,观海则意溢于海",此语道出了人与自然相互交融的情感境界。

显然,古人的视野已超越了人类自身的局限,将人道与天道(天地自然的法则)相贯通,不仅跨越了时间,还突破了"四海"所限的空间,使得万物皆可检视,人能"瞻万物而思纷",最终达到心神与万物交融的至高境界。在动态开放的过程中,古人实现了现象与本质、微观细节与宏观全貌、外在圆融与内在方正、大道之行与天下为公理念、个人福祉与理想大同社会的深刻融合。

(三)灵活变通

古人早已深谙天道、地道与人道之生生不息、永恒变迁之道,《周易》就告诉了我们"穷则变,变则通,通则久"的哲理。中华文化之所以拥有强大的生命适应力与延续力,正是得益于其蕴含的丰富的灵活变通的智慧,及其内在的有效应对时代变迁的机制。老子提出"人法地,地法天,天法道,道法自然"的递进式思维框架,这一框架不仅体现了灵活变通的思想,蕴含了"天人合一"的深邃意境,还彰显了人与自然和谐共生的理念。

简单地说,"通"即融合贯通,"变"指的是革新与创新。作为中华民族智慧的精髓,变通智慧的核心在于在坚守传统、融会贯通的基础上,随时代发展而不断革新与演进。变通智慧既强调对传统的尊重与传承,又倡导跨越陈规、适时变革的精神。正是这种变与通的辩证统一,使得中华文化能够灵活应对不同历史时期的挑战,引领人们顺应潮流,勇于变革,从而在历史的洪流中屡次化险为夷,持续发展。

综上,作为中国传统哲学的核心,"天人合一"思想所体现的和合共生、动态开放、灵活变通等特征充分展现了融通的特质,为文化创新发展开辟了多元路径与广阔空间。

二 "天人合一"思想在中国古代教育体系中的核心要义

"天人合一"思想对我国古代教育体系的建构与发展有着深刻的影响,根据已有的研究成果,可将其核心要义归纳如下。

第一,受"天人合一"思想的影响,中国古代教育的一个突出特点,即重和谐。这种和谐可简单归纳为真(自然之和谐)、善(人之和谐)、美(天人之和谐)。[1]以此理念为指引,在教育体系的构建上,中国古代教育始终秉持整体性原则,如先秦时期的"六艺"(礼、乐、射、御、书、数)之教,便是以伦理道德为核心而建构的培养德智体美兼备的"君子"的教育体系。

第二,在方法论层面,儒家强调通过格物致知来实现"天人合一"。格物致知既是修身正心的方法,也是实现"天人合一"的关键途径。格物致知的过程,即学习探究、知识整合的过程。孔子提出"学而不思则罔,思而不学则殆",强调了学习与思考不可偏废;他关于"学而时习之"的主张,则进一步指出了理论需结合实践,体现了知行合一的整体性教育哲学。

---

[1] 洪颢."天人合一"和谐观下的课堂生态[M].北京:中国言实出版社,2014:8.

第三,"天人合一"是中国古代教育追求的理想境界,揭示了中国古代教育对促进个体与自然万物之间建立深刻联结的重视。要达到"天人合一"的理想境界,需要通过教育的滋养,使师生深刻体悟生命与自然的和谐统一。这是一个借外物而反观内心的教育过程,通过对"天人合一"的追求,引导人们重新发现并珍视那份已然淡化的自然本真与人性光辉。

综上所述,对"天人合一"思想中蕴含的人文价值进行深入挖掘,旨在探讨教育的核心目的及人才培养观念。历代儒家学者高度重视对人的整体性认知,强调个体与社会的和谐共生,尤其强调人生修养的不可或缺性,现代教育理念在这些方面与其不谋而合。将教育系统视为人类社会大系统中的一个子系统,结合其独特的结构与功能特性,从天人关系的维度进行审视,我们不难发现,该系统具有整体性、开放性、动态性以及可持续性等关键特征。这些特征的形成,既是教育系统与其他社会系统间相互作用、相互制约的必然结果,也是教育系统内各要素间相互协调、动态平衡的体现。

三 "天人合一"思想对中国当代教育实践的滋养

作为中国古代哲学思想的精髓之一,"天人合一"思想深邃的宇宙观与和谐共生的理念,对中国当代教育产生了极大的影响,也给中国当代教育提供了丰富的滋养,融通教育的实行,就是其表现之一。在"天人合一"思想的影响下,教育不再仅仅是知识的传授与技能的训练,而是被赋予了促进人与自然、人与社会、人与自我和谐共生的重要使命。

(一)"天人合一"思想强调人与自然的和谐共生,启发当代教育必须关注生命教育

在"天人合一"中,占主体地位的是人。在教育中要实现人与自然和谐共生,不仅需要让学生走出课堂,亲近自然,尊重自然,同时更要关注生命与内心的和谐,敬畏生命,让心灵受到自然的陶冶,从而养成健全的心理,完善的人格。因此,教育者要关注学生学习过程中的情感悦纳和生命的完整健康生长。融通教育就是一种遵循"天人合一"的人与自然和谐共生思想,将学生的知识学习与生命成长相融合的教育。受"天人合一"思想影响,中国当代教育越来越关注生

命与自然的和谐共生,越来越关注学习对生命的润泽。

(二)"天人合一"思想倡导整体开放的思维方式,为中国当下的融通教育提供了教育智慧

"天人合一"的境界是一个开放、融通的系统,从"天人合一"的整体观来看,世界万物皆处于这样一种开放、融通的系统之中,教育也不例外。教育学家叶澜在《中国传统哲学中的教育精神与智慧》中指出,"天人合一"是中国传统哲学中最大的命题,"就思维方式而言,是综合思维。面对事物,它着力于整体与关系的认识,是具体与抽象的统一,而非肢解整体,作元素分解、还原式的抽象"[1]。基于"天人合一"整体开放思维,中国当代教育对融通教育进行了多元探索。

蔡元培先生在担任北京大学校长时,就曾提出"融通文理"的教育主张,并在其教育活动中付诸实施,其思想直至今天仍值得我们借鉴。[2]在当代教育中,"融"的内容是丰富的,包括中西融会、古今融会、文理融会等。学生在融通的学习过程中,能够较好地理解不同学科之间的内在联系,形成开放的思维方式,培养全面认知事物的能力,具有接纳世界多元文化的开阔视野和进行探索创新的内在动力。

(三)"天人合一"思想蕴含强烈的适变色彩,鼓励融通教育在和谐环境下创造发展

"天人合一"表明了人与宇宙自然全然融洽契合的状态,时移世变,则人亦当顺时适变。推及教育,则应注重教育过程的融会贯通、灵活创新,构建基于交流对话、兼容并包、创新发展的具有中国特色的教育思想理论体系。

当今社会,无论是文化变迁,还是教育改革等,新与旧的矛盾、取与舍的争论,总是时有发生。面对这些矛盾、论争,"天人合一"的思想启发我们,对抗、割裂的方式或不加思考全盘接纳的方式都是不恰当的,应当以柔性、灵动、渗透、生长的方式来转化之。只有在和谐圆融、春风化雨的环境下,教育才能真正发挥涵育、化成的效果,释放刚柔并济的磅礴力量。

---

[1] 叶澜.中国传统哲学中的教育精神与智慧[J].教育研究,2018(6):7.
[2] 孙小礼.蔡元培的"融通文理"思想[M]//颜锋,孙雍君.现代科学技术与马克思主义.北京:知识产权出版社,2005:393-405.

"天人合一"的适变理念启发我们,创新能力的培养,从适变能力的培育开始。教育不应是单一知识的传授,而要强调个体与周围环境、自然乃至社会文化的深度融合。它倡导教育者要不断探索和创造更加和谐、包容的教育环境,让学习成为一种自由探索、积极互动的过程,从而让学生在面对复杂多变的世界时,能够灵活应变,智慧转化,达成一种综合、动态、转化、创新的大智慧。

四 "天人合一"哲学思想下的融通语文教学新视角

在中国悠久的文化长河中,"天人合一"哲学思想如同一条奔涌不息的河流,滋养着中华民族的精神世界,其深邃的内涵也为教育领域提供了宝贵的启示。特别是在语文教学这一承载着文化传承与创新重任的领域中,"天人合一"的哲学智慧被赋予了新的时代意义,也深刻影响并丰富着笔者的语文教学实践,催生了笔者融通语文的教学主张。

(一)整体综合:构建语文学习的宏大视野

"天人合一"强调人与自然的和谐共生,映射到语文教学中,便是倡导一种整体综合的教学理念。语文学科不仅仅是学习语言文字的科目,更是文化、历史、哲学、艺术等多学科知识的交汇点。因此,融通语文主张在教学中打破学科壁垒,将语文知识置于更广阔的社会文化背景下进行考察,如在古诗词教学中,教师不仅要分析古诗词的字词之美,更要带领学生探究古诗词的相关历史背景、作者情感及文化寓意,实现文学与历史的深度融合。这种整体的融合式教学方法,有助于培养学生的跨学科思维能力和综合文化素养。

(二)弥漫渗透:营造语文学习的浸润环境

"天人合一"思想倡导的是一种自然而然、无处不在的融合状态,因此,在语文教学中应追求一种弥漫渗透的教学效果。这意味着语文学习不应仅发生于课堂之内,还要渗透到学生的日常生活中。应让语文成为学生感知世界、表达自我、交流思想的重要工具。学校可以通过组织读书会、文学创作比赛、文化讲座等多种形式,营造浓厚的语文学习氛围,让学生在潜移默化中受到优秀文化的熏陶。同时,利用现代信息技术,如在线阅读平台、网络社交媒体等,拓宽语文学习渠道,使语文学习成为学生生活的一部分,实现知识的广泛传播与深度渗透。

(三)灵活变通:激发语文学习的创新思维

"天人合一"哲学强调顺应自然、灵活应变的智慧,这对于融通语文教学同样具有指导意义。在语文教学中,教师应摒弃僵化的教学模式,鼓励学生敢于质疑、勇于探索,培养他们的批判性思维和创新能力。通过设计开放性问题、开展项目式学习等教学活动,引导学生从不同角度审视文本,发现新的问题,提出新的见解。同时,注重教学方法的灵活多样,根据学生的兴趣特点和认知水平,采用讲授法、讨论法、情境模拟等多种教学手段,激发学生的学习兴趣,提升教学效果。这种灵活变通的教学方式,有助于培养学生的自主学习能力和创新精神,为他们的终身发展奠定坚实的基础。

综上所述,"天人合一"哲学思想为融通语文教学主张提供了深厚的理论支撑和实践指导。通过整体综合的教学视野、弥漫渗透的学习环境以及灵活变通的教学策略,我们可以更好地促进语文教学的创新与发展,培养出具有深厚文化底蕴、广阔国际视野和强烈创新精神的未来人才。

第二节 心理学基础

自从心理学的科学地位确立以来,学习理论的提出几乎都需要在心理学领域寻找理论基础。心理学的研究成果,尤其是联结主义心理学对神经元以及情感、经验和思维联结方式的研究,为解读人类学习和记忆过程提供了新思路。在联结主义心理学研究成果的坚实基础上,联通主义学习理论应运而生,其深入的学习心理研究对融通语文教育理念中的融通心理现象、内在运作机理以及实现融通所需的重要条件,提供了极具价值的理论依据。

一 联结主义心理学

(一)概述

联结主义心理学产生于20世纪中期。它以"心理活动像大脑"作为隐喻基础,将人类认知过程类比为神经网络的整体活动。在联结主义认知心理学的网络架构内,知识并非孤立存在,而是依托于一种交互激活的动态模式,在整个网络中广泛传播与渗透。值得注意的是,节点、联结、网络与自组织这四个高频出现的关键概念,在联结主义理论中占据着举足轻重的地位。

1.节点

节点又可以称作顶点、元素或实体,简单说,节点就是任何可以连接到其他元素的元素,是形成网络构成上的一种实体。[①]换句话说,节点是心理认知活动的处理单元,它具有一定的凝聚、传导功能,能够促进人的认知过程和行为反应。同时,节点是动态变化的,能够被激活,在接收其他节点的信号后,可以进行学习、记忆和认知等心理活动。

---

① 刘菊.关联主义学习理论及其视角下的教与学组织研究[D].长春:东北师范大学,2011:14.

2. 联结

20世纪初,美国心理学家桑代克提出,"学习即联结,心即人的联结系统"[①]。"连接(联结)指的是两个节点间任何形式的联系,是构成学习网络的动态过程。各节点连接的强弱程度不等,连接关系越强,该段节点间的信息流动越流畅。"[②]可见,联结是信号传递的基础,通过联结,信息在神经网络中传输和整合。同时,联结也使神经网络彼此交织,形成复杂网络。影响神经网络联结强弱的因素有个体特征、环境、认知和情感状态等,这些因素相互作用,共同影响联结的形成与变化(图2-1)。

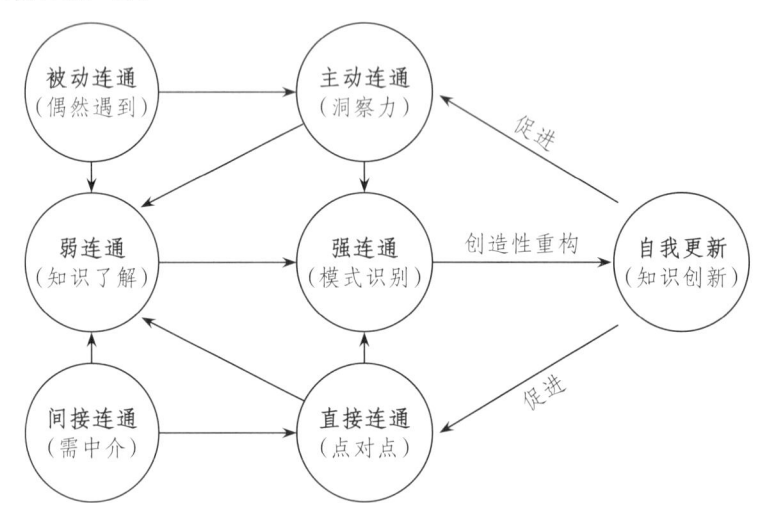

图2-1 联结主义认知心理学的联结表现

3. 网络

网络是由若干节点聚合而成的,因此会随着节点的联结而动态改变,学习网络呈现出绝对运动的状态。正是新旧知识(节点)的不断更替、个人环境与周围环境相互作用,促进了学习网络的构建。[③]这里的"网络"应当包含两层含义,个体心智内部的认知结构是内部网络,而人与事、人与周围环境等的联结则构成了一个外部网络。

---

① 王佑镁,祝智庭.从联结主义到联通主义:学习理论的新取向[J].中国电化教育,2006(3):5.
② 王雨,李子运."关联时代"的数字化阅读[J].现代教育技术,2013(5):11.
③ 王雨,李子运."关联时代"的数字化阅读[J].现代教育技术,2013(5):12.

4.自组织

安哥拉学者路易·马托埃斯·罗恰将自组织定义为"从随意的初始条件中自发形成的、组织良好的结构、模式或行为"①。自组织的"自"字,表明其具有"自发、自动"的意思,强调心理过程的自我主观能动性,以及学习需要主动的心理建构。自组织在网络组织中也在实时变化和不断更新中,小的网络在彼此交互影响的过程中,也促进了大网络的演进发展。

联结主义认知心理学深刻剖析了学习的内在心理机制,为教育领域提供了宝贵的理论基础与深刻的实践启示,对教育实践与创新产生了深远的影响。

(二)联结主义心理学与融通语文教学主张的内在关联

联结主义心理学所具有的独特视角和认识机理,为何能够成为融通语文教学主张的心理学基础?这是因为联结主义心理学关于心理认知过程的理论,与融通教育理念有许多共通之处。

1.节点,内隐着达成融通的关键

节点作为联结主义网络中的基本单元,其重要性不言而喻。节点不仅是信息传递的交汇点,更是融通得以顺利进行的关键所在。每个节点都承载着特定的心理表征或功能,通过与其他节点的联结,实现了信息的整合与转换。节点的激活状态、连接强度以及相互作用的模式,共同决定了心理认知的整体性与动态变化,是融通理念在微观层面的具体展现。

2.联结,体现融通理念的关联性

在联结主义心理学的视野下,联结不仅是心理元素间相互作用的桥梁,更是融通理念的直接体现。联结如同细密的织网,将感知、记忆、情感、思维等各个心理层面紧密地联系在一起,形成了一个不可分割的整体。联结主义心理学对心理元素关联性的揭示超越了单一心理现象的局限,展现了心理活动之间深刻而广泛的相互影响,为我们理解人类复杂的心理机制提供了有力的工具。

---

① 刘菊.关联主义学习理论及其视角下的教与学组织研究[D].长春:东北师范大学,2011:16.

3.网络,提供了认知融通的路径

联结主义心理学通过构建复杂的神经网络模型,清晰地描绘了学习的动态过程与路径。在其神经网络模型中,学习不再是孤立的知识积累,而是网络整体结构与功能不断优化的结果。随着经验的积累与环境的变迁,网络中的联结强度与模式会发生相应的调整与重组,从而形成独特的学习轨迹。这一过程不仅揭示了学习的本质规律,也为我们理解人类如何适应复杂多变的世界提供了深刻的洞见。

4.自组织,隐喻着融通的环境条件

联结主义心理学的"自组织"概念揭示了认知系统对于环境变化的主动适应与调整能力。认知环境不是静态的、固定的,而是一个充满变化与不确定性的动态系统。通过自组织机制,认知系统能够根据外部环境的信息输入与内部状态的反馈调节,自主地调整其结构与功能,以实现对新环境的快速适应与有效应对。这种自组织能力不仅是融通理念在认知层面的具体体现,也是人类智慧与创造力的重要源泉。

(三)联结主义心理学对融通语文教学的理论支撑

在语文学科的教学实践中,联结主义心理学对认知心理的研究成果,为融通语文教学提供了理论支撑,促使我们重新审视并优化语文教学的路径与方法。

1.关键节点:语文教学中的核心要素把握

"关键节点"在联结主义中指的是信息网络中至关重要的联结点,它们对于信息的传递与整合起着决定性作用。在语文教学中,经典篇目、核心知识点、关键能力训练点等即为"关键节点"。教师需精准识别并围绕这些节点设计教学活动,确保学生能够在学习过程中抓住重点,形成稳固的知识基础。例如,通过深入解析经典诗词中的意象与情感,引导学生掌握鉴赏诗词的"钥匙",进而触类旁通,提升整体文学素养。

2.网络联结:构建语文知识的多维网络

联结主义强调知识之间的广泛联系与相互作用,形成复杂的认知网络。在

融通语文教学中,意味着要打破传统教学中知识点孤立的教学模式,注重知识之间的内在联系与整合。教师应引导学生建立新旧知识之间的联系,构建个人的语文知识网络。例如,通过主题阅读、跨学科整合等方式,将文学作品、历史文化、社会现象等多维度的信息有机融合,让学生在广泛的知识联结中深化对语文知识的理解与感悟。

3. 自主建构:促进学生主动学习与思考

联结主义认为,学习是一个主动建构的过程,是个体通过与环境的互动,不断调整、丰富、更新自己的认知结构的过程。在融通语文教学中,教师应当尊重学生的主体地位,激发学生的学习兴趣,调动其探究知识的欲望,通过自主学习、合作探究等方式,促进学生主动学习。此外,教师还应提供丰富的学习资源和多样化的学习路径,满足学生个性化的学习需求,给予学生充分的探究空间,在言语实践体验、创新表达中,培养学生的言语智慧、创新表达能力和自主学习能力。

4. 自我更新:推动终身学习的成长态度

"自我更新"是联结主义心理学中关于认知系统适应环境变化的重要观点,据此,融通语文教学活动应是一个动态调整、不断优化的过程。教师根据学生的学习反馈和教学效果评估,及时调整教学策略和方法,确保教学目标的达成。同时,教师自己也要抱有终身学习、不断更新的态度,保持对语文教学前沿动态的敏锐洞察,积极吸收新的教学理念和技术手段,不断提升自身专业素养和教学能力,以适应时代发展的需求,推动语文教学的持续进步与发展。

二 联通主义学习理论

2005年,加拿大学者乔治·西蒙斯在《联通主义:数字时代的学习理论》一文中提出了联通主义学习理论。从联结主义到联通主义,反映出学习理论的新取向。[①]

[①] 王佑镁,祝智庭.从联结主义到联通主义:学习理论的新取向[J].中国电化教育,2006(3):5-8.

(一)联通主义学习理论对联结主义理论的发展

1.聚焦智能化时代特点

联通主义理论把学习情景视野放在网络社会结构的变迁当中,认为学习是在知识网络结构中一种关系和节点的重构和建立,"学习是一个联结的过程"[①]。联结主义理论从神经科学的角度出发,把学习描绘成大量节点相互联结构成网络整体的过程。联通主义学习理论进一步发展为"数字时代的学习理论",是根据时代的网络化特征而提出的。在网络化特征明显的数字时代,西蒙斯充分考虑到网络技术的迅速发展,及其在人们学习方面所引起的巨大变革,将学习理论的研究重点转向了学习活动的社会性特征,由此促成了联通主义学习理论的提出。[②]

2.关注深度学习的内在机理

王志军等认为,"联通"包括"连接"(联结)和"通达"两个部分,既包括所联结的节点之间的对话与互动,又包含着"适应"和"改造"两方面的含义。联通的过程包含个体与组织对外部世界的适应与改造,以及外部世界对个体和组织的适应和改造,如此二者相互作用并共同发展的过程。[③]联通主义学习观是教育创新的一次探索过程,为新时代教育模式转型提供了新的方向。比如,基于联通主义学习观的慕课,已成为教育改革浪潮下的新型学习方式。慕课是大型开放式网络课程,在知识的建构上需要建立相应的"通道",联通主义学习理论提出了适合网络时代学习的原则,从而使慕课"把教学中关注的重点由'知识传授'这种浅层次学习转向'网络中人与人之间建立的思想联系'(以引发知识迁移和知识创造),使'深度学习'能真正发生"[④]。

(二)联通主义学习理论对融通语文的启示

联通主义学习理论在联结主义认知理念基础上,做了更深广的探索,给互

[①] 王佑镁,祝智庭.从联结主义到联通主义:学习理论的新取向[J].中国电化教育,2006(3):5.
[②] 刘倩伶.关联主义视域下小学英语混合教学模式的应用研究——以重庆市某L小学为例[D].重庆:重庆师范大学,2019:5.
[③] 王志军,陈丽.联通主义:"互联网+教育"的本体论[J].中国远程教育,2019(8):5.
[④] 何克抗.关于MOOCs的"热追捧"与"冷思考"[J].北京大学教育评论,2015(3):121.

联网时代的融通学习提出了有益的建议。

1.关注时代特征

在数字化、智能化的时代背景下,学习不可避免地要接触甚至融入网络环境。因此,应当建立基于时代特征的学习方式,特别是要引导学生通过不断的自我反思与知识整合,将新获取的信息与既有的知识体系进行有机连接。这一过程不仅要求学生具备高度的自主性和探索精神,还强调在复杂多变的学习环境中,有效地管理、扩展和优化个人的知识网络。

2.鼓励学生在学习网络中扮演积极的发现者和探究者角色

这意味着学生不再是被动接受知识的容器,而是主动寻求知识之间内在联系、探索未知领域的探险家。通过学习网络的广泛联通,学生能够跨越学科界限,触及不同领域的知识资源,从而以开阔的视野构建新的思维体系。

3.鼓励学生不断自我更新,实现知识的深度习得与素养提升

这一过程不仅仅是知识的简单积累,更是自主建构的思维方式的根本转变与升华。通过不断的交互学习、思想碰撞与智慧融合,学生能够逐步构建起既具有广度又具有深度的知识结构,进而在复杂多变的社会环境中展现出更强的适应力、竞争力和创新力。

第三节 教育学基础

除了中国传统哲学观、近代心理学理论,"融通"理念也融入了现当代国内外重要教育理论。本节从国内外相关教育研究理论阐述融通的教育学基础。

一、马克思主义"五育"理论奠定了融通教育的整体观

"马克思主义教育学的'五育'理论,以马克思主义关于人的全面发展学说为理论基础,是这一重要理论在逻辑的和历史的过程中不断具体化和系统化的重要理论成果之一。"[①]

(一)马克思主义教育学"五育"理论基本观点

在马克思主义"五育"理论中,德育、智育、体育、美育和劳动教育五个方面是相互联系、相互促进的。它们共同构成了一个完整的教育体系,旨在全面培养学生的素质和能力。

1."五育融合",是为了培养"全面发展"的人

"五育融合",即"五育并举,融合育人"。基于"人的全面发展"观,马克思主义教育学认为,德智体美劳"五育"融合,是"造就全面发展的人的唯一方法"[②]。马克思主义教育学的"五育"理论表明,人的全面发展不局限于体力与智力的单一提升,而是强调人以一种完整的姿态,去实现自己的全面发展。这意味着,除了体力与智力的发展外,人的发展还应包括能力、个性、需求以及社会关系等的全面拓展与深化。人的全面发展是一个多维度、多层次的进程。

[①] 项贤明.马克思主义教育学"五育"理论及其时代意义阐释[J].南京师大学报(社会科学版),2021(5):26.
[②] 中共中央马克思恩格斯列宁斯大林著作编译局.马克思恩格斯选集.第二卷[M].北京:人民出版社,2012:230.

2."五育融合",强调了"五育"不可割裂

首先,"五育"各有其特定的内容与功能。德育注重培养学生的道德品质和政治素养,智育关注学生的思维发展和学科知识习得,体育关注学生的体质健康和意志的养成,美育注重学生审美以及艺术修养的培育,劳动教育注重学生实践技能、生活习惯等的训练。正因为各育的独特价值和功能对学生的全面发展起着不同的作用,所以它们之间具有不可替代性。

其次,各育之间相互渗透、辩证统一。其中,德育是基础保证,智育是核心关键,体育是支撑条件,美育是熏陶动力,劳动教育是实践途径。这五个方面相互依存、相互渗透、相互促进,共同促进学生的全面发展。"五育"的辩证统一和有机融合,是促进人的全面发展的基本教育途径。

(二)马克思主义教育学"五育"理论与融通育人的理念观照

融通育人的理念与马克思主义教育学"五育"理论在强调教育的全面性和整体性上有相通之处。

1.融通育人与"五育"理论的价值取向高度契合

"五育"融合是为了实现人的全面发展的目标,融通育人正是通过促进学生学习素养的整体跃升,来实现其全面发展。两者均致力于塑造独立、完整的人格品质。融通育人超越了单纯的知识灌输与成绩竞争,致力于构建一个鼓励学生主动探索、激发学生潜能的学习环境,使学生在智力发展的同时,其他各项能力也能协同并进,实现综合素质的全面提升。因此,融通育人是对人的全面发展理论的实践性运用,它在新时代的教育浪潮中应运而生,更注重学生个体需求与个性发展。

2.融通育人方式与"五育融合"的育人策略高度契合

"五育融合"的教育策略,是基于当前教育中存在的"五育"割裂、缺乏整体性的问题而提出的。"五育融合"指"德、智、体、美、劳各育在目标、内容、方式等方面相互关联、彼此渗透、融为一体,共同作用于学生全面发展的过程",具有整体共在性、内在融通性、动态生成性。[①]融通育人强调整体共生、内在关联、互动

---

① 辛继湘.基于"五育融合"的教学思维方式变革[J].中国教育学刊,2022(9):88-89.

生成的育人理念,旨在解决教育实践中学习内容关联缺失、学科间相互孤立、学习方式方法僵化等困境。如何促进融合、实现目标与方式的融通,是融通育人的研究难点,也是其研究的关键。

(三)德智体美劳全面发展的教育方针对融通育人的现实指引

2018年,习近平总书记在全国教育大会上强调,"培养德智体美劳全面发展的社会主义建设者和接班人"。这是新时代教育方针的重要表述,明确了融通教育的关键。

1.目标培育,追求人的全面发展

德智体美劳全面发展的核心强调目标培育的整体性。它超越了传统教育对单一知识或技能的追求,聚焦于人的全面发展,让学生将德育之根深植于心田,以智慧之光启迪思维,以强健之体支撑梦想,以美学之韵陶冶情操,以劳动之手锻造未来。这一整体性目标要求我们在以融通理念为指引的教育实践中,不仅要关注学生的学业成绩,更要重视其品德修养、身心健康、审美情趣及劳动技能的培养,从而培养出既有较高文化素养,又具备创新精神和实践能力的时代新人。

2.资源运用,编织关联的共生网络

在融通育人实践中,资源运用的关联性成为实现教育目标的重要因素。在"融"上做文章,在"跨"上下功夫,并不是把各类资源进行简单的叠加拼凑,更不能在融合中牵强附会、生拉硬扯。不仅要关注学科资源的优化配置,更应该关注知识、情感、经验等非物质资源的深度融合。自然界中万物相互联系、相互依存,教育资源的运用也应遵循这一法则,实现跨学科、跨领域、跨文化的有机整合。通过构建开放包容的教育生态系统,让不同学科的知识相互渗透,让校内外资源有效对接,让理论与实践紧密相连,从而为学生提供一个多元化、立体化的学习环境。在这样的环境中,学生不仅能够获得丰富的知识养料,更能在实践中探索、在交流中碰撞、在反思中成长,最终实现知识、能力、情感与价值观的全面提升。

3.过程设计，突出建构的动态生成

德智体美劳全面发展是一个动态而持续的过程，它要求我们在学生素养的建构上保持高度的灵活性和适应性。事物发展是具有复杂性的，素养作为个体在特定情境下综合运用知识、技能和态度解决问题的能力，其形成与发展并非一蹴而就，而是伴随着个体生命成长的每一个阶段，不断经历着积累、内化、外显和再创造的循环往复。因此，在教育实践中，不能把融通育人的过程简单化或程式化，必须尊重学生的个体差异和成长规律，采用灵活多样的教学方法和手段，引导学生在不断变化的社会环境中主动探索、积极实践、勇于创新。同时，还要关注学生素养的可持续发展，培养他们终身学习的意识和能力，这不仅是个体全面发展的内在要求，也是社会进步与时代发展的迫切需要。

马克思主义教育学"五育"理论对融通育人具有重要指导意义。它为融通育人提供了科学的教育理念和方法论指导，帮助我们更好地理解和应对当代教育面临的挑战和问题。

二、课程统整理论的教学观，彰显了"融通"的联系观

课程统整理论是一种课程设计理论，它强调整体性、关联性、实践性和以学生为中心的教学理念，旨在通过整合不同学科、领域或知识体系中的相关内容来促进学生的全面发展和素养提升。

（一）课程统整理论的基本特征与实践样本

1895年，美国国家赫尔巴特学会（National Herbart Society，现为美国国家教育科学研究会）首度关注课程统整概念，主张儿童有能力联结不同的知识领域。赫尔巴特的"统觉"理论则正式将"统整"概念引入教育学领域；此后，随着课程领域研究的逐步深入，课程统整越来越为学者们所关注。课程统整的模式可以大致划分为四种，即单一学科内课程整合、多学科课程整合（学科并列课程整合）、跨学科课程整合（科际课程整合）以及超学科整合。[①]

[①] 罗晓晓.课程整合的生态学研究[D].重庆：西南大学，2022:9.

1. 课程统整理论的基本特征

对于"课程统整"的理解，一直处于"百家争鸣"的状态，但无论何种观点，都体现出鲜明的关联性、系统性特征。

首先，课程统整理论为融通语文提供了内在关联的实践路径。艾斯贝克（Asbeck）等所倡导的"统整课程"，主张通过跨学科整合、学科内部整合及儿童生活与科学知识的有机融合，有效促进全面育人。其本质在于构建一个学科间界限模糊、联系紧密的课程体系，这样的体系不仅强化了学科知识间的横向交互，还促进了不同学科间价值观念的交流与融合，为教育目标的实现提供了有力支撑。

其次，詹姆斯·比恩（James Beane）、威特默尔（Witmer）等学者对课程统整理论的"系统框架"进行了纵深研究，提出课程内容的组织策略是将课程统整作为核心，聚焦于课程内容间的横向贯通与纵向递进。詹姆斯·比恩从过程视角出发，认为不仅应关注内容层面的统整，而且要关注目标及活动设计的统整，强调"课程统整的研究不仅仅是课程内容的研究，同时它也是一种涉及课程理念、课程中的学习活动方式、课程管理及其评价等在内的系统化研究"。[1]

2. 课程统整理论运用的实践样本

课程统整的实践样本，比较成熟的有：

（1）美国的STEAM教育。STEAM素养是科学（Science）、技术（Technology）、工程（Engineering）、艺术（Arts）和数学（Mathematics）等学科的综合素养。STEAM教育最早起源于美国，强调多学科的交叉融合，融合的STEAM教育应具备跨学科、趣味性、体验性、情境性、协作性、设计性、艺术性、实证性和技术增强性等核心特征。[2]

（2）芬兰的现象教学（Phenomenon-based Instruction）。现象教学是事先确定一些主题，然后围绕特定的主题，将相近的学科知识重新编排，形成学科融合

---

[1] 刘登晖,李凯.美国学校课程统整研究的进展与反思[J].外国教育研究,2017(10):74-75.

[2] 周子明,张志,袁磊.融入设计思维的STEAM教育:模式构建与案例分析[J].现代远距离教育,2021(1):57.

式的课程模块,并以课程模块为载体实现跨学科教学。①现象教学强调从多学科、多知识领域解读世界,以改变单一学科教学可能造成的片面性问题,旨在培养学生的综合素养,注重其知识体系的融通。

(3)澳大利亚的跨领域统整课程(Integrated Curriculum)。创设了以"共通能力"为主线、以培养"成功的学习者、自信且富有创造力的个人以及积极且见多识广的公民"为导向,多元化、多层次的课程体系。重视七大共通能力(读写能力、算术能力、信息通信技术能力、批判与创造性思维能力、个人与社会交往能力、道德理解能力以及跨文化理解能力)的培养,旨在使年轻的澳大利亚人能够在21世纪成功地工作和生活。②

(4)加拿大STSE课程。STSE课程是集科学(Science)、技术(Technology)、社会(Society)、环境(Environment)教育于一体的综合教育课程,旨在培养有科学素养、人文素养、环境素养的公民。STSE课程采用的是主题式教育,即围绕主题来组织课程内容,打破了学科之间的界限,通过对多个学科知识的集合来使学生获得对主题的整体认知,从而实现知识体系的融通、知识学习与运用的融通。

(二)课程统整理论彰显的融通特质

1.学科交织的关联互动

课程统整理论强调不同学科之间的整合与融通,旨在打破学科壁垒,促进学科间的交叉与融合。这种融合不仅体现在课程内容上,还体现在教学方法、教学手段以及教学评价等多个方面。通过跨学科的教学设计,学生能够更好地理解不同学科之间的联系,形成更为完整的知识体系。

2.生活与知识的和谐共鸣

课程统整理论注重知识与生活的融通,强调将学习内容与学生的生活实际相结合,使学习成为生活的一部分。这种融通有助于激发学生的学习兴趣和动

---

① 王奕婷.基于跨学科素养的课程整合研究——以芬兰基础教育为例[D].上海:华东师范大学,2018:80.
② 杜文彬.澳大利亚基础教育综合课程改革的动向与启示[J].外国中小学教育,2019(11):65.

力,提高学习的针对性和实效性。在课程统整的过程中,教育者会努力寻找学科知识与现实生活的结合点,通过生活化的教学情境和实践活动,让学生在解决实际问题的过程中掌握知识和技能。这种教学方式不仅能够帮助学生更好地理解学科知识,还能够培养他们的实践能力和创新精神。

3.显性与隐性资源互渗

显性课程资源主要指教科书、教学设备等物质形态的资源;而隐性课程资源则包括校园文化、师生关系、教学氛围等非物质形态的资源。在课程统整的过程中,教育者会让显性和隐性资源紧密结合、相互作用,潜移默化地影响学生的思想和行为。这种显性和隐性互渗的方式有助于培养学生的综合素质和个性特长,使他们在学习过程中得到全面的发展。

4.学习主客体的心灵契合

课程统整理论还强调师生之间的融通与合作。在课程统整的过程中,教师需要转变传统的角色定位,从知识的传授者转变为学习的引导者和合作者。同时,学生也需要积极参与课程的设计和实施过程,与教师共同探索和创新。这种师生之间的融通与合作有助于建立和谐的师生关系和课堂氛围,激发学生的学习积极性和创造力。

(三)课程统整理论对融通育人的启发

课程统整理论给融通育人提供了国际化视角,课程统整的众多成熟的实践样本为融通育人打破各种壁垒,实现"融"与"通",提供了有益的借鉴和启示。

1.育人本位是融通育人的目标导向

学校课程整合的理想状态是通过系统的课程设计,实现个体成长、社会适应与知识建构的深度融合。这一过程强调师生共同参与,采取自下而上的策略进行课程决策。审视当前学校的课程整合实践,不难发现其中存在的偏差与迷失。一方面,形式化的课程整合现象屡见不鲜,课程整合停留于表面结构的重组,而忽视了知识内容的实质性融合;另一方面,学生在课程整合过程中被边缘化或工具化,表现为课程整合过分追求功利目标,忽视了学生作为学习主体的主观能动性和全面发展需求,这些都是融通育人实践中亟待解决的关键问题。

2.社会系统是融通育人的保障条件

融通育人需要学校与社会共同努力。具体而言,学校应从理想的儿童形象出发进行课程整合的整体设计并赋权师生,社会应为学校课程整合提供前瞻性的政策指引和理性的地方支持。①生态学视野下课程整合的内涵并非单一的、具体的,而是关于"壁垒融通"、"适应选择"以及"动态平衡"的有机融合。课程整合始终以动态的交互与协作的活动方式,在"正反馈循环"过程中实现"上升性"演化与发展,体现出整体性、关联性、过程性以及可持续性的特征,关系思维、整体观念和生态使命感得到彰显,课程整合的"成事""成人""成物"价值实现融合自洽。②

3.学研同构是融通育人的有效路径

当前国际上比较广泛运用的几种课程统整模式,都是以"学研同构"的项目任务为撬动,促进关联进阶、深度学习。这些模式通过一系列相互关联、逐步深入的任务和挑战,让学生一方面在实践中学习新知,一方面运用关联的跨学科知识和思维方式,理解问题、分析问题,找到解决方案,同时结合贯穿始终的表现性评价,促进学生的目标把握和自我认知、调控能力的提升。基于学研同构的实践模式与语文课程标准中突出的"学习任务群"学习方式具有高度的内在一致性。这为融通语文如何破解"融"之困,"通"之难,提供了有益的借鉴启发。

---

① 王丽华.让儿童成"人":学校层面课程整合迷失和回归的原点[J].全球教育展望,2016(4):45.
② 罗晓晓.课程整合的生态学研究[D].重庆:西南大学,2022:77.

第三章

融通语文的范式建构

第一节 从统编版小学语文教材认识教学

融通语文教学主张基于教学实践,通过经验总结和理论建构形成相关教学认识:第一,语文课程内容是一个综合整体;第二,语文素养培育须建立关联系统;第三,语文实践的关键是创设应用情境;第四,语文素养的表现是实现化用知行。

一 语文学科教学内容是一个综合整体

生命是一个肉体与精神、大脑与心灵、情感与智力等组成的不容分割的整体,生命发展是整全化、一体式推进的过程,遵循生命发展的内在规律。[1]语文学科教学是一个内在相互关联的、有机的体系,其整体性与教育的全面性特征相契合,也与学生的整体性相契合。若语文课程缺乏整体性,则难以激发学生的全面参与,也就无法得到让学生全身心投入学习的最佳效果。作为语文课程的学习者,学生同样具有整体特性,即他们不仅有智慧,更有情感。人的认知过程是一个融合知识、情感与意志的综合性系统,因此,学生对语文学习材料的掌握,需要采取整体吸纳的方式,只有这样,才能激活学生的整体机能。[2]同样,学生的思维方式也体现出整体特性。从整体视角出发的学习策略要求语文教学实践必须遵循整体输入与整体输出的原则,唯有如此,方能深刻触动学生的心灵,促进其学习的深入与高效。而将知识分解成碎片进行分析的思路,无法使学习者很快把握整体、了解整体、形成意义,也就很难调动学生的全部积极性和经验来支持学习。

所谓语文学科教学内容的整体性,"就是要以教育哲学为指导,承认语文这

---

[1] 鲁子箫."五育融合"视域下的知识融通——从知识立场到生命立场[J].课程·教材·教法,2024(1):55.
[2] 肖秀兰.语文教育的整体观[J].课程·教材·教法,2002(7):13.

个整体内部各要素的存在,用心寻找和探索它们之间的互相联系的规律,并在教学实践中正确处理语文整体和各个系统分支各要素,以及各个要素之间的关系"①。

小学语文核心素养中的文化自信、语言运用、思维能力、审美创造,是一个不可分割的、自洽而又有机的整体。小学语文核心素养的形成需要充分观照小学语文课程整体性,因此,不能将核心素养割裂开来进行教学,而应进行融通的综合教学。只有从整体上观照核心素养,以汉语为圆心,以汉语思维发展与提升、汉语审美鉴赏与创造、汉语文化传承与理解为多层次半径,才能共同画出小学语文核心素养的同心圆。②

小学语文教科书是对国家课程标准的具体化,也是小学语文学科教学内容的系统呈现,是供小学语文教师教学、学生学习的依据,其内容的组织构建,体现了国家对小学语文学科教育的思想与理念。根据新课标编写的统编版小学语文教材,尤其注重语文知识、素养、能力的综合性、整体性培育,体现了融通的教育观念。下面就从统编版小学语文教材的编制来认识语文教学的综合整体性,以及实施融通教育的必然性。

(一)突出素养培育的整体性

语文核心素养不是对知识、技能、品格、能力等的支离破碎的拼凑,不是以单一、零散、分离的状态存在于学生身上的。语文核心素养的内在成分既各自独立,又相互交融,只有当它们融会贯通,并对学生的发展产生整体性、持续性效应时,核心素养才能真正形成。基于此,现在的统编版小学语文教材在内容安排上重视语文学科知识的整体性,其语文要素的编排逻辑遵循了语文核心素养形成的内在需求,既体现了语文学科的整体价值,又体现了语文要素在学生素养形成中螺旋式上升的融通建构,③还突出了学生能力培育的整体性。④

从纵向上看,统编版小学语文教材精心搭建的小学语文知识体系,将小学生必备的核心语文知识、基本语文能力、常规学习方法、学习策略,以及良好的

---

① 洪宗礼.语文整体观的哲学思考[J].中学语文教学,2018(1):15.
② 徐林祥,郑昀.对语文核心素养四要素的再认识[J].语文建设,2017(31):24.
③ 程洁.融通与独立:核心素养视域下对语文要素的再解读[J].小学语文,2022(Z2):45.
④ 陈先云.认识和把握语文要素应树立整体观[J].小学语文,2022(4):5.

学习习惯等,分成若干个知识点或者能力训练点,科学系统地予以编排,形成了一个逐步深化、层层递进的训练序列,既彰显了语文要素安排的连贯性与发展性,也保证了教学的精确性。

从横向上看,统编版小学语文教材自小学三年级起,每个单元的导语便聚焦于阅读与表达两大核心领域,清晰地指明该单元语文训练的基本要素。各单元的教学目标直接体现于单元导语之中,成为教学的指南针。课后练习题紧密围绕单元训练要素设计,而"语文园地"中的"交流平台"则帮助学生对重点学习方法进行回顾和总结。[①]从单元导语、课后习题到"交流平台""词句段运用"等,组成了一个在内容上有紧密联系的整体。比如,五年级上册第三单元的人文主题是"民间故事",语文要素是"了解课文内容,创造性地复述故事"。《猎人海力布》的课后练习第2题"试着以海力布或乡亲们的口吻,讲一讲海力布劝说乡亲们赶快搬家的部分",旨在引导学生通过复述故事,进行角色体验;《牛郎织女(一)》的课后练习第2题"课文中有些情节写得很简略,发挥想象把下面的情节说得更具体,再和同学演一演",意在培养学生的想象力;口语交际"讲民间故事"启发学生以角色的身份进行对话,并指导学生配上相应的动作和表情,让他们将故事讲得更生动、吸引人。"词句段运用"中的"仿照下面的例子,把牛郎织女初次见面的情节说得更具体",进一步通过举一反三的方式,激发学生的想象力、创造力,从而达到培养其创造性地复述故事的能力的目标。在这个单元中,角色体验—情节想象与丰富—角色代入,分布于不同的学习内容中,又彼此呼应、关联,体现了本单元在培养学生创造性复述能力方面的整体性。

统编版小学语文教材在单元设计方面,尽可能地考虑各学段、各册、各单元之间和单元内部各项内容中的阅读与表达方法、能力的有机联系,使之互相促进,协同发展;重视让学生把通过阅读学习到的表达方法和已掌握的语文能力运用到表达实践中,全方位促进学生语言运用能力的提高。其"阅读铺路,由读到写"的编排原则体现了培育学生素养的整体融通理念。

(二)建立读写并重的关联性

统编版小学语文教材执行主编陈先云对小学语文教材中阅读与表达的关系进行了深入阐释:"'阅读与表达并重'是统编教科书的重要编写理念。单元

---

① 陈先云.认识和把握语文要素应树立整体观[J].小学语文,2022(4):5.

中的阅读与表达要素安排,体现了有机联系、互相促进、整体发展的编写思路。比如,中年段教科书单元中的阅读与表达要素之间的横向联系:'借助关键语句理解一段话的意思'和'试着围绕一个意思写','了解作者是怎样把事情写清楚的'和'把一件事情写清楚','体会作者是如何表达对动物的喜爱之情的'和'写自己喜欢的动物,试着写出特点','从人物的语言、神情等描写中感受人物的品质'和'学习用多种方法写出人物的特点',等等。"[1]清楚地说明了统编版小学语文教材在内容安排上,对读、写关联性的重视,体现了对小学语文教学要实现阅读与表达相互融通、整体发展的要求。

具体来说,就是"重视单元之间阅读与表达能力的协同发展。比如,把握文章主要内容是学生阅读能力发展的核心,也是长期以来小学生阅读能力的薄弱之处。统编教科书四年级上册第四单元安排'了解故事的起因、经过和结果,学习把握文章的主要内容',第七单元安排了'关注主要人物和事件,学习把握文章的主要内容',第八单元明确提出了简要复述的要求,即重点复述主要情节,次要情节可以适当省略,使把握文章的主要内容与简要复述两者互相呼应,相互促进,协同发展"[2]。

(三)强调综合运用的目标性

值得注意的是,统编版小学语文教材中所含的语文要素不只是单一的知识,更是能力,是方法,是习惯,是综合性的语文素养。

比如教材在低年段安排了借助图画、查字典、从字形结构推测、联系上下文和生活经验等了解词语意思的方法。从三年级开始,对学生在低年级形成的理解能力进行提升,比如:三年级上册第二单元,语文要素是"运用多种方法理解难懂的词语",其内容的编排旨在引导学生学会选择合适的方法,逐步做到对知识的迁移运用。其中,《古诗三首》是让学生借助注释理解古诗中难懂的词语;《铺满金色巴掌的水泥道》则是让学生通过联系上下文、结合生活实际来理解词语;《秋天的雨》列举秋天的景观,生动直观地让学生理解"五彩缤纷"一词的意思;"交流平台"要求学生总结理解词语的方法;"词句段运用"的第 2 题安排了实践运用的练习。在一个单元里,多样化地进行学习方法的运用实践,培养的

---

[1] 陈先云.认识和把握语文要素应树立整体观[J].小学语文,2022(4):6.
[2] 陈先云.认识和把握语文要素应树立整体观[J].小学语文,2022(4):6.

是学生的综合理解能力，而非单一的方法。再如六年级下册综合性学习单元安排的内容"运用学过的方法整理资料"，是让学生对小学阶段学过的方法进行巩固并综合运用。此前，中年段安排了收集并记录资料、合作整理资料的学习，五年级进一步安排了根据需要收集资料、合理准确地运用资料及分类整理资料的方法等学习内容。在此基础上，六年级下册的综合性学习单元引导学生综合运用前面已经学过的方法，根据自己的需要收集、筛选和分类整理资料。教材用"填写时间轴""分享难忘回忆""制作成长纪念册"等活动及阅读材料《如何制作成长纪念册》，指导学生有选择地分类筛选和整理小学六年间的成长资料，帮助学生在实践中融通知识，发展整理资料与使用资料的综合能力，体现出语言文字运用的综合性、实践性特点。

二 语文素养培育须建立关联系统

系统论的创始人贝塔朗菲（Ludwig von Bertalanffy）认为，系统是指"处于一定的相互关系中并与环境发生关系的各组成部分（要素）的总体"[1]。英国《牛津词典》给"系统"下的定义是"由互相连接或互相依存的组成事物或集聚的事物所形成的复杂统一体，根据某种方案或计划有秩序地安排各个部分而组成的一个总体"。[2]可见，系统是由多个要素构成的，这些要素相互联系，相互作用，并按一定的组织方式形成系统结构，构成一定的层次，各组成部分与外部环境保持着动态的交互关系。

语文教学是由"识字与写字、阅读与鉴赏、表达与交流、梳理与探究"四个部分（子系统）构成的系统。各部分的教学均围绕语文知识、方法能力、学习策略、学习习惯等语文要素展开。因此，语文教学的系统性主要表现在三方面：一是系统内各子系统之间的联系，表现为相互依存、相互制约的关系；二是子系统内部各语文要素相互联系，形成系统结构；三是系统与环境之间存在紧密的联系，系统是一定环境中的系统，它在一定的环境的作用下，又反作用于一定的环境，没有环境，也就没有系统。语文教学系统中，各种教学内容、各类知识是相互联

---

[1] 王雨田.控制论、信息论、系统科学与哲学[M].北京：中国人民大学出版社，1986：428.
[2] 文早.系统科学与文学[M].沈阳：辽宁大学出版社，1986：39.

系的,并有一定的顺序性,必须循序渐进地按照系统内知识要素的顺序施教才能实现教育目标。

基于语文教学的系统性特征,对学生的语文素养培育,也必须建立关联系统,才能让他们将语文相关知识融会贯通。

(一)纵向整合,构建语文要素发展脉络

从教材来看,统编版小学语文教材的每个单元均承载着一个关键的语文要素,教材中,语文要素体系的建构,旨在促进学生语文核心素养的逐步提升。实施单元教学,一方面要紧扣该单元的关键语文要素,另一方面,又不能局限于单元内容。需要超越单元、年级乃至学段的界限,系统梳理语文要素序列,这样才能确保教学能够基于整体视角实施,使学生能够从宏观上把握语文要素的内在逻辑与结构体系。

在小学语文"思辨性阅读与表达"学习任务群中,查找资料、梳理观点、事实与材料及其关系,是培养学生文字分析能力的重要方式。统编版小学语文教材从三年级下册开始,通过传统节日资料的收集、查找、记录与整理,初步奠定学生学习资料收集与整理方法的基础。四年级上册进一步要求学生整理问题清单、观察日记,引入社会背景、历史人物等资料查找的方法,强调资料的综合运用。四年级下册则扩展至科技与社会领域,如纳米技术、航天成就等,教授给学生资料筛选、整合与分类的方法。五年级上册,学生需结合资料深入理解课文情感。这一过程体现了资料收集、整理、筛选技能的螺旋式提升。这种对资料收集与整理的编排,彰显了统编版小学语文教材对语文要素反复训练、逐步提升的教学理念,也显示了语文素养培育的关联系统。

(二)横向融合,打通单元学习活动的进阶路径

统编版小学语文教材以"单元整体"的思路组织编排教学内容,将双线("宽泛的人文主题"和"语文要素")组元结构贯穿于每个单元中,进行整体部署,其教学的结构化体系如图3-1所示。因此,在教授各单元语文要素时,教师应避免教学方式的孤立与片面,要深入单元内部,挖掘课文中的"要素宝藏"。同时,还要建立选文、课后习题、写作练习、综合性学习、口语交际及语文园地等教学板块之间的内在联系,将原本看似独立的"要素资源"有效整合于单元语文要素

框架之下。通过跨领域的融通与协作,促使各项要素资源相互促进,实现对学生语文素养的综合培育,从而推动学生语文能力的全面发展。

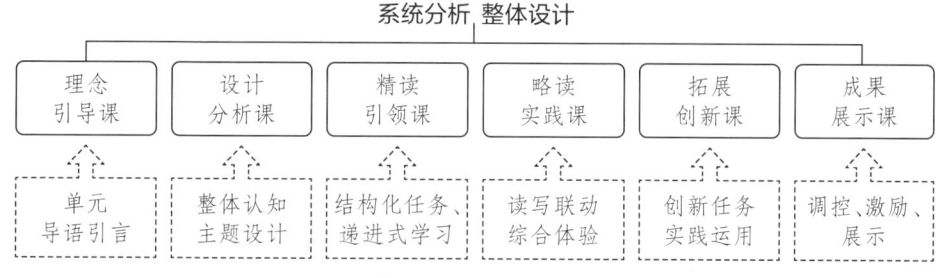

```
                    系统分析 整体设计
   ┌──────┬──────┬──────┼──────┬──────┬──────┐
  理念    设计    精读    略读    拓展    成果
  引导课  分析课  引领课  实践课  创新课  展示课
   ↑      ↑      ↑      ↑      ↑      ↑
  单元   整体认知 结构化任务 读写联动 创新任务 调控、激励、
  导语引言 主题设计 递进式学习 综合体验 实践运用 展示
```

图3-1　单元整体教学的结构化体系

以四年级上册第三单元为例,其语文要素聚焦于"体会文章准确生动的表达,感受作者连续细致的观察"和"进行连续观察,学写观察日记"。若教师在教学实践中能深入单元内部,实施横向整合策略,充分挖掘并融合各类"要素资源",则可巧妙地将"创作个人绘本式观察日记"作为单元学习任务,以驱动学习进程。首先,通过精读《爬山虎的脚》与《蟋蟀的住宅》,引导学生深刻体会作者细致持久的观察与精准生动的表达。随后,以《爬山虎的脚》课后"资料袋"为桥梁,将其与"撰写观察日记"的写作任务相连接,教授学生多样化的日记记录方式。接着,规划一系列跨越数周的观察实践活动,如撰写"豆芽成长日志"等种子发芽观察日记,或是针对校园内的小动物及季节更迭的"秋日追踪"等,激励学生持续观察,即时记录并分享所见所感。此后,推荐学生参考《蟋蟀的住宅》课后习题及"阅读链接"材料,鼓励他们深化观察体验,运用所学技巧记录更多鲜活有趣的观察所得。在习作整合阶段,师生共同分享观察日记,回顾单元课文中的经典段落,对照进行修订完善。最后,指导学生将日记内容转化为个性化的"绘本观察日记",从而圆满完成单元学习任务。这一过程不仅实现了单元内课文、习题、习作等资源的有机整合,还通过精心设计的学习任务链,逐步引导学生深入探索,确保了单元语文要素的有效实施,为学生的语文学习生活增添了丰富的实践维度。

(三)立体融通,架设开放交互的学习空间

不难发现,统编版小学语文教材精心设计的四大板块,为学生搭建了全方位、多层次的学习空间,从而营造出了立体融通的学习环境。

1."整本书阅读"板块构筑了家庭、学校、社会协同共育的书香港湾

"和大人一起读""我爱阅读""快乐读书吧"等整本书阅读板块,作为教材编排的一个亮点,不仅激发了学生的阅读兴趣,更巧妙地融入了家庭、学校、社会全员育人的教育理念。通过阅读策略指导、推荐优秀读物、组织亲子共读、阅读分享等活动,打破了传统教育界限,促进了家庭、学校与社会的紧密联系。学生在享受阅读乐趣的同时,也学会了在多元环境中汲取知识,实现全面发展。

2."综合性学习"板块搭建了社会研究性学习的大舞台

小学语文综合性学习单元主要包括"中华传统节日"、"轻叩诗歌大门"、"遨游汉字王国"以及"难忘小学生活"等主题,围绕社会文化生活,设计了一系列实践性强的活动任务。学生需走出教室,走进社区、自然,通过实地考察、调查访谈、资料搜集等方式,亲身体验知识的形成过程。这一过程不仅锻炼了学生的观察力、思考力和解决问题的能力,还增强了他们的社会责任感和实践能力,实现了学习与社会的深度融合。

3."口语交际"板块提供了生活交际的演练场

统编版小学语文教材中每个单元都有"口语交际"板块,话题涉及生活场景、人际交流与沟通、社会实践等,涵盖日常生活的众多交际场景。比如"请你帮个忙""商量""安慰""劝告""我是小小讲解员"等,让学生在模拟的真实情境中,学会倾听、表达和应对。"口语交际"板块构筑了丰富的生活交际演练场,对提高学生的语言运用能力,培养其交往能力和自信心,具有重要意义。

4."阅读策略"板块成为解决生活问题的工具箱

统编版小学语文教材中四大阅读策略,不仅指向学生阅读能力的提高,也有助于学生解决生活问题能力的提升。"预测"策略,帮助学生在生活中形成预判和推理能力;"提问"策略,指导学生在日常生活中主动发现问题、提出问题,并寻求解决方案,培养批判性思维和问题解决能力;"提高阅读速度"策略,帮助学生在日常生活中快速获取和处理信息,如浏览新闻、阅读说明书等;"有目的地阅读"策略,使学生能够在日常生活中更加高效地获取信息。无论是为了学习新知识、解决问题还是进行休闲娱乐,学生都能根据自己的目的选择合适的阅读材料和阅读方法。

三 语文实践关键是创设应用情境

人的核心素养体现于具体的情境中,也在具体的情境中现实地生成。《义务教育课程方案(2022年版)》强调:"加强知识学习与学生经验、现实生活、社会实践之间的联系,注重真实情境的创设,增强学生认识真实世界、解决真实问题的能力。"情境蕴含着事件发生与发展的内在和外在逻辑,它既可以解释事件,也包含解决事件的内在因素。情境包含着问题,负载着意义,召唤着行动。可以说,情境创设确定了核心素养生成的可能性,也决定着核心素养生成的现实性。只有创设适宜且有效的课堂教学情境,才能发挥课堂教学促进学生核心素养发展的内在功能。[①]

(一)以情境作为促进核心素养形成的重要载体

首先,情境强化教学关系。教学如果进入教学内容情境,教学关系的建立就拥有"教师—学生"和"教师—教学内容—学生"的双重途径,教师与学生的交往互动就会进入更深的层面。

其次,情境明晰教学方向。情境与教学内容所涉及的事件相辅相成,能够引领学生进入教学内容所涉及的场景中,学生在相关情境下,能更好地理解教学内容。情境也使教学方向更加清晰和确定,使学习结果更符合教学的事实和逻辑。

最后,情境激发教学行动。学生学习时关心的是情境中的教学内容问题,需要解决的问题也是情境中的问题,其意义建构是在教学内容的相关情境中进行的。只有进入教学内容情境,学生才能产生真正意义上的学习行动,教学行动的内在结构才是完整的。

情境设置的目的不只是在于引导学生习得必要的语文知识,还在于培养其必要的语文能力,使其掌握适当的学习策略。简言之,在真实情境中聚焦语文要素,方可探求阅读教学之道。统编版小学语文教材中蕴藏了诸多语文要素的密码,构成了以语文能力培养为主线的层级序列结构,为学生在真实情境中走向真正阅读给予了充分的条件:一方面,让学生在真实情境中落实单元目标中

[①] 余文森,龙安邦.指向核心素养发展的课堂教学情境及其创设[J].福建基础教育研究,2023(5):4.

的学习重点；另一方面，使其在真实情境中理解文本中的学习内容。

(二)以情境作为促进核心素养发展的内在机制

在自然状态下，情境是事件的综合体，包含事件存在、发展以及事件相关问题解决的所有要素与逻辑。真实的教学情境包含教学内容所关涉事件的所有(或必要)元素与逻辑。学生在真实教学情境中学习，可以通过情境理解、情境应对和情境迁移等方式解决问题，形成相关价值观、能力与品格，并能够将自己的价值观、能力与品格运用于真实生活世界相关情境中来解决问题。

语文学习情境主要包含以下几种。

一是文本情境。学生走进文本之中，其实就是在一个特定的语言情境中徜徉。文本情境是一个开放的语言情境，很多文本的留白对学生而言，就是一种召唤，给学生发挥想象力、创造力，延展思维与学习空间提供了最真实的语言运用情境。

二是生活情境。引导学生把文本情境中积累建构的新认知，及时迁移运用到生活情境中，面对新的问题任务，选择新的认知方法，经历新的语言实践，形成新的核心素养。生活情境再现和文本情境延展，在核心素养形成过程中不是两个独立环节，而是一个无缝对接的学习共同体。

三是文化情境。基于大单元、大概念，以教科书中单元语文要素为核心点，串联起单元文本内容、拓展课外内容、融入跨学科内容，构成文化情境。对文化情境进行创意设计，能让学生在语文学习中经历"积累—建构—运用"的过程，即从在文本情境中扎实学，到在生活情境中灵活用，再到在文化情境中发展个性。文化情境创意设计应该尽可能地综合运用多种阅读任务群，将不同的学习任务群结合起来，培养学生的语文核心素养。[①]

情境，让文本链接生活，激起学生真实的情感体验；情境，让文本变成剧场，让学生身处其中，培养动手、用脑、表达的能力；情境，让文本层次清晰。探究情境设置，是培养学生核心素养的必然要求。

---

① 林春曹.过程性·整体性·情境性·反思性——语文核心素养形成的四个基本特性[J].小学语文,2023(2):25.

四 语文素养培养目标达成的表现是实现化用知行

融通语文的终极目的是促进学生语文"化用知行"学科素养的形成,它凸显了学科育人的实践性特征。语文本身就是一门实践性十分明显的学科,正如俞国平所言,"语文实践是学习方式变革、核心素养落地的出发点,是语文之'基石'。《义务教育课程方案(2022年版)》更是强调变革育人方式,突出实践,倡导'做中学''用中学''创中学'"①。可见,语文学科素养的养成,离不开语文实践。

(一)"做中学":基础层,把握实践空间

教师要用好教材,树立带领学生进行语文实践的意识。统编版小学语文教材通过语文要素等聚焦言语实践,教师应充分把握其编写特点,利用教材中的语文要素,让学生在做中学。

以小学语文四年级下册《记金华的双龙洞》②一课为例。为了让学生在"做中学",教师可以设计以下教学活动。

首先,通过"我是小导游"的角色扮演活动,让学生分组准备导游词,围绕课文中的描述,实地模拟带领"游客"游览双龙洞。这一过程中,学生可以通过亲身体验深化对文中词语如"孔隙""蜿蜒"等的理解,还能锻炼言语组织和表达能力。让学生在真实情境的实践中,深化对教材内容的体验。

其次,完成"创意地图绘制"任务。要求学生根据课文描述,绘制双龙洞游览路线图,并标注文中提及的景点及特色。此活动可以激活学生的空间思维与创新能力,促使他们深入文本,寻找细节,实现在"做"中激活思维的目的。

最后,教师为学生推荐一些关于自然奇观、风景名胜的课外阅读材料,引导学生对比阅读,探讨不同作者在描写自然景观时的手法与情感差异。这一环节可延伸学生的阅读视野,激发其探索自然与文化的兴趣,体现在"做"中延伸阅读的教学理念。

对于"做中学",俞国平作了很好的总结,"做中学",就是把学习活动转化为真实的语文实践:在"做"中深化体验,引发学生学习字词,在"旧""新"环境中了解用词的变迁;在"做"中激活思维,借助对比阅读、联结阅读,触发深入思考,发

---

① 俞国平.三学:从语文实践走向语文素养[N].中国教师报,2022-12-28(7).
② 本书中所提到的小学语文教材,除特别注明者外,皆指人民教育出版社出版的统编版小学语文教材。

展高阶思维;在"做"中延伸阅读,开启整本书阅读之门。①做中学为学生实现知识化用提供了真实情境。

(二)"用中学":应用层,凸显实践成效

如果说"做中学"是侧重于让学生理解、模仿应用词句,那么"用中学"则是侧重于让学生激活经验,在语文运用中解决问题、服务生活、内化知识、涵育品德……运用本身就是最好的实践。

以笔者的小学语文统编教材六年级上册第六单元"学写倡议书"习作教学为例。教师先引导学生关注社会,思考生活中存在哪些问题。在讨论中,发现学生特别关注社区生活,比如环境保护、文明养宠等,于是以"发出文明养宠倡议,共建美好社区"为主题,引导学生深入探讨社区街心公园、居民小区等因不文明养宠行为带来的问题,诸如宠物粪便不清理、不牵狗绳随意放养等,并要求学生撰写一份针对具体问题的倡议书。在撰写倡议书的任务驱动下,学生积极学习倡议书的基本格式和写作技巧,并理解如何在语言运用中明确问题、提出解决方案。学生运用所学语文知识,精心撰写倡议书,不仅条理清晰地阐述了文明养宠的重要性,还提出了切实可行的解决方案。随后,他们走出课堂,在社区小广场进行现场宣传,通过发放倡议书、讲解倡议内容,赢得了社区群众的广泛认可和支持。这次实践活动不仅有效解决了社区实际问题,还让学生在语言运用中深化了对文明行为的理解,内化了社会责任意识,涵育了尊重他人、爱护环境的良好品格,生动诠释了"用中学"理念的深刻内涵。

(三)"创中学":素养层,深化实践创新

"学习任务群""学业质量"等设置给教学带来了新方向、新要求、新行动。"创中学"同样建立在联结生活的基础上,为语文学习活动培养学生的"创新素养"积极赋能。

以五年级上册第三单元"民间故事"的教学为例。在讲完《牛郎织女》后,教师可以设计"绘制牛郎织女故事连环画"的项目式学习任务。《牛郎织女》故事篇幅较长,情节复杂,这个任务的设计意图是让学生通过完成"编(绘)制连环画"的任务,学习搭建复述故事的框架。学生将课文的插图、教学挂图、自画的简笔

---

① 俞国平.三学:从语文实践走向语文素养[N].中国教师报,2022-12-28(7).

画或图表,按顺序归纳为"连环画"或"示意图",并适当地配上解说性文字,最终完成连环画编(绘)制。在这个过程中,学生要进行民间故事的深度阅读,梳理思路、故事情节,提炼要点,并创造性地生成个性化的作品。后续还可以鼓励学生提升挑战级别,为民间故事编写小剧本,进行课本剧表演等。对小学语文学习而言,学科素养的培育必然要在真实的实践中才能更好地发生。创设丰富多样的学习情境,设计富有挑战性的学习任务,是促进学生的言语运用、转化、创造能力提升,进而实现语文核心素养的进阶发展的必要手段。

第二节 基本模型

本节内容将从融通语文的概念结构模型、培育运行机制、学习操作体系等方面进行阐释与分析。

一、融通语文的概念结构模型

融通语文的概念结构模型可以从系统结构与要素关系进行解构（如图 3-2 所示）。

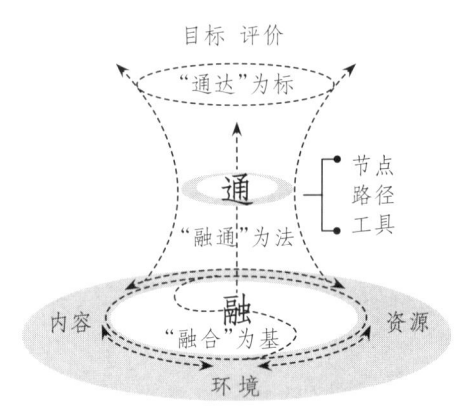

图 3-2　融通语文的概念结构模型

1. 基本结构

首先，建构以"融合"为基础的学习整体观。以马克思主义教育学"五育融合"理论为基础，积极探索课程统整、资源融合，如科内统整、科际统整、跨学科统整以及超学科统整。

其次，打造以"融通"为路径的科学方法论。基于整体主义的课程教学观，联通主义学习观等理论的启示，打破单一、僵化、散漫的学习方式，从关键节点出发，以整体思维、关系式思维打通学习路径。

再次，树立以"通达"为目标的育人素养观。指向"五育融合"背景下学科核心素养的目标达成，让学生拥有广阔视野、创新思维、实践能力，让文化传承走向和谐、接续、新生。

2.要素构成

(1)"融合"的要素，从课程内容建构、学习资源融入、具身环境营造等方面开发挖掘。

(2)"融通"的要素，基于节点捕捉、路径建构、实践方式，在寻径和意会中建立知、情、意、行的学习实践过程。

(3)"通达"的要素，以目标确定、评价验证为抓手，锚定素养目标。

二 融通语文的培育运行机制

学习是基于个人内部神经系统、概念认知背景以及与外部环境交织的复杂过程。[①]因此融通语文教育必须关注学生学习心理路径的发生与发展、关键节点的联结，积极追寻学习组织网络的完善与优化创生。融通语文的培育运行机制如图3-3所示。

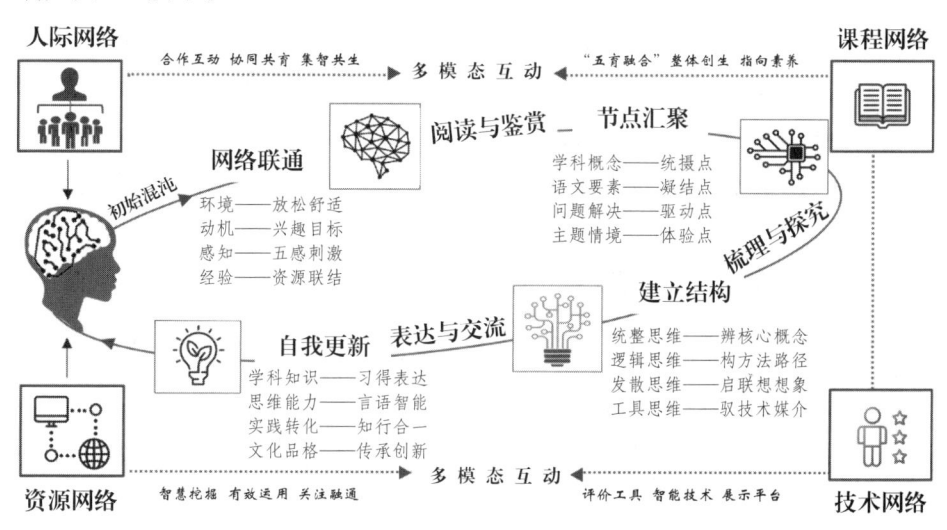

图3-3 融通语文培育运行机制

---

① 刘光萍,马香莲."智能+"时代教师学习者身份重构的联通主义理路[J].教学与管理,2022(11):7.

(一)以多模态互动网络为支持系统

网络的空间性、时间性和交互性是学习交互研究的重要视角。多模态互动网络包括:人际网络、课程网络、资源网络、技术网络。

1.人际网络

人际网络指的是学生广泛的交际关联网。人的社会性特征,决定了学习者与他人是合作互动、集智共生的关系,因此交互空间下的学习共同体,就是最真实的学习场域。知识与实践、运用与创新,都需要在人际网中生成并发挥价值。

2.课程网络

课程网络由指向"五育融合"、整体创生的课程内容构成。课程内容的开放性是智能化时代课程的基本特征。

3.资源网络

在信息网络时代,资源网络得到前所未有的发展。学习者一方面享受着获取知识之易,另一方面要抵制各种诱惑,不被信息洪流所裹挟。

4.支持网络

指各种智能化工具。合理、智慧运用各种智能化工具,可以帮助学习者轻松有效地学习,创建和分享学习成果等。

(二)以学习心理发展为运行机制

学生的学习思维过程处在关系思维和过程思维的结构之中,融通学习的关键路径包含"网络联通—节点汇聚—建立结构—自我更新",指的是在网络化信息资源中,学生从初始认知的混沌开始,经历节点式凝结、自主性探寻、生成性建构,从而实现自我知识更新的过程。

1.网络联通

与一般意义上的"联结"不同,网络联通须避免生硬与牵强附会的知识联结。网络联通包含放松舒适的学习环境、激发兴趣目标的学习动机、五感参与的身心投入、优质的学习资源及相关学习经验等要素。学生在此基础上打通多元的思维联结通道,才能进一步为寻径和意会打下良好思维基础。

2.节点汇聚

节点是思维网络形成中的必经之点,是融通学习的要点,可以从以下视角来寻找:以学科概念为统摄点、以学科要素为凝结点、以问题解决为驱动点、以主题情境为体验点。

3.建立结构

指构建自身的寻找路线,在充分的心理参与体验中,对海量知识进行选择、交互、搭建、结构化,从而获得习得性顿悟。这一过程是融通学习思维形成的关键时期,学习者要运用统整思维去发现学科大概念,运用逻辑思维去建构学习的方法路径,培育以联想、想象力为核心的发散思维,以学习问题解决为目标的工具思维。

4.自我更新

通过自主建构,学生在复杂生活情境中解决新问题,建构新经验,在实践中促使思维不断受到良性刺激、生长,从而让能力得到新的扩展优化,实现素养层面的跃升。

(三)以学科关键活动为落实要素

融通语文的培育运行机制,应基于智能化时代背景、学习心理路径,落脚于语文学科三大学习活动。

1.找准切入点:阅读与鉴赏

有效把握智能化时代资讯涌现的特点,牢牢把握阅读与鉴赏在语文学科的基础性地位,拓展课程资源,开启广泛的智能化阅读资源通道,促进阅读文本多域聚优、阅读对象广域联动、阅读活动跨域聚能,扩展优化"阅读链",创新升级灵活多变的"资源网",让学生在阅读与鉴赏中积累语言、培育语感、感受审美、体会创造、受到人文感召与精神激励。

2.抓住关键点：梳理与探究

抓住关键点，阅读网络是支撑，节点萃取是关键，思维路径是核心。关键点也是提升融通学习能力的着力点。梳理与探究是语文思维活动，在阅读中进行关联、统整、分析、探究，原本聚沙式的言语经验积累，被转化为结构化的研究，实现了从"以经验感受为中心"向"以思维和模型为中心"的跨越。

3.扭住发力点：表达与交流

语文课程的本质是语言文字的运用，表达与交流是语文核心的实践方式。让学生在真实情境中进行口语交际，表达观点、情感，交流思想、看法，在言语实践中学习语文，发展语言能力，是培养学生融通语文学习力的要求。

在实践中要有整合意识，让三大学习活动相互渗透，对诸多要素进行有效融合，才能真正推进学生语文核心素养的形成。

三 融通语文学习操作系统

融通语文学习操作系统（如图3-4所示）是根据语文课程学习的基本实践框架构建的培育学生融通学习力的路径，旨在帮助学生提升融通学习力。

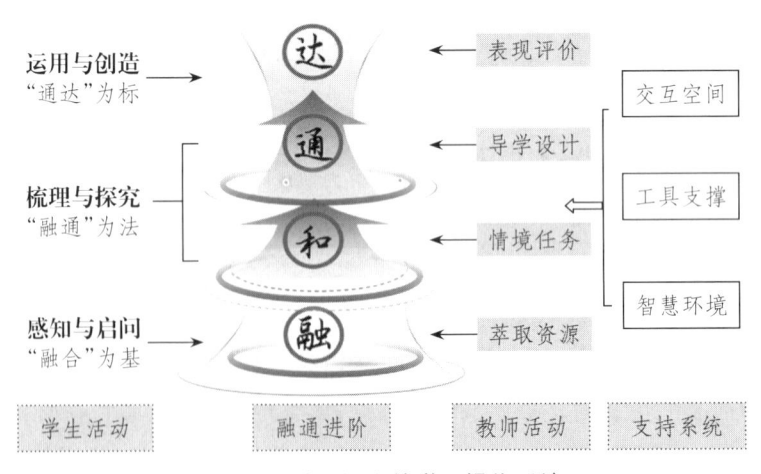

图3-4 融通语文的学习操作系统

(一)聚焦三要素,构建融通课堂

学生活动、教师活动、支持系统,此三要素建构起融通学习力培育的课堂基本框架:

学生活动是主体要素。它按照三大学习活动进行组织,突出学科特点。

教师活动是关键要素。教师是学习的促进者,提前对学生可能遇到的学习障碍和陷阱进行分析,以导学支架帮助学生在迷茫与矛盾中寻找方向。

支持系统是支撑要素。以数字时代的智慧环境、交互空间、数据支撑为重点,敏锐捕捉信息、准确评估筛选信息,改善教学,促进个性化学习。

(二)着力四层境,推进融通进阶的实现

第一层境是"融",即促进"网络联通"。教师通过资源萃取,实现知识联结的建立与优化,促进学生充分打开五感、悦纳情感、激活体验、沉潜阅读。

第二层境是"和",即促进"节点汇聚"。教师聚焦核心问题、项目任务等,进行学路的启动与规划,聚焦节点进行统摄推进,学生以完成情境任务为载体,让自己的学习通过新的节点持续扩展增强,在这一过程中,新的思维因子得以激活,原本零散的知识信息内容被联结、融合。

第三层境是"通",即促进"结构建立"。教师精心开展导学设计,通过导学支架、情境转化等,引导学生寻径意会,不断进行思维淬炼、深度探究。在这一过程中,学生实现从知识的混沌到结构化的蜕变:发现多样性中的统一性,形成整体性思维;克服思维的遮蔽性及局限性,拓展想象思维;建构问题解决路径,形成逻辑思维和工具思维,实现知识的流通和生长。

第四层境是"达",即促进"自我更新"。教师借助真实表现性任务,促进学生回归生活,在新的复杂情境拓展中,激发学生创意探究、分享表达,达成语文融通素养的实践转化、文化品格的淬炼形成。

"融通语文"学习操作系统的支持系统主要起到助力学习的作用,没有固定对应性,可以根据需要灵活运用。智慧环境能够促进网络联通,实现多域耦合,网聚增效;工具支撑主要包含情境工具、交流工具、认知工具等,旨在为学生提供泛在的体验式学习方式、知识交互和信息分享、靶向精准的数据支持等,助力学生精准、高效地学习;交互空间则关注交互空间的建构,提供展示、共享的空间,为拓展学生的交流边界提供支持。

(三)基于四素养,锚定融通目标

1.守创融通

守创融通是对应语文核心素养之"文化自信"的关键学习能力,指通过语文学习,热爱国家语言文字,热爱中华文化,具有开阔的文化视野和文化底蕴。在多元文化冲击下,依然能够在广泛的阅读中海纳百川,在兼容并包中探寻和丰富优秀文化表达的创新方式,让中华文化保持蓬勃的生命力。

2.行知融通

行知融通是对应语文核心素养之"语言运用"的关键学习能力,指的是在融通学习理念下,学生能够克服信息饱和超载、高速易变而不确定的困难,善于在复杂变化情境下,基于语文学科大概念、语文要素等,智慧选择、学以致用,具有灵活转化、应变决策的能力。行知融通既包含重视传统,融汇古今的一面,又要求不拘常规,适时而变。

3.思域融通

思域融通指向语文核心素养之"思维能力"的关键学习能力,是指在思维和思想领域达到融会贯通的境界,其中整体性思维、关联式思维、结构化思维是融通思维力的关键。学生将已经学习的零散知识和积累的语言材料结构化,将言语经验转化为学习方法和策略,要经历回顾、辨析、整理和归类,由散到整、由点到面、由孤立到联系的过程。

4.艺趣融通

艺趣融通指向语文核心素养之"审美创造"的关键学习能力,指学生通过感受、理解、欣赏、评价语言文字及作品,涵养具有中国审美特质的艺术品位,培养感受美、发现美和运用语言文字表现美、创造美的能力。在这一过程中,教师要努力促进学生想象力、创造力的发展。

第三节 方式方法

课程是学生学习的核心内容,教师是学生学习的重要促进者,培养学生的融通学习力不仅要关注其学习过程,也要关注课程建构与教学设计的整体支撑,从而建立教学的着力点与可行路径。

语文融通学习力的培育,需要围绕目标、内容、资源、方法、评价五个维度,明确其培育路径和培育策略,并在学校教育中形成具体方案落地实施。还要基于融通理念,结合课程"5A"要素,凝练并形成语文学科课程与教学建构的模型与整体框架。融通语文的"5A"要素包含:目标通达(Acquaint)、内容融合(Attach)、方法融通(Accommodate)、资源融入(Assimilate Into)、评价贯通(Athwart)。其关系如图3-5所示。

图3-5 融通语文的"5A"要素关系图

从立体的角度看,还可以对融通语文"5A"要素进行拓展丰富及内涵分析,从而形成教学路径与策略(如图3-6所示),以指导具体的课程教学实践。

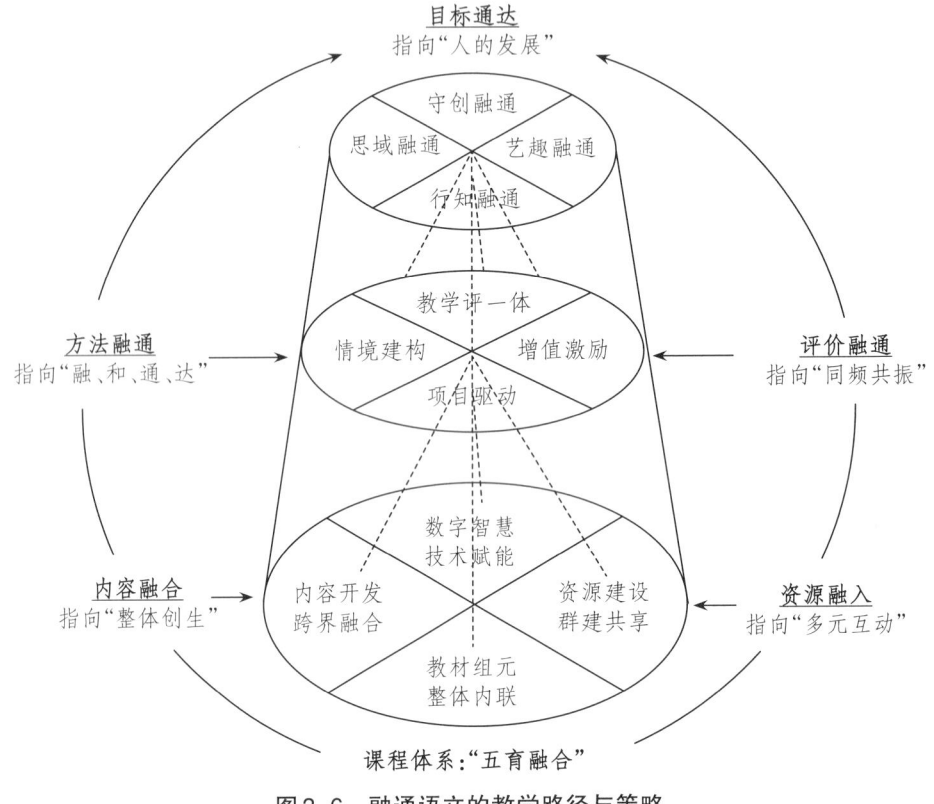

图3-6 融通语文的教学路径与策略

一、目标通达：指向"人的发展"的整体性目标

儿童是发展的人、独特的人，是学习的主体，是具有能动性的教育对象，因此融通语文的核心必然指向"人的发展"的整体性目标。语文学科的"育人价值"在纵向上贯通学生终身，赋予其终身学习的"元能力"；在横向上联通所有学科，成为各科学习的"加速器"。在此价值层面，语文学科的特殊性又体现在可与各学科互通相融，呈现出语文学科"育人价值"的开放性与灵活性。语文学习将融入学生个性化的成长体验，最终化为学生的思维方式、价值选择、人生观念，养护其生命自觉。如何实现目标通达，融通语文从以下两个层面展开。

（一）课程体系，以"五育融合"为主题

融合"五育"，必须重构跨学科视野下多元立体的整合性课程，让教育走向

"综合育人"的思路。一是突出学科的本体性。让学生在文化习养、礼承启慧中涵养品德，在语文素养、主题实践中发展智力，在锤炼意志、锻造品格中锤炼体格，在文房雅趣、以美育心中润养审美能力，在知行合一、实践赋能中培养劳动能力。二是关注跨学科的关联性。避免单一零碎的学科知识教育，强调对课程内容的整体规划、系统设计、跨界融合，让融通动态嵌入学生的整体学习成长过程。三是拓展跨学科的融通性。语文课程是一个综合体，涉及社会、历史、地理、人文等诸多学科内容，这些内容经过价值评估、提取统整，可有效促进"五育融合"。

融通语文的课程体系建构（如图3-7所示），需要打破"五育"割裂的状况，重构跨学科视野下的课程知识链。

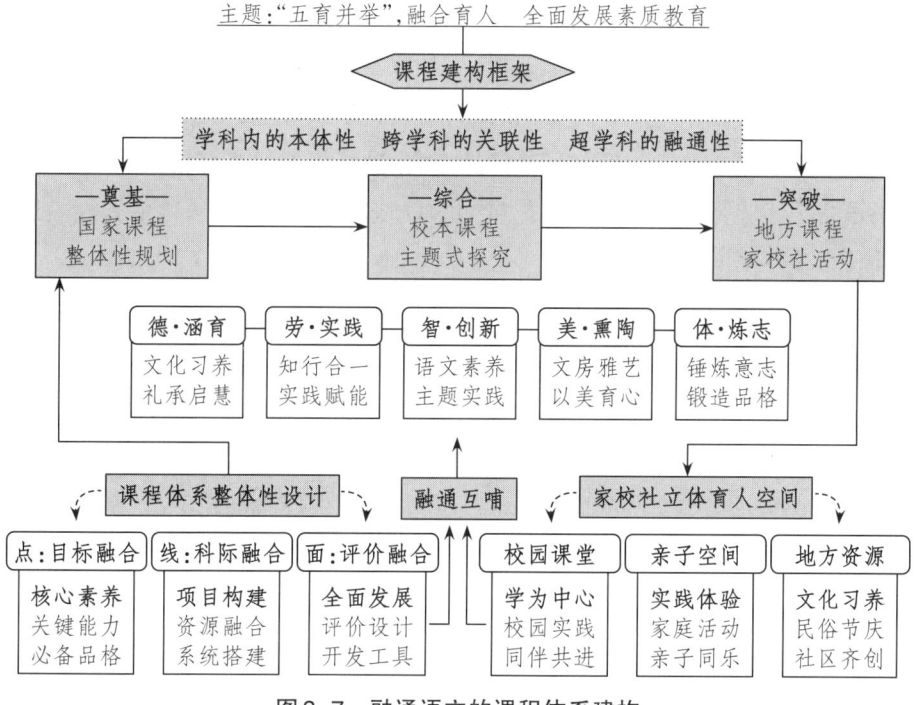

图3-7 融通语文的课程体系建构

语文课程渗透"五育融合"，其内涵具体包括以下五个方面。

1. 德——文化习养，礼承启慧

语文学科由于其鲜明的人文特征与强烈的感染力，因而在塑造人的精神方面具有独特的功能。所谓"文道统一"，学文与明德应同步进行，教育不仅是为了文化的传递，更是为了人格心灵的唤醒。语文教学发挥德育功能，主要要挖掘教材及教学活动中所蕴含的中华优秀文化道德传统元素和人文精神，通过熏陶感染，潜移默化地培养学生形成正确的世界观、人生观和价值观。重点关注社会主义核心价值观、中华民族共同体意识、中华优秀传统文化、革命文化、社会主义先进文化、中华民族自尊心、爱国情感、集体意识、文化自信等方面。这些方面在课程性质、课程理念、课程目标、课程内容、教学建议、评价建议、课程资源开发与利用建议部分都应当有体现。

2.智——语文素养，主题实践

在真实而复杂的环境中解决言语问题，需要的不仅仅是能力，还需要德行的支持和价值的引领，外化的就是言语创造力，内化的便是一个人的语文素养。发展语文素养是语文教学的价值追求，也是发展创新素养的重要条件。语文课的教学价值就是使学生获得言语的智慧，即获得语言表达的方法与艺术。言语创新始终要着眼于语言文字如何表情达意，在独特新异的修辞格式以及文中人物的语言艺术上寻获文本的言语智慧，并通过读写实践，习得言语的智性表达，从而使学生在语文学习中真正有所得。

3.体——锤炼意志，锻造品格

体育素养并非简单认识中的身体素质，或一般所说的体质水平、体育技能，还包含人在社会活动中所需要的体育文化素质、体育心理素质、体育道德素质。对于语文课程而言，"体"的相关素养即体育精神，表现为坚定不移、坚持不懈、百折不回的意志品格。"天行健，君子以自强不息。"千百年来，中华民族在任何困难和风险面前从来都不放弃、不退缩、不止步，百折不挠地为自己的前途命运而奋斗。"刚健有为"是民族精神的凝练表达，是面对困难时最强大的意志支撑。自强的内在品质，能够坚定挑战的信心；勇于挑战，坚持不懈，无惧挫折。统编版小学语文教材中有大量的相关材料，如"天行健，君子以自强不息"等名言警句，中国古代神话中的盘古开天、女娲补天、精卫填海、愚公移山等故事，孔子"发愤忘食，乐以忘忧"的境界，汉代苏武持节不屈、南宋岳飞精忠报国的精神，等等，都深刻体现出中华民族自强不息的优良传统、积极进取的人生态度、勇往直前的奋斗精神。这些都是培育学生意志品格和坚毅人格的宝贵资源。

4.美——文房雅艺,以美育心

审美教育的目标是让学生能够认识美、感知美、鉴赏美、表现美、创造美。审美能力的发展,能有效地提高学生的精细观察力、敏锐感受力、独特理解力、无尽想象力,从而增强创造力。中国人的文房雅艺包含琴棋书画、文房四宝等,它们是文人追求精神生活和美学享受的体现。语文学科的文房雅艺美育,可以开展以下活动:

第一,赏读古诗。我国古代诗歌源远流长,具有独特的文学魅力与音韵和谐之美。其特有的声调、精练的篇幅、合辙押韵的韵律,读来朗朗上口,易于记忆,深受小学生的喜爱。赏读古诗的过程,可以潜移默化地培育小学生对美的细腻感知与独到理解。

第二,鉴赏书法绘画。中国"文房四宝"——笔、墨、纸、砚,不仅是书写绘画工具,更是中华优秀传统文化的象征,字画则是一个雅致书房不可或缺的物件,它常常是书房主人志趣的象征。学生在亲手研墨、挥毫泼墨、品鉴领悟中,不仅能体验到传统书画的精妙与书画带给人的乐趣,更能建立起对中华优秀传统文化艺术的敬畏之心。

第三,其他文化习养的熏陶。教师可以带领学生开展阅读经典、欣赏非遗工艺品、体验制作等活动,感受诸如篆刻、丝竹、棋弈、瓷器、折扇、花艺的独特魅力,在潜移默化中提升学生的个人审美情趣与文化修养,实现以美育人、以文化人的语文学科教育理想。

5.劳——知行合一,实践赋能

语文学科对学生进行劳动教育,重在结合阅读和实践体验,培养学生崇尚劳动、尊重劳动的观念,在生活中诚实劳动,形成劳育新风尚。统编版小学语文教材中有很多讴歌劳动人民及其劳动精神的精彩篇章,语文教师应当认真分析这些文章素材对于开展劳动教育的价值,并思考进行劳动教育的方式,使学生了解农耕文化,意识到热爱劳动是中华民族的悠久传统。如教材中的古诗词《四时田园杂兴》(其三十一)、《清平乐·村居》等,描绘了乡村农耕时节的情景,教师要通过这些古诗词,让学生认识到劳动人民是怎样用辛勤劳动创造美好生活的。在讲授此类古诗词的过程中,教师可以引导学生阅读劳动类书籍,充分利用习作课和口语交际课,鼓励学生分享自己在阅读过程中获得的劳动认知,亲身体验并记录劳动过程,这样,学生既能学习劳动技能,又能学会尊重他人的劳动成果,更能培养责任意识。教师还可以鼓励学生参与社会劳动实践,通过职业岗位体验、社区义务劳动、志愿者服务等活动,丰富写作素材和社会经验,使学生了解劳动,体验劳动,尊重劳动,热爱劳动。

要培养思维视域的开放性,就要从课程日常开始,打破"五育"边界,重构跨学科视野下的多元立体的整合性课程。

一是要突出语文学科的本体性。语文是以语言为学习对象的,在具体的教学中,选文学习是语文学习的主要方式。语文学科教师要以"大语文"的视野审视教材,对其中的语文要素进行深度研究、教学,恰当地挖掘教材中有德育、美育、体育、劳育等元素材料的教学价值,使之渗透于语文课堂。丰富语文学习的内涵,真正做到"文以载道""传道授业解惑"。语文学科教学要抓住语言实践这一核心关键,通过广泛的文学阅读与鉴赏、语言交流与实践、言语创意表达等活动,立足学生"文德"(道德品质)、"文思"(言语思维)、"文趣"(审美品位)发展,培育学生强健刚毅的品格、劳动创造的精神。

二是要关注跨学科的关联性。在探讨语文学科的跨学科融合与综合贯通时,需规避零散无章的关联方式,聚焦于全局性的规划、系统性的架构以及跨学科的深度融合,确保这一融合过程能够自然融入学习者的全面成长轨迹中。在语文学科内,融通语文追求读、写、听、说四大能力间的无缝对接与相互促进,旨在通过读、写、听、说相互交织、彼此支撑的机制,实现语文教学整体效能的最大化。而跨出学科边界,语文教学则需紧密贴合学生的社会生活,其育人价值应体现在跨越学科、媒介及领域的广泛联结上,旨在构建一种跨学科、跨平台、跨知识的综合育人体系,以达到更为全面且深远的教育效果。因此,语文教学要关注搭建"桥梁",将不同学科内容相互衔接,同时强调与学生的个人体验紧密结合,鼓励学生与自然界、社会现象及自我内心世界展开深刻对话,从而促进其综合素养的全面发展。

三要拓展超越学科的融通性。课程是一个综合体,不仅包含教材,而且涵盖学校文化生活、家庭社区活动,以及自然地理、人文历史、社会发展情况等内容。如:文物古迹、民间艺术、民俗风情等相关内容经过价值评估、提取、统整后,可开发成语文拓展型课程,以促进"五育融合"。在构建语文拓展型课程体系时,应聚焦于乡土资源的深度发掘。这里所指的乡土资源,包括学生出生地及长期居住地所特有的地域风貌、自然景观、历史遗迹、地名演变、社会变迁、民风民俗、民间艺术、地方特色、杰出人物及其事迹与传说等。从狭义层面看,乡土资源包括自然地理、人文历史及社会发展等方面的资源;而广义上看,乡土资源可进一步扩展至学校环境、校园文化(如校风学风)、学生个性化特长、家庭环境及其生活方式等多个方面,甚至包括日常生活中的文化元素,如街头广告、宣传标语等。只要这些资源能够激发学生的学习兴趣,具备学习与探究价值,有助于促进学生语文素养的形成与提升,同时又切合学生学习与探究能力,均可作为构建语文拓展型课程体系的材料。

(二)素养目标,以人的发展为主旨

教育的终极目标是人的发展,课程标准内容也指向目标的素养化表达,语文核心素养的内涵见表3-1。

表3-1 语文核心素养的内涵

语文核心素养		内涵		
义务教育阶段表述	高中课程标准表述			
语言运用	语言建构与运用	积累与语感	整合与梳理	交流与语境
思维能力	思维发展与提升	直觉与灵感	联想与想象 实证与推理	批判与发现
审美创造	审美鉴赏与创造	体验与感悟	欣赏与评价	表现与创新
文化自信	文化传承与理解	意识与态度	选择与继承 包容与借鉴	关注与参与

对义务教育阶段的语文核心素养培育进行分析,可以用一核心、四维度、九目标、四融通来概括融通语文素养目标的形成路径,如图3-8所示。

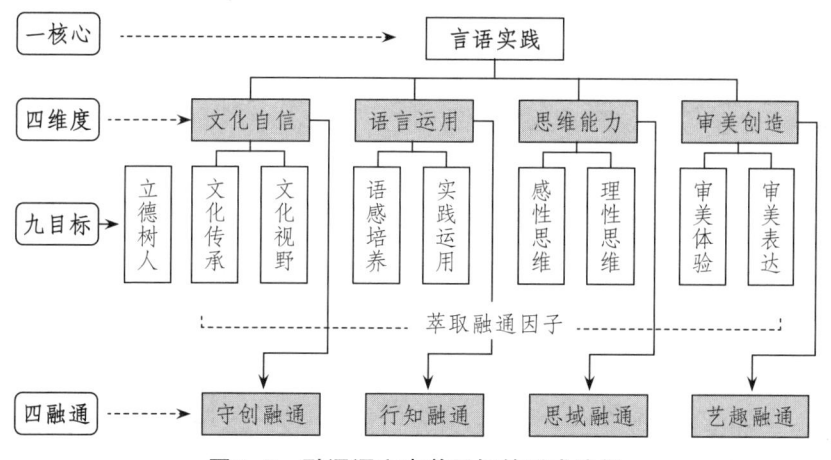

图3-8 融通语文素养目标的形成路径

1.一核心

强调以"言语实践"为核心。新课标强调,语言文字既是文化的载体,又是文化的重要组成部分,学习语言文字的过程也是学生文化积淀与发展的过程,在语文课程中,学生的思维能力、审美创造、文化自信都以语言运用为基础,并在学生个体语言经验发展过程中得以实现。语文教学的核心任务就是培养学生正确地理解和运用祖国语言文字的能力,阅读教学以关注语言、促进学生语言发展为己任,因此,搭建语言实践平台是课堂教学的核心任务,旨在引领学生练习语言:紧扣言语形式,创生文本活动;借助诵读品析,解构言语要义;置换文本样式,重新整合语言;依托对比品析,提升感知效益。这样,才能让学生积极有效地开展言语实践活动,提升他们的语文核心能力。因此,语文阅读教学要以言语形式为核心,重视言语实践。

2.四维度

以义务教育语文核心素养的四个方面,作为融通素养目标的建构维度:一是文化自信,关注培养学生对中华优秀传统文化的高度认同和热爱,表现为对中华优秀传统文化的继承与弘扬,具备开阔的文化视野和深厚的文化底蕴;二是语言运用,关注学生掌握语言规律,形成良好的语感,在真实语境中灵活运用语言;三是思维能力,强调思维的发展与提升,培养直觉与灵感,发展联想与想象,提升逻辑思维、批判性思维和创造性思维;四是审美创造,通过语言审美体验、鉴赏和评价等活动,培育审美观念,涵养审美情趣,逐步发展表现美、创造美的能力。

3.九目标

围绕核心素养,以素养立意,进行分类落实,语文课程教学可以确立九个目标。

语文课程九目标紧紧围绕语文课程核心素养制定,是对核心素养的具体化、类别化。各个目标既各自独立,又与其他目标相关联,构成多维共生的有机体系。每个目标均与语文课程核心素养的各个方面紧密相连。以"立德树人"为例,"立德树人"不仅是语文教育的首要目标,还蕴含核心素养的其他精髓。在语文课程中,"立德树人"要依托文化熏陶来实现,"文化自信"为其基石与载体。"语言运用"强调文道融合要在对语言的深度理解与灵活运用中达成。"思维能力"要求提升学生的认知力,关注学生的分析、比较、辨识、判断等思维活动。此外,语言文字的审美魅力构成立德树人的深刻内涵与内在动力,与"审美创造"不可分割。总之,九个目标全面映射语文核心素养,但在核心素养培育中各有侧重,共同推动学生全面发展。

4.四融通

融通语文强调以学科实践为核心,以学科核心素养为抓手,萃取"守创、行知、学思、艺趣"为融通语文学习力要素,做到理解通透、实践通达、智慧充盈、文化丰融。

(1)守创融通。智能化时代,我们培养的学生要能够坚守文化品格,在纷繁多元的世界文化中认识到中华文化的丰厚博大和深沉魅力,具有民族向心力、关联性、凝聚性。

(2)行知融通。在学习认知发展方面,要让学生具有清晰的元认知能力,面对陌生、间接、复杂的多元情境,具有灵活与应变能力,在实践运用中走向知行合一。

(3)思域融通。要注重学生语文素养的培养,使其懂得言语的智慧表达与迁移创造。

(4)艺趣融通。在审美创新能力上,要着重培养学生独具中国特质的文化审美能力,使其有丰富的想象力以及创造潜能。

二 内容融合:指向"整体创生"的统一性建构

叶澜教授在《回归突破:"生命·实践"教育学论纲》一书中,对"整体综合""弥漫渗透"的传统文化思维特征做了极富启发性的总结。她认为,"整体综合"这一认识事物的思想方法,是基于中国传统文化中"天人合一"、天地人事具有相关性的文化思维方式,而"弥漫渗透"是柔性、灵动,具有充满特征的刚柔并济的整体性思维方式。[1]融通语文的课程内容主要以下面两种策略来建构。

---

[1] 叶澜.回归突破"生命·实践"教育学论纲[M].上海:华东师范大学出版社,2015:253-257.

(一)教材组元,以整体内联为框架

整体内联,强调教材融合一定要避免拆解细分,碎片化融合不能起到融通效果,应当以整体性、系统性、主题性、关联性的思维来建构课程内容。

1.以学科大概念为统摄,与社会生活紧密相连

树立"大语文"视野,聚焦"学科大概念"核心,追求听、说、读、写整体融通。不同类型的实用文,是与日常生活紧密相关的文体,如通知和策划书等,学生在学习生活中经常会用到。进行实用文的教学,不能仅关注学生正确规范的书写格式和文字通顺,更要让他们抓住"实用性表达"这一关键,才能使其实用文写作知识的学习与生活相联系,做到学有所用。

2.整合大单元,着眼整体教育

聚焦"单元整体教学""学习任务群"等,展开综合性的创新实践研究。只对教材内单篇课文进行学习和研究,是无法真正培育起学生的创新精神和综合素养的,必须增强学习活动设计的连贯性与层次性,促进学习方式的变革,才能实现学科核心素养的真正落实。

3.以主题为架构,让语文教学具有完整结构

主题是对语文课程进行融通设计的聚合器,能让学习做到纲举目张。比如,以"文体"为主题,对教材进行系统梳理,能凸显教材的"长程"系列架构,有利于教学的有序开展。又如,以"课型"为主题梳理教材,可以看到阅读策略、综合性学习、快乐读书吧、读写一体单元等内容的聚合方式,清晰把握教材的系统框架,与阅读与写作、课内与课外活动、学习与运用等相关联,即形成语文教学的完整结构。

(二)内容开发,以文化融合为根基

课程内容开发要关注价值观引导。一线教师在拓展教学内容方面存在着盲目性、经验性、片面性,开发内容往往凭个人喜好,不乏新鲜猎奇的随机性。从《义务教育语文课程标准(2022年版)》课程内容的要点来分析,语文教师要重点关注课程中所蕴含的社会主义核心价值观、中华民族共同体意识、中华优秀传统文化、革命文化、社会主义先进文化以及中华民族自尊心、爱国情感、集体

意识等内容,其中,中华优秀传统文化、革命文化和社会主义先进文化是核心。

基于新课标理念,融通语文的课程内容开发应聚焦"中华文化"这一核心,紧密追寻中华文化赓续不息、创新发展的时代脉络,不仅要深入挖掘古代经典作品,让学生领略诗词歌赋的韵律之美、历史故事的智慧之光,还要敏锐捕捉当代生活中鲜活体现中华文化精髓的元素,如传统节日的新庆祝方式、民俗艺术的现代演绎等,及时补充进教材内容,使之更加贴近学生生活,易于引发学生共鸣。同时,融通语文课程内容开发还要注重拓宽丰富中华文化传承的路径,鼓励学生通过思辨性阅读、创意写作、文化实践等多种形式,参与到中华文化的再创造过程中,培养其成为既有深厚文化底蕴,又勇于探索创新的未来栋梁。融通语文课程内容开发框架如表3-2所示。

表3-2 融通语文课程内容开发维度的框架

一级维度	二级维度	含义
中华文化（核心）	中华优秀传统文化	鸦片战争以前的中华优秀传统文化
	革命文化	鸦片战争后,中国人民在"反侵略、反封建、探索救亡图存道路过程中,在革命实践中形成的"文化
	社会主义先进文化	"以马克思主义为指导的,面向现代化、面向世界、面向未来的,民族的、科学的、大众的社会主义文化",是社会主义核心价值观的集中体现
其他	爱国情感、集体意识等	民族团结、国家主权、法治教育、科技进步、日常生活……

三 资源融入:指向"多元互动"的创造性开发

《义务教育课程方案(2022年版)》明确指出:"注重与学生经验、社会生活的关联,加强课程内容的内在联系,突出课程内容结构化,探索主题、项目、任务等内容组织方式。"《义务教育语文课程标准(2022年版)》将"跨学科学习"作为"拓展型学习任务群"的任务之一,列入语文课程内容。"跨学科学习"任务群的价值定位是"引导学生在语文实践活动中,联结课堂内外、学校内外,拓宽语文学习和运用领域"。融通语文课程实施如何进行资源开发运用?应当关注以下几个要点。

(一)资源建设,以群建共享为理念

智能时代,资源爆发式增长,呈现出流动的特征。学习资源并不意味着越多越好,只有符合精准适切的特征,才能形成具有发展性、变化性和适应性的可进化的学习资源库。资源建设,应采纳"群建共享"理念,将学习过程与资源动态聚合,建立开放的、可进化的资源体系。教学资源库的建设,要充分尊重和挖掘学生和资源开发人员群体的才智,依靠学习者共同生产和更新信息,使资源得到持续性的更新和发展,使建立起来的资源具有旺盛的生命力。[1]同时,资源由以往"千人一面"的供给,转向"因人而异"的动态推送,即基于大数据、学习分析、推送技术等,对学习者的历史、学习数据进行实时画像,既"推"个性化资源,又促进学习者"取"适合自己的资源。资源服务的挖掘,为智慧课堂实现因材施教找到了突破口。[2]

1.从跨学科视角提炼资源

教材内蕴丰富的学习资源,旨在促进学生在学习中跨越学科界限。基础教育新课程改革的核心理念聚焦于课程的开放融合与综合集成,强调不同学科间的交叉渗透和跨学科课程资源的整合。以统编版小学语文教材三年级下册第三单元中《纸的发明》为例,教师指导学生阅读课文,了解纸的发明过程,但学生对造纸的理解和感受还是停留于文字表面。教师可以挖掘科学课资源,在讲解蔡伦的造纸术时,以废纸、脸盆、榨汁机、细网筛子等工具,操作纸的制作过程。在这一过程中,可以让学生结合阅读文本,在文中找出动词,并通过造纸的实际操作,让学生直观感知和理解造纸的神奇之处,懂得纸张来之不易,并且体验不同学科思维在同一个主题上的碰撞:语文学科侧重阅读与写作,科学学科侧重观察与实验。不同学科之间相互交叉、融合、渗透,充分展示出学科交叉的魅力。

2.从社会生活融合资源

真实的社会生活是儿童生长的基石。《义务教育语文课程标准(2022年版)》

---

[1] 李俊青,桂占吉,过晓娇,等.Java Web课程资源建设与探索[J].计算机教育,2013(15):104.
[2] 王星,刘革平,农李巧,等.智慧课堂赋能学生智慧的培育机制:内在机理、结构要素与联通路径[J].电化教育研究,2021(8):31.

提出,在小学低段要引导学生参与学校、社区举办的节日和风俗活动,留意身边的传统节日、风俗习惯等文化现象,感受和学习生活中的中华优秀传统文化。比如,在统编版小学语文教材三年级下册第三单元的"综合性学习:中华传统节日"板块的学习活动中,教师根据学生的社会生活和跨学科任务群的学习要求设计了"玩味·中国节"主题学习活动,引导学生回归生活,畅谈、书写自己过中国节的难忘仪式和趣味活动,并让学生进行充分交流。学生通过记录"年夜饭"这个仪式,认识到"年夜饭"承载的文化记忆,传递的亲情温暖,感受到一年中最长情的一顿饭所蕴藏着的中国人对美好生活最朴素的憧憬,安放着的独一无二的"中国式的情怀"。"玩味·中国节"不仅让学生体验到以"年夜饭"等为符号特征的中国节的风俗与文化,而且丰富了他们的社会认知和社会经验,让他们构建了生活和意义之间的深刻联系,培育了他们跨领域整合信息与创意表达的能力,深化了他们对中国文化和生活的热爱。

(二)技术赋能,以数字智慧为嵌入

智能化时代的智慧教育,其底层逻辑在于激发学生的主动性、主体性,助力学生深度学习,育人是数字资源的出发点和终极目标。理想的语文数字课堂,教师应当具备智能信息技术教育创新运用能力。

1.明确定位:数字资源是课程资源要素和推动力量

技术成为数字资源的核心要素和推动力量主要表现在以下三点:

一是教学资源自身形态的电子化、数字化。如终端化教材、多媒体化教材、网络化教材和虚拟化教材等。

二是教材呈现方式的多样化、生活化。音频、视频等现代技术被引入教材中,使教材内容以更加生活化、更加逼真的方式呈现。

三是教学方式的智能化、个性化。平板电脑、教育云学习平台、网络搜索平台、电子白板、思维导图软件等智能化学习工具,助力学生开展线上线下合作学习、自主学习。技术支持主要体现在情境感知、问题诊断、资源精准推送和多元评价等智能功能,智慧化的学习环境,泛在的体验性学习方式,数据驱动的教学评价,资源的新颖性与工具的适用性,知识的建构性与活动的交互性,数据的靶向性与评价的精准性等方面,促进"人之慧"与"技之智"在智慧课堂中的深度融合。

2.清晰认识:育人是数字资源的出发点和终极目标

数字资源应当遵照国家课程方案和课程标准而开发。数字资源开发应遵循学生的认知发展规律,注重学段衔接及知识间的内在联系,注重联系学生的学习、生活和思想实际,基于核心素养精选教学素材,确保数字资源内容的思想性、科学性、适宜性和时代性。教师在坚守学科根本的同时吸纳技术的力量,是实现融通教学高质量发展的重要一环。

3.关注核心:数字资源开发必须实现"技术"与"课程"的深度融合

所谓"技术"与"课程"的深度融合主要包括两层含义:一是你中有我、我中有你,但又不是不分主次;二是二者互相成就,即技术的进化和变革不断刺激和驱动课程的发展,相应地,课程的发展也时刻促进技术的变革和进步。满足共同的主体需要使"技术"和"教材"的深度融合成为可能。数字资源的拓展主要要满足国家和社会的需要、文化保持与传承的需要、教诲与引领学生成长的需要以及交往或对话的需要。技术支持的类型包含以下方面:

(1)资源工具:丰富学习资源,支持自主学习,实现网络空间+线上线下混合学习;

(2)情境工具:创设问题情境、支持探究学习、促进交流生成、助力故事讲述;

(3)交流工具:搭建交流平台,支持协作学习,可以充分利用国家智慧教育平台、网络空间、网络社交群等;

(4)认知工具:促进深度学习,可以充分运用于思维导图、动画、实验、教学实践等;

(5)评价工具:开展精准评价,支持个性化学习,比如课堂现场答题数据生成等;

(6)创作工具:创作多样作品,促进用中学,比如利用各类音视频辅助故事讲述等;

(7)展示工具:搭建展示平台,促进作品分享,比如各类网络空间;

(8)共享工具:构建资源共享平台,促进优质资源流转,可充分运用各类网络空间等。

众多的技术支持工具、媒介与巨大的跨幅叠加产生的"化学反应",既给课程资源开发、运用带来极大便利,也给教学带来巨大挑战。教学实践中往往会出现课程资源开发"跨""合"不当、课程资源平台渠道"放""收"无度、课程资源运用"技""道"不明等问题。[①]教师要理性审视、深度透析,立足育人高度,纠正课程资源开发与运用取向的偏差,在"技"与"道"的融合中提升教学价值。

四 方法融通:指向"融、和、通、达"的综合性实施

融,指的是聚合、联结;和,指的是内化、生成;通,指的是转化、优化;达,指的是变化、活化。"融、和、通、达",指的是聚合、统整、互联、融通,在教学方式上选择体悟式、情境式、浸润式、任务式等,聚焦于语文要素的落实和实践运用价值,前后联通,形成具有靶向目标的一体化设计,着力于知识的总结提炼、迁移实践与拓展延伸,让学生的学习过程成为互相联系的整体,有力地助推教学走向整合。

(一)活动设计,以项目任务为抓手

教师要关注问题链设计,根据学习情境,设置反思性任务、批判性任务、开放性或半开放性的具有挑战性的任务,以表现性成果为展示手段,帮助学生分析、改进、优化学习路径,形成学习的逻辑架构。让学生能有充分的实践时间和空间,以"融、和、通、达"的学习方法,聚焦于语文要素的落实和实践运用,着力于知识的总结提炼、迁移实践与拓展延伸。

1.课堂内外一体化

打破传统语文课堂局限于教室的界限,为学生的学习开辟一条从课内延伸至课外的广阔路径,使语文学习与日常生活、课外实践无缝对接、交叉融合。例如,在课程中可融入纪念革命英雄的主题,鼓励学生走出课堂,通过参观革命历史纪念馆、到烈士陵园缅怀烈士、采访革命英雄亲属、观看相关影视作品、搜集网络上及图书馆中革命英雄相关资料等多种方式,全方位了解革命英雄的事迹。此外,还可以组织多样化的主题活动,如讲述英雄故事、朗诵革命诗歌、演唱革命歌曲、编排情景剧等。活动结束后,引导学生通过整理资料、撰写英雄人

---

① 胡阳语,胡海舟.跨媒介阅读与交流课程资源开发、运用问题及对策[J].语文建设,2022(16):12.

物小传等,深化学习体验。随着信息时代的发展,语文教学应引领学生探索多元化的语言学习与实践领域,促进学生读写交流、调研考察、访谈访问能力的全面发展。

2.拓展实践项目化

实施小学语文融通教学,应精心策划丰富多彩的活动课程,以项目化实践的方式,有效培养学生的核心素养。具体而言,可为一年级至三年级的学生设计包括春节、元宵节、清明节、端午节、重阳节、中秋节等节日在内的系列活动课。活动课的内容由浅入深,从诵读与节日相关的古诗词开始,逐步引导学生探究节日起源、分享家乡节日习俗,然后动手整理并编辑成传统节日诗词集,撰写活动心得。在此过程中,学生不仅可以锻炼诵读、口语表达和写作等能力,还可加深对中华民族传统节日及家乡文化的理解与认同,激发爱国爱乡的情感。

(二)实践方式,以情境建构为导向

知识具有情境性,学习是情境化的实践。情境、协作、会话、意义建构,是融通学习中的关键要素。进行语文融通教学,言语经验不是以成品的方式僵化地交给学生,学生需要在真实情境任务中,以自我内在的心理加工,在语理习得、语言表现中构建新知识,形成新认知与能力。强调学习的"自能"化,即学习者回到直接经验的学习,主动参与共同体、学伴圈等学习组织,积极互动争鸣,在阅读的精神享受与审美愉悦状态中实现学、研、习一体化。

1.调动情境的学习动力功能

置身于生动情境中,学生自然会萌生学习的愿望,情境的真实质感赋予他们强烈的角色代入感,并进一步驱使他们展开实质性的学习构建。在此过程中,学生试图运用既有知识解答情境难题,在遇到挑战时激发对新知的探求欲。新旧知识的交锋与融合,促使个体认知结构从失衡走向新的平衡,这一过程起到优化学生知识架构的作用,也能极大地丰富学生的学习内涵。

2.打通情境对接生活的通道

语文学习活动植根于生活、服务于生活,依托于真实的社会场景、丰富的文学、文化以及跨学科的生活情境,为学生搭建了通往语言实践真实世界的桥梁。

在真实情境中,学生能够直观感知语言运用与日常生活的紧密联系,从而拉近课程内容与学生个人生活经验的距离。在现实的互动交流中,学生以积极主动的姿态探索未知,实现情感智慧与心智能力的深度融合与成长。

3.激活对情境的学习力和应变力

核心素养面对未来社会生活,要求学生具有在复杂情境当中解决复杂问题的能力。学生能够辨识情境特征,根据情境特征,采用相关的或者说合宜的应变方法,这本身就是核心素养发展的重要内容。让学生在情境中学习,才能激活学生的情境学习力和应变力。

五 评价贯通:指向"同频共振"的增值性运用

李政涛教授认为,教育评价内含"育人力"、"学习力"和"生长力",评价就是一种育人方式。他指出:评价的过程不是为评而评,是为育人而评;评价也是一种学习方式,评价的过程就是学习的过程,教育评价的重要目的之一,就是促进学生的学习,好的教育评价,一定是能够最大限度帮助学生学习的评价;评价的过程也是一种生长方式,怎么评价就怎么长,评价促生长,促进学生生长,促进教师生长,促进家长生长;好的评价,一定是能够最大限度育人的评价。

融通语文教学主张认为,除了当前普遍比较重视的结果评价和综合评价,更应关注过程评价与增值评价。

(一)过程评价:将教、学、评融为一体

教、学、评一体化已经成为当前教育界普遍认同的理念,教、学、评一体化要遵循目标、教学、评价一致性原则,全程实施"促进学生学习"的学习性评价。为此,评价不再凌驾于教学之上或游离于教学之外,而是镶嵌于教学之中,成为教学的有机组成部分,与教学活动密切联结,与学习过程良性互动。教、学、评一体化的过程评价,就是利用评价在各环节中的广泛投射性特点,进行系统设计与整体统筹,在学习过程中嵌入评价标准,帮助学生跨越障碍,高质量开展实践和解决问题。融通语文学习的评价,还应当关注学生的表现性评价,这是根植于具体情境实践成果的具象表达。教师要根据语文学科大学科观和学生素养

发展水平,研制表现性任务评价量规,促使学生在具体情境中形成实践成果,如演讲、报告、创新作品展示等,促进学生能力显现,让其素养外显。

1.关注教的评价,为优化教学锚定方向

回到课堂教学育人系统,会发现评价发生在每一个环节中。一是学习起点的评价,包括已有知识、已有经验、能力水平、态度现状;二是学习发展的评价,包括语言能力、文化意识、思维品质、学习能力;三是学习结束的评价,包括知识增长、经验丰富、能力提升、态度转变。教学设计、学习活动设计是否适切,可以依据表3-3所示"教"的评价视角来判断,根据教的评价,进行教学优化。

表3-3 教的评价视角

评价点	评价内容
教学目标	是否关注了学科核心素养的融合发展?是否可操作、可检测、可观测?
教学内容	对教学内容和重难点的把握是否全面合理?
学情基础	学生要完成这些教学内容,其知识水平、能力表现、已有经验的现状、优势与困难是什么?
学习活动	活动是否服务于目标的实现?是否体现了学生主动探究的过程?是否体现了语言与文化、思维的有机融合?是否体现了学生的认知过程?
学习评价	是否根据学习内容和学习期待,采用了多种方式检测学生的学习成效
效果反思	实时监测学生是否达到了预期目标,判断是否需要调整和改进

2.落实学的评价,为培育素养架设通道

根据《义务教育语文课程标准(2022年版)》,可以将小学语文学业质量的基本框架梳理为三个方面,如表3-4所示。

表3-4 小学语文学业质量的基本框架

情境	活动		
	阅读与鉴赏	表达与交流	梳理与探究
日常生活	整体感知 信息整合	陈述与叙述 描绘与表现	筛选与提炼 归整与分类
文学、文化	理解阐释 推断探究	解释与分析 介绍与说明	比较与抽象 收集与组合
跨学科	赏析评价	应对与调整	发现与再造

教师在着手设计教学活动之前,先要深入研读学习任务群中的教学提示部分,以明确其蕴含的评价导向,基于评价导向,提炼出需重点关注的观察维度,然后依据观察要点,精心策划学习活动,进行任务分配。以"实用性阅读与交流"为例,教学提示中明确指出,评价应聚焦于学生在模拟及真实生活场景下语言运用能力的展现,特别是针对个人生活、学校生活及社会生活中涉及的阅读与交流任务,全面评价学生实用性阅读与交流能力。

在评价实施过程中,教师应引导学生深刻理解应用性阅读与表达的目的性、针对性、情境的适应性以及交流的有效性,强调内容明确、条理清晰、语言简洁明了,同时注重实用文体的基本格式和行文规范。以此促进学生在此领域能力的全面提升。

在具体教学设计上,可以采用逆向设计,即要体现"评价早于教学活动"。基于学习目标和学业质量标准为学生搭建三大学习支架,即问题(任务)设计、活动(学程)设计、评价设计。回答学生"学什么""怎么学""学到什么程度"的问题,从而让课堂能够真正发生深度学习。以教、学、评一体化为载体,学习性评价的目的是促进学生学习而不是诊断学生的学习结果,在学习过程中给予学生资源、路径、要求、提示等支持,在其思维障碍处、学习困难处搭建"问题解决"或"活动规则"评价支架,引导学生高质量"做事",与学习过程良性互动,保障学习成效。

3. 创新智能测评技术,支撑评价数字化改革

在当前教育发展的新阶段,教学改革和综合素质评价的深化均呼唤着教育测评方法与技术的革新,这就要求我们对评价体系及数据采集标准进行全面优化,引入大数据的互联、存储、处理及分析能力,旨在构建一套跨越地域、适应多样场景的智能化测评系统及其配套工具,以实现对教育成效的精准衡量与持续改进。从国际经验和我国实际情况看,教育评价数字化改革的趋势是:优化组合基于数据的评价方式,促进评价过程与学习过程紧密结合,在学习过程中完成评价,支撑规模化教育和个性化培养有机结合。[1]

---

[1] 黄荣怀.未来学习,要构建智慧教育新生态[N].光明日报,2022-04-05(6).

(二)增值评价:以赋能激励为导向

增值评价充分尊重学生的差异,凸显了对其内在成长的关注与呵护。首先,因材施评,遵循学生自我发展的个性化特点。充分考虑其学习认知的基础起点,实施个性化的跟踪评价,以长程发展性评价促进学生沉淀素养。聚焦对关键能力的评价,彰显对学习品质的促进与培育。其次,自我评估,深化学生对自我发展的认知。高效的学习者是元认知类型的,从这个意义上说,自我评价就是关于质量和标准的持续自我对话。运用好增值评价的育人功能,尊重学生的差异,聚焦其学习关键,激发其内省,才能为他们的自主成长赋能。融通语文增值评价的实施可以从以下方面着手。

1.评价标准:因材施评,寻找学生自我发展的起点

进行增值评价必须充分考虑到学生所处文化环境的差异,并以此为基础,定位学生学习认知的初始状态。通过深入解析课程标准,特别是依据《义务教育语文课程标准(2022年版)》第三学段的具体要求,我们设计了一套因材施评的评价标准体系,旨在实现评价的精准化与赋能效果。

(1)基于课程标准。课程标准是面向全体学生的学习基本要求,其每个学段的目标是我们制定教学评价标准的依据与准绳,教师与学生都可以运用基于课程标准制定的评价标准来审视和评价有关的学习进程与效能。以统编版小学语文教材六年级上册"意见不同怎么办"口语交际活动为例,我们制定了相应的评价表(如表3-5所示)。

表3-5 口语交际"意见不同怎么办"评价表

要点	原来的我 (星级评价)	现在的我 (星级评价)
尊重、理解谈话对象	☆☆☆☆☆	☆☆☆☆☆
乐于参与讨论,敢于发表自己的意见	☆☆☆☆☆	☆☆☆☆☆
倾听认真、耐心,能抓住要点,并能简要转述	☆☆☆☆☆	☆☆☆☆☆
表达清晰、有条理,有根据地表达看法	☆☆☆☆☆	☆☆☆☆☆
文明表达,语气语调适当	☆☆☆☆☆	☆☆☆☆☆

表中的评价要点就是根据《义务教育语文课程标准(2022年版)》第三学段的目标来制定的。在尊重学生的文化环境差异的前提下,我们力求准确把握学

生的学习起点与潜在能力,避免主观臆断。前置评价表,可以促进学生的自我认知。在实施增值评价前,我们预先展示评价表,并采用学生易于理解的语言进行表述,使其在学习之初便明确评价标准,从而主动按照标准调整学习策略,实现基于标准的自我提升。这一做法有效激发了学生的学习动力与自信心。

(2)关照学生的差异。教师在构建评价标准时,充分考虑到学生的家庭背景、认知能力及个性特征等差异。通过设计如"原来的我"等自我认知环节,帮助学生准确识别自己的学习起点,为后续的学习与成长奠定坚实基础。这种差异化评价策略,旨在让每位学生都能感受到自己的成长与进步,进而激发其内在的学习潜能与兴趣。

2.评价主体:"多元中的首位",深化学生对自我发展的认知

增值评价虽然强调评价主体的多元化,但鉴于学生的内在成长与发展的隐匿性,尤其需要突出"多元化中的核心",即学生自我评价的首要地位。这主要是为了让学生成为评价过程中的主动参与者,深入理解并反思自身的学习进程。

(1)构建互动评价场景:面对面交流的力量。

我们倡导并实践师生间的面对面评价模式,营造一种民主和谐、激发深度思考与创意展现的评价氛围。在此过程中,教师不仅即时提供反馈,还注重实时引导与正面激励,确保学生在每一次评价中都能有所收获与成长。以统编版小学语文教材三年级口语交际的课本剧表演为例:面对学生的怯场或表达障碍,教师迅速介入,以专业指导助其攻克难关;而当学生展现出非凡表现时,教师则通过非言语的肯定(如眼神交流、鼓励的肢体动作)激发其进一步追求卓越的动力。这种情境式、互动式的评价方式,不仅增添了评价的新颖性、趣味性和挑战性,更赋予学生以明确的角色定位,使他们在实践与鼓励中发现自我,体验取得成功的快乐。

(2)时间线评价:贯穿全程的学习监控与优化。

增值评价强调评价的连续性与动态性,既重视学习成果的终结性评价,也关注学习过程中的形成性评价。为此,我们引入时间线评价理念,即沿着学生学习的自然轨迹,对其学习方式、学习内容、学习结果进行全面系统的评估。这一过程涵盖"任务前准备"、"任务执行中"和"任务完成后"三个阶段,旨在通过多元评价主体(教师、学生及师生共同)的参与,持续为学生的学习策略提供调

整与优化建议,确保其学习目标的高效达成。时间线评价的核心在于不断为学生赋能,促进学生在学习的每一环节都能取得成长与进步。

"成长记录袋"是比较典型的时间线评价方式。成长记录袋收集的是可以反映学生学习情况的资料,记录每个阶段的成果,展示优秀的作品,梳理各个阶段的评价记录、反思日志、师生以及家长的鼓励等。运用成长记录袋,低年级着重培育学生自我反思与成长追踪能力,随着学生年级的升高,可逐步放手,激励其自主创建并维护其专属的成长档案。以课外阅读成长记录袋为例,学生可以详细记录自己六年来的阅读轨迹:从启蒙绘本逐步过渡到对纯文字作品的探索,从读改编的"青少年版"至原著。与此同时,他们的读书笔记也见证了他们的成长:从简单的词句摘录提升到深入的字词赏析,乃至形成系统性的阅读感悟与跨作品比较分析。成长记录袋不仅是学生自我评估的展现,更是其内在动力激发、个性完善与成就展示的重要工具。

每个学生都有独一无二的成长轨迹,我们在实施教育评价时,应充分发挥增值评价的积极作用,尊重个体差异,聚焦关键能力的发展,激发学生的内省意识,从而为他们的自主成长之路注入源源不断的动力与支持。

第四节 评价机制

学生是接受教育的主体,学习评价是教育评价的基础环节。智慧的评价"指挥棒",对促进学生身心健康、全面发展具有十分重要的意义。当前语文学习评价整体困境表现为:结果评价"一统天下",忽视学生发展的延续性;过程评价"随心所欲",缺乏科学的评价工具;即时性评价"武断机械",缺乏增能的评价智慧;单一性评价"一枝独秀",欠缺多元的评价维度。[①]

融通语文评价机制以立德树人为主线,树立融通观念,着眼于以评价引导科学育人目标的确立,坚持学评融通、行知融通、"五育融合"。以下从融通语文学习评价的原则、内容、路径、工具等方面对融通语文评价机制进行简要分析。

一、融通语文学习评价原则

(一)学科性原则

融通语文学习评价,首先要立足于语文学科本体,深入剖析语文核心素养的内涵,将语文学科的核心要素"识字与写字""阅读与鉴赏""表达与交流""梳理与探究"提炼为"书写精进""深度阅读""表达艺术""探究乐趣",作为评价学生语文核心素养的关键维度,每个维度下设三项细化指标。

第一,"书写精进"细化指标:主动识字、正确识字、美观书写。

第二,"深度阅读"细化指标:文本理解、知识积累、广泛涉猎。

第三,"表达艺术"细化指标:表达意愿、表达流畅度、表达创意性。

第四,"探究乐趣"细化指标:发现问题、协作探究、解决问题的能力。

在上述细化指标的引导下,小学各学段可根据教学内容及学生实际,进一步细化评价内容,设计有针对性的评价任务,使学生系统地、目标明确地参与语文实践活动,从而在实践中培育语文核心素养。

---

① 黄河,张雨.基于"四个评价"的小学语文核心素养评价体系研究[J].语文建设,2021(18):60.

(二)导向性原则

评价体系要以语文核心素养为引领,确保将教学目标转化为学生能理解、把握的学习目标,为学生的学习指明方向。在评价体系的引导下,学生将摒弃传统的去情境化、侧重于零碎知识点学习的学习模式,聚焦于核心素养的培养与单元学习任务的完成,教师则为学生提供清晰的学习标尺。结合语文课程的特点,过程评价需真实反映学生的学习状态,倡导多元主体与多种评价方式,因此,教师要据此设计多样化的评价策略,根据评价反馈,引导学生在语文实践中逐步提升语文核心素养,从而实现评价的导向、鉴定、诊断、调控和促进功能。

(三)多样性原则

多样性原则体现在评价主体与评价方式两个维度。随着教学理念的革新,学生作为学习主体的地位日益凸显,评价活动不再局限于教师这个单一主体,而是融入了学生自评、互评等多元主体。同时,评价方式也需要多样化,才能更全面、客观地反映学生的学习成效。

(四)发展性原则

以学生发展为本的理念反映了课程与教学理论研究的发展趋势。[①]学习评价不仅是对学生学习成果的反馈,更关注其学习过程中的综合表现,如学习态度、学习习惯以及学习情感状态等。学习评价可鼓励学生依据评价维度与标准,结合个人学习情况进行自我反思与评价,形成多维的自我评价机制,进而推动其自我认知的深化、行为的调整与能力的提升,最终实现自我管理与自我发展的目标。

二 融通语文学习评价内容

融通语文学习评价系统以语文学科素养为指向,主要包含四方面的内容:结果评价、过程评价、增值评价、综合评价。其中,结果评价聚焦于以核心素养为导向的评价设计及其成果的合理应用;过程评价作为最频繁实施的评价,其

[①] 艾兴.中国义务教育的课程论纲[M].重庆:西南师范大学出版社,2020:301.

核心作用在于提升日常教学质量;增值评价侧重于探索符合学校特色、学生个性及促进学生长远发展的教学策略与路径;综合评价强调评价的开放性与多元性。这四个方面在持续深化的教育评价改革中,都依赖于评价队伍专业能力的增强,要求教师在实践中准确把握教育内部环境与外部环境的平衡、融合标准化要求与个性化需求,并在诊断问题的基础上,积极发挥评价的促进作用,以实现评价体系的全面优化与升级。如图3-9所示。

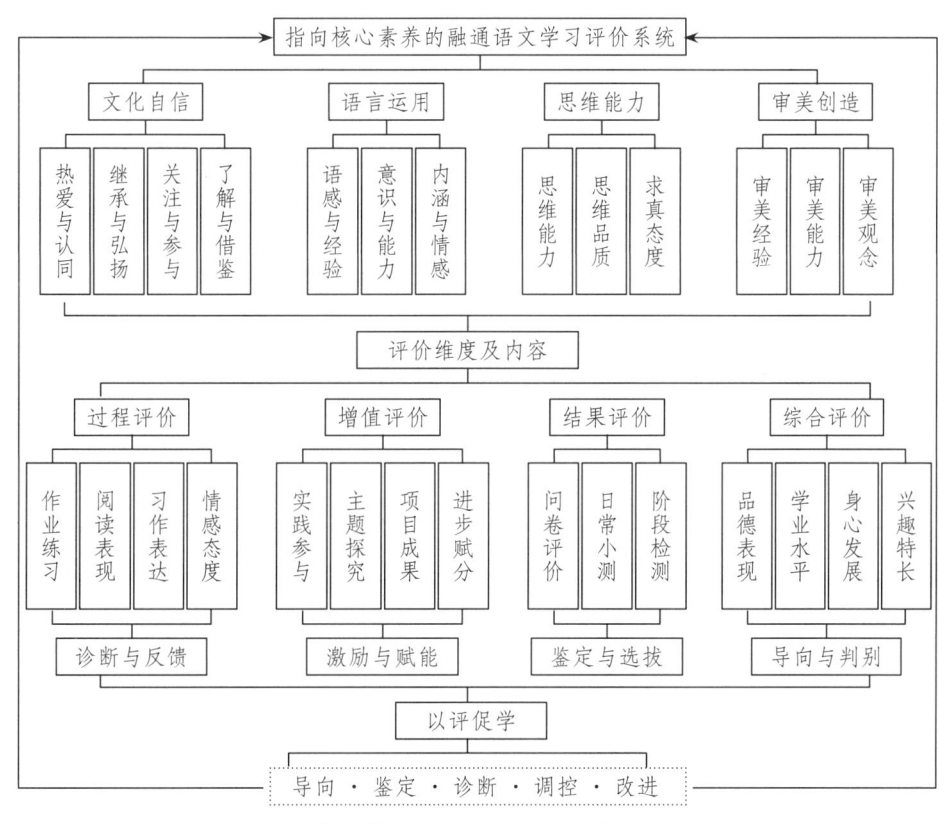

图3-9 指向核心素养的融通语文学习评价系统

(一)过程评价,突出诊断与反馈

过程评价作为促进学生成长的关键环节,其核心在于提高日常学习评价的质效。过程评价的形式灵活多样,既包括课堂即时测验,也涵盖课后作业反馈,因此也被称为"形成性评价","形成性"有促进与塑造的双重意义。依据《义务教育语文课程标准(2022年版)》的精神,过程评价应贯穿语文学习的始终,强调过程与结果并重,全面考查学生的语言运用能力、思维深度、审美感知能力及价值取向。在过程评价中,要警惕重知识轻素养、重成绩轻成长、重结果轻过程的问题。教师应以统编版小学语文教材为依托,明确评价维度,精心设计单元学习过程评价。具体而言,过程评价可以围绕对学生作业练习、阅读表现、习作表达以及情感态度问题的诊断和学生对教学效果的反馈展开。

1.作业练习

作业练习是检验学生知识掌握情况的有效手段。通过批改作业、对学生作业情况的分析,教师能够迅速诊断出学生在字词理解、语法运用等方面的薄弱环节,并据此提供个性化的辅导建议,帮助学生查漏补缺。

2.阅读表现

评价学生的阅读表现重在评估学生的阅读理解能力和审美鉴赏力。通过观察学生的阅读速度、阅读检测或练习的质量,以及在讨论交流中的见解深度等,教师可以有效反馈学生的阅读成效,引导学生深入文本,培养批判性思维。

3.习作表达

习作表达是语文能力的综合体现,过程评价鼓励学生大胆创作,注重创意与表达的自由。教师在评价时,不仅要关注文章的结构、语言等外在形式,更要深入挖掘学生的思想情感,给予鼓励性反馈,激发学生的写作热情。

4.情感态度

情感态度作为非智力因素同样不容忽视。教师应在日常观察和与学生的互动中,敏锐捕捉学生的兴趣变化、自信心建立及合作精神展现情况,适时给予正面引导与情感支持,营造积极向上的学习氛围。

(二)增值评价,突出激励与赋能

增值评价是对学生学习的进步幅度和努力程度的评价。增值评价源自效能公平评价理论,依据参照对象的不同,可分为相对进步评价和绝对进步(或称为发展性评价)两类。前者侧重于对学生在同类群体中相对成长的评价,后者侧重于对个体自我超越的评价。进行增值评价,可采用成长袋记录法,追踪学生语文能力的动态变化。在融通语文的增值评价体系中,激励与赋能是两大核心理念,旨在激发学生的内在潜能,促进其持续进步。

1.实践参与

实践参与是增值评价的重要基石。融通语文鼓励学生走出课堂,参与各类语文实践活动,如朗诵比赛、演讲等,通过亲身实践体验增强学习兴趣;根据学生的参与度和表现给予正面激励,让学生感受到成长的喜悦。

2.主题探究

融通语文鼓励学生围绕特定主题进行深入学习与研究,通过查阅资料、小组讨论、撰写报告等形式,培养其自主学习和合作探究的能力。进行增值评价时,重视学生的探究过程与思维发展,而非单一结果,以此赋能学生,让他们学会如何学习。

3.项目成果展示

项目成果是检验学生学习成效的直观方式。通过展示学生的创意作品、研究报告等,可让学生感受到努力的价值,获得成就感。进行增值评价时,要注重成果的原创性、创新性和实用性,以此激励学生追求卓越。

4.进步赋分

进步赋分作为增值评价的特色之一,强调对学生个体进步的认可与鼓励。通过对比学生前后的学习表现,给予相应的分数增值,让学生看到自己的成长轨迹,从而更加自信地迈向未来。这样的评价体系,能真正实现激励与赋能的双重目标。

(三)结果评价,突出鉴定与选拔

结果评价作为一个学习周期结束时的总结性评估,以其正式性与高利害性,为学生学业成就提供权威证据。以学科考试为主导的结果评价,不仅是人才选拔的重要依据,也是检验教学成效的关键指标。《义务教育语文课程标准(2022年版)》对语文课程学业质量标准的要求,紧紧围绕核心素养,整合了识字与写字、阅读与鉴赏、表达与交流、梳理与探究等语文实践活动,为结果评价提供了清晰的框架。

1.质量监测

质量监测即学业水平质量检测,一般由国家或地方政府组织。通过标准化的测试与评估手段,全面衡量学生语文学习的整体质量与水平,确保评价的公正性与准确性,为学生语文素养的鉴定提供科学依据。质量监测对一线教师的教学具有重要的导向性,因此,教师要关注其命题的素养立意,关注其如何遵循学生身心发展规律和语文核心素养形成的内在逻辑,以语文实践活动为主线,整合监测目标、真实情境、活动过程、答题支架等要素,引导学生调动既有知识和技能解决问题,完成监测任务。[①]

2.阶段检测

通过定期组织的期末考试或测试,评估学生在一定学习周期内对语文知识的掌握程度和应用能力,为学生及教师提供清晰的学习成效鉴定。教师在设计检测内容时,可以按照"积累与运用""阅读与鉴赏""表达与交流"板块来组织,以全面评估学生的语文素养,及时捕捉学生的学习状态与问题,为后续及时调整教学策略提供依据。

3.问卷评价

问卷评价是结果评价的一种补充手段。设计科学合理的问卷,收集学生对教学内容、方法、效果等方面的反馈意见,可为结果评价提供多维度的参考。问卷评价不仅有助于教师了解学生的学习感受与需求,还能促进教学相长,推动语文教学质量的持续提升。

(四)综合评价,突出导向与判别

综合评价以其评价内容的广泛性、评价手段的多样性和评价主体的多元性,实现对学生发展情况的全面审视。综合评价不仅涵盖品德、学业、身心健康、兴趣特长及学业负担等多个维度,还灵活融合了过程、结果与增值评价元素。在评价主体上,除了师生、家长,还引入校外机构、社会团体等多方视角,形成自评、互评与社会评价的有机结合。此外,利用人工智能、大数据等现代信息

[①] 廖丽萍.基于语文核心素养的学业质量监测命题思考[J].小学教学设计,2022(28):28.

技术,综合评价能够跨越时空限制,实现对学生学习成长的纵向追踪与横向比较,为教育决策提供更为精准的数据支持。

1.品德表现

品德表现是综合评价的首要维度,强调对学生的道德观念、行为习惯及社会责任感的评价,通过日常观察、同伴评价及教师反馈等多渠道信息,引导学生形成积极向上的价值观与人生观,为其终身发展奠定坚实的道德基础。

2.学业水平

学业水平是评价学生学习成果的直接体现,不仅关注学生语文基础知识的掌握程度,更重视其阅读理解能力、写作表达能力及批判性思维等综合素养的培养。通过多样化的测评方式,如考试、作业、项目展示等,能全面而客观地评估学生的学业水平,为其后续学习提供有力支持。

3.身心发展

身心发展维度关注学生身体与心理素质及其社会适应能力的发展。可采用问卷调查及社会实践评价等,评估学生的身心健康、意志品质与交往合作能力。

4.兴趣特长

兴趣特长是对综合评价的重要补充,教师可以通过开放性、个性化、表现性成果的评价,发现学生的个人兴趣爱好与特长,并加以评价激励,促进其全面发展与个性化成长。

三 融通语文学习评价的路径

融通语文学习评价板块包含了教师参与度最高、对学生学习促进最为持久的主题或项目的学习评价设计,其主要路径如图3-10[①]所示。

---

① 参考自:姚燕涣.小学语文单元学习过程性评价的价值内涵、维度及路径[J].小学语文,2023(5):86.

导向·鉴定·诊断·调控·改进

确定
学习目标
素养可见

设计
评价任务
提供支架

制定
评价内容
素养导向

实施
系统评价
融入全程

识字与写字·阅读与鉴赏·表达与交流·梳理与探究

图3-10　融通语文学习评价路径

（一）确定以素养为导向的学习目标

进行过程评价，其目的在于学生语文核心素养的培育。因此，教师需要以语文课程标准提出的核心素养为导向，结合学段教学具体要求，紧扣主题单元的核心内容及学生的学情，构建具体可行的单元学习目标，并在单元教学中逐步实现。在进行日常教学规划时，教师应摒弃过去单篇课文教学目标的碎片化设计思维，转而采取单元整体教学策略，让学生围绕识字与写字、阅读与鉴赏、表达与交流、梳理与探究四大语文实践领域，系统性地规划单元学习目标，进行整体学习。

（二）设计过程评价任务

为了促进主题单元学习目标的达成，需要将学习评价细化为一系列具体可操作的过程评价任务，对学生的学习过程进行详细的考查，使其在完成过程评价任务中逐步实现既定学习目标。过程评价任务的设计应考虑学习任务的形式，巧妙地将知识运用、思维训练、策略掌握、情感态度等要素嵌入真实学习情境中，通过学生的任务完成情况来评估其学习目标的达成情况。在教学实践中，教师应紧紧围绕单元学习目标，精心设计配套的评价任务，借助评价的力量，激发学生的内在学习动力，促进其整体学习能力的提升。

（三）制定可见素养的评价内容

学习过程评价贯穿单元学习的始终，具有学习诊断与反馈功能，是学生自我认知、自我评估的有效工具。因此,制定明确、具体的评价内容尤为关键,它能引导学生进行自我反思,及时调整学习策略。在制定单元学习过程评价内容时,需要综合考虑教材单元定位、学科素养要求、学生能力培养重点等多方面因素,进行系统性设计。评价指标应清晰指向素养目标,使学生在参与评价的过程中,不仅能够加深对学习目标的理解,还能在持续的评价中将素养目标内化为个人行动指南,从而促进语文素养的全面发展。

(四)实施全程融入的系统评价

为确保过程评价的有效实施并产生积极影响,需从教师施教与学生受教两个维度综合考量。

1.将评价深度融入单元学习过程

过程评价旨在对学生单元学习过程中的素养展现进行全面评估,应贯穿于日常语文教学活动中。

(1)统筹设计核心任务。

教师应摒弃传统的传授零散知识的教学模式,从课程视角去思考和实施整体教学,将主题单元视为独立的课程体系,围绕单元素养目标,统筹设计具有较强整合性、实践性的核心学习任务。在此过程中,适时嵌入过程评价机制,根据评价反馈的学生学习情况调整教学策略,更好地促进学生的学习,实现以评促教的目的。

(2)采用多样化的评价方式。

摒弃单一评价方式,针对不同的学习任务灵活选用不同的评价方式。如:提升学生的书写能力,可通过对其书写作业质量的评估来实现;对学生阅读素养的培育,可用结合其读书笔记、研究报告、阅读分享情况等综合表现进行评价的方式来达成目标;对学生实践能力的培养,则可通过对其在探究过程中与他人的合作情况及学习成果分享行为表现的评价来实现。此外,学生的学习态度及参与度可通过问卷调查的方式实现量化评估。总之,教师应灵活运用多种评价方式,促进学生的全面发展。

(3)构建正向激励机制。

评价旨在促进学生成长。通过设立评价进阶路径,如进步奖、挑战奖等,激励学生不断进取。确保不同水平的学生均能获得正向反馈,基础薄弱的学生能感受自己的进步得到评价肯定的快乐,能力出色的学生能享受战胜挑战带来的乐趣。

2.让学生深度参与评价的全过程

语文核心素养是学生在丰富的语文实践活动中形成的。因此,评价过程对学生而言亦是其语文素养得到锤炼的契机,需要其深度参与。

(1)指导学生理解学习目标与任务。

教师应细化学习目标,转化为易于学生理解的学习任务,引导学生清晰把握单元学习方向,合理规划学习路径,灵活调整学习节奏。

(2)确立学生在评价中的主体地位。

在学习评价任务驱动下,学生应自主管理学习时间,探索感兴趣的问题,组成学习小组,选择适宜的学习成果展示方式,甚至参与评价规则的制定,充分展现其在学习评价中的主体地位。

(3)引导学生开展反思性评价。

评价不仅是为了量化学习成果,更是为了激发学生的自我认知与潜能。学生通过对单元学习的回顾、问卷调研及"学习小结"撰写等,能主动反思学习成效,看到自己的进步与未来努力的方向,从而增强学习内驱力,实现自我超越。

四 融通语文学习评价工具

《义务教育语文课程标准(2022年版)》在"评价建议"部分就阶段性评价给出了具体建议:"阶段性评价应秉持素养立意,紧密结合四个学段的课程内容,关注内容之间的进阶关系和横向联系,合理设计评价工具。阶段性评价可以根据不同情况灵活选择评价手段。"评价工具使用恰当,对学生的学习具有良好的促进作用。

(一)理想评价工具的特征

1.具有指向性

评价工具的设计以课程标准为指导,其功能的开发与当前教育改革的趋势一致,明确指向学科核心素养的培育;关注学生在语言能力、文化认知、思维深度及自主学习能力等多个维度上的综合表现与均衡发展,是评价工作有的放矢的保障。

2.具有使用性

评价工具构建的初衷在于为教学实践服务。它不仅是教师实施教学评价、学生进行自我评估的工具,更是促进师生教学相长的重要工具。因此,评价工具需具备良好的使用性和检测性,这样才能确保师生在使用过程中根据评价工具的反馈,及时调整并实现教与学的持续优化。

3.具有多样性

作为学生学习与评价的手段,评价工具不仅是学习成效的衡量标尺,更是促进深度学习、强化过程监控的得力助手。其形态依据主题内容、学生特点等多种因素灵活设计,包括但不限于量表、写作评价形式、演讲反馈形式、成长记录袋等。每种评价工具均针对特定问题设计,具有独特功能,可在一个或多个教学单元中灵活组合运用,全面覆盖学习过程的各个环节。

(二)融通语文课堂评价量表

理想课堂的假设,往往围绕学生的学、教师的教、课堂生态以及理念观点等进行设计。融通语文课堂的特征要反映对"融通"特质的假设,进行要素提取与分析,从而形成观察量表(如表3-6所示),方便教师对照,进行课堂教学行为研究。

表3-6 融通语文课堂观察量表

境界	融:多域联通		和:整体统摄		通:深度对话		达:化用知行	
维度	情境与内容		任务与支架		活动与导思		迁移与运用	
特征	情境浸润 互文①启鉴		节点聚焦 支点映射		系统导学 情思争鸣		文章化用 文德化行	
要点	课程理解	□素养性目标 □开放性资源 □文化性坚守	学习设计	□节点聚焦 □任务驱动 □系统深入	活动实践	□探究性激趣 □生成性激思 □策略性引导	素养表现	□实践性转化 □成果性表达 □表现性评价

---

① 本书中"互文"一词非训诂学术语意义上的"互文",而是指学生在阅读中,按照某种方式,将两个以上文本的相关内容进行相互比较,其意类似"群文"。

续表

具体表现	学的目标	□核心素养突出培育 □前移后续系列定位	节点聚焦	□课时目标简约聚焦 □核心任务精准锚定	策略运用	□方法为纽巧妙点拨 □工具赋能深入浅出	成果形式	□关注知能知行合一 □兼容并包勇于创新
	学的内容	□学科特质根植语用 □拓宽盘活取舍得当	学情把握	□关注学情把握基础 □基于学情预设难点	探究过程	□有向开放弹性生成 □情境智趣有机转化	评价设计	□系统设计学评一体 □多个主体多元评价
	学的文化	□情感悦纳具身情境 □文化坚守传承创新	支架设计	□提炼问题支架辅助 □重点难点系统突破	情思活力	□问题驱动激发兴趣 □互动民主主动探究	情志表现	□合作探究愉悦投入 □多样展示正向激励
核心观测数据	融的温度、广度	情境创设"小、近、实"① （　）星 互文运用适精巧 （　）星	和的精度与力度	问题精准 （　）星 任务设计 （　）星 系统聚焦 （　）星	通的畅度、深度	阅读思考 （　）分钟 讨论探究 （　）分钟 梳理总结 （　）分钟	达的效度、厚度	阅读思考 （　）分钟 言语实践 （　）分钟 评价总结 （　）分钟
观察结果综合分析								
教学反思、教学建议								

---

① 小、近、实，指情境创设切口小，话题贴近生活，任务真实。

(三)融通语文学习评价工具设计

教师可以依据学段的具体要求,统整单元各项学习内容,设计与单元学习内容相一致的表现性任务,再进行表现性评价的工具设计。融通语文学习评价工具设计要考量评价任务与学习目标的契合度、任务的代表性及其内在的递进层次,这样才能准确把握学生阶段性学习的真实情况,为后续学习路径的规划及教师教学策略的调整提供坚实的数据支撑与方向指引。融通语文学习评价方法与工具设计内容见表3-7。

表3-7 融通语文学习评价工具设计

评价目标	评价类型	评价方法与工具	评价者
核心知识	结果评价	方法:纸笔测试、表现性任务 工具:量表	教师
学习实践	增值评价	方法:成长记录袋 工具:量规	学生、同伴、教师
过程表现	过程评价	方法:纸笔测试、成长记录袋 工具:量规、KWL表等,	学生、同伴、教师
学习成果	综合评价	方法:公开展览与汇报 工具:指向核心概念、成果质量、成果报告的量规,变化后的新情境和评价量规,对比性的概念图、KWL表等	学生、同伴、教师、相关专家、公众

在小学语文综合性学习、项目式学习活动中,评价工具使学习目标具体化,是学生有序开展探究活动的"导航仪",也是学生素养发展的"航标"。在提出驱动性问题并构想出学习成果的预期形态后,教师和学生需要依据既定的学习目标与任务,从学习过程与成果两个层面精心构建学习评价工具。以"综合性学习"评价为例,它与一般的表现性评价有所区别,强调学生在学习活动过程中的合作沟通能力培养,在评价工具中,教师就要特别关注此方面的内容,具体可参考表3-8。

表3-8 融通语文综合性学习评价表[①]

组长			组员					
评价维度		评价标准				评价等级			
						自评	伙伴评	师评	家长评
学习过程	问题探究	发现问题,提出问题							
		多渠道采集信息,分析整理信息							
		借助已有的知识经验,分析现象,发现规律							
		对某些现象、做法进行评价和反思							
		创新设计合理的解决方案							
	沟通合作	认真倾听他人观点,用合适的声音与人进行有效交流							
		接受多样观点							
		主动分享学习资源							
		小组分工合理明确,组员主动承担角色任务							
		遇到困难主动寻求帮助,或主动帮助遇到困难的同学							
		清晰并有逻辑地表达观点,展示作品							
		对其他同学的学习成果和表现进行准确评价							
	自我调控	对学习产生浓厚兴趣,专注学习							
		按计划带齐学习工具,准备好学习资料							
		合理安排时间,有计划、有目的地完成任务							
	技术应用	安全使用相关工具,会操作相关应用软件							
		会按格式编制计划书,能利用思维导图研究问题							
		了解相关材料性能与成本,充分利用材料创作作品							
学习成果	作品表现	证据确凿,学习成果科学、合理、有创意							
		图文并茂,文字表述规范、清晰、有逻辑,配图合理有效							
		作品符合审美需求							

---

① 该表适用于小学语文综合性学习、项目式学习等的评价。

具体而言,在语文综合性学习评价中,过程评价聚焦于学生探究问题的能力、在团队中的协作沟通能力、自我管理的调控力及技术应用的有效性等方面,设立相应的评价标准;而成果评价则涵盖了成果的逻辑性、科学性、创新创造力及审美价值等多个维度,旨在解决当下"五育"中存在的片面化、表面化及局限性问题,确保评价内容与学习目标的精准对接,与学习内容的深度契合,以及与学习行为的全面同步。

综上,在小学语文学习活动中,融通语文学习评价扮演了将学习目标具象化的关键角色,它不仅是指引学生有序探索的"指南针",更是引领学生全面发展语文素养的"灯塔"。

第四章

融通语文的策略路径

第一节 综述：策略的整体构建

教学主张统摄教学方法、策略、流程、模式。基于融通语文教学主张认知发展四层模型，本章节进行融通学习策略的系统分析。

一 得法——策略图谱

融通语文教学主张的核心是"融、和、通、达"。本章依次从这四个层境进行教学策略的提炼，形成"四境八策二十四法"的融通学习关键性策略方法（如图4-1所示）。

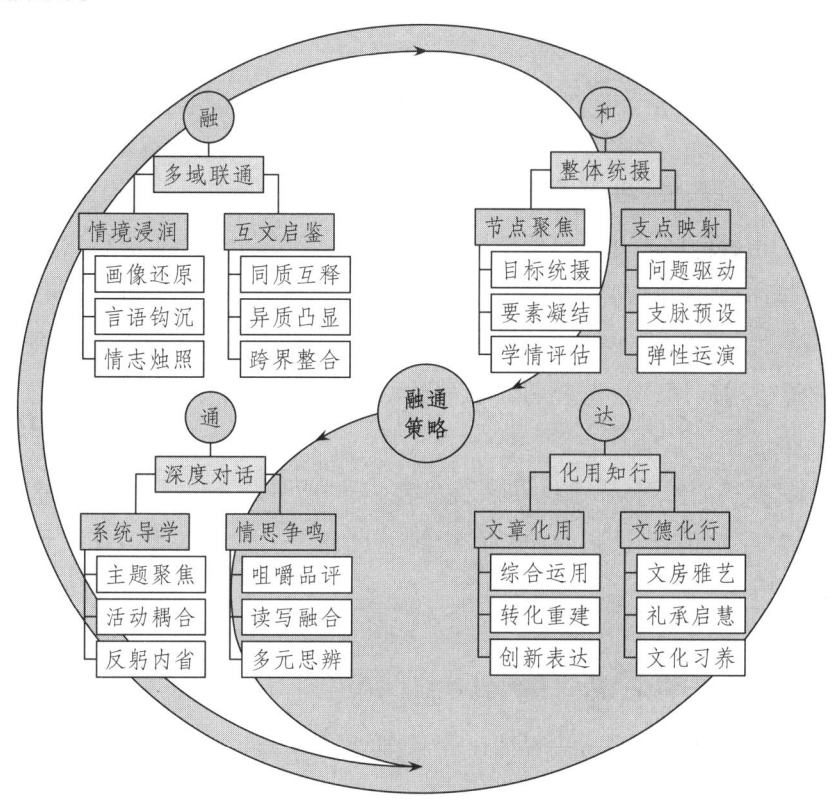

图4-1 融通语文核心策略图谱

（一）第一层境"融"，其内涵是"多域联通"

"融"的要点是情感的浸润和不同内容的联结：教师通过资源萃取，实现联结的建立与优化，促进学生充分打开五感、悦纳情感、激活体验、沉潜探究。

"融"的核心策略是"情境浸润"和"互文启鉴"。"情境浸润"包含三种方法：画像还原、言语钩沉、情志烛照。"互文启鉴"指的是突破孤立的文本学习，强调多元内容资源的"互鉴共通，彼此阐发"，促进学习的联结、整合，及深度探究，包含三种方法：同质互释、异质凸显、跨界整合。

（二）第二层境"和"，其内涵是"整体统摄"

"和"指的是基于学情，在充分把握学习素养目标、教材编写意图等的基础上，教师能够聚焦核心问题进行统摄推进，确立重点，设计项目任务，并进行学路的规划与开启。

"和"的核心策略是"节点聚焦"和"支点映射"。"节点聚焦"指向教学内容的把握，包含三种方法：目标统摄、要素凝结、学情评估。"支点映射"指向学习规划设计，也包含三种方法：问题驱动、支脉预设、弹性运演。

（三）第三层境"通"，其内涵是"深度对话"

"通"指教师精心开展导学设计，通过导学支架等引导学生寻径意会，不断进行思维淬炼、深度探究。在这一过程中，学生思维得到发展：能够发现多样性中的统一性，形成整体性思维；能够克服思维的遮蔽性及其局限性，拓展想象思维；能够建构问题解决路径，形成逻辑思维和工具思维，实现知识的流通和生长。

"通"的核心策略是"系统导学"和"情思争鸣"。"系统导学"包含三种方法：主题聚焦、活动耦合、反躬内省。"情思争鸣"也包含三种方法：咀嚼品评、读写融合、多元思辨。

（四）第四层境是"达"，其内涵是"化用知行"

"达"指教师借助真实表现性任务，促进学生回归生活，在新的复杂情境拓展中，激发学生创意探究、分享表达，达成融通素养的实践转化、文化品格的淬炼形成。

"达"的核心策略是"文章化用"和"文德化行"。"文章化用"包含三种方法：综合运用、转化重建、创新表达。"文德化行"也包含三种方法：文房雅艺、礼承启慧、文化习养。

"融、和、通、达"四层境的关系是相互协调、彼此交融的。比如在推进系统学习"通"的时候，也需要深度体现"融"的情境观与互文策略等，更需要"达"的实践运用目标观指引。因此，四个层境基于融通理念，分别代表融通语文教学的四大典型特征，但又不是二元割裂的，而是呈现出整体性、交融性、共生性。

二 理脉——建构逻辑

根据上述分析，融通语文教学主张立足于"融、和、通、达"四个层境。此四层境既可以平行并列来解读，分别成为融通语文教学主张的核心理念，也可以建立关联性框架，形容融通课堂教学的四进阶路径。

基于"融、和、通、达"四个层境，融通课堂教学要立足于联通、统摄、对话、化行四大学习活动来组织教学（如图4-2所示）。

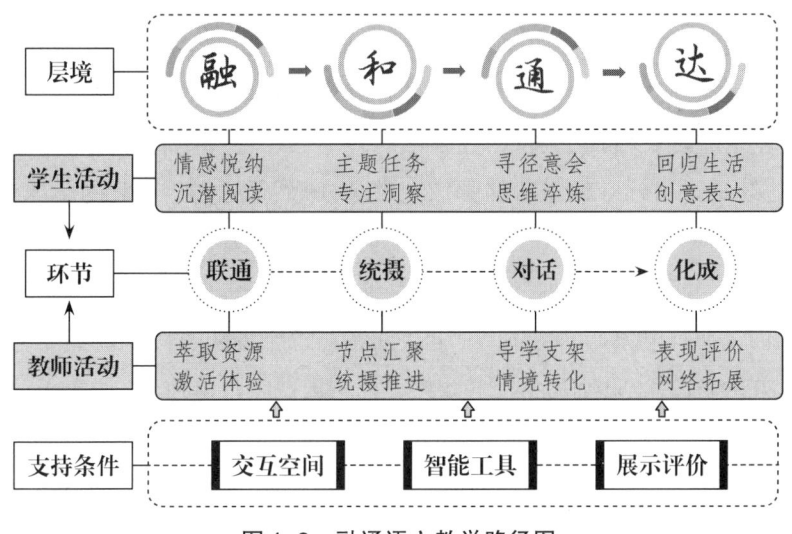

图4-2 融通语文教学路径图

（一）联通

联通，即造境与联动，其要点是情感的浸润和开放性视野下多维内容的联结。教师通过情境创设、内容拓展、资源萃取等，促进学生充分打开五感、悦纳情感,并在与多元文本、信息资源的思维互动中,促进深度学习,形成融通思维。

(二)统摄

统摄,即聚焦与映射。基于问题和任务,教师进行"节点"的捕捉与凝聚,可以学科概念为统摄点、以学科要素为凝结点、以问题解决为驱动点、以主题情境为体验点,从而统摄全局,进行学路规划。学生清晰明确、专注洞察其主题任务,开启学习活动。

(三)对话

对话,即导学与构径。教师精心设计导学支架,引导学生寻径意会,进行深度探究,并淬炼学生的融通思维,包括整体思维、开放思维、系统思维和工具思维。

(四)化成

所谓化成,指化用与知行。教师借助真实表现性任务,促进学生回归生活,在多元语境的复杂情境中去实现创造性言语应用,激发学生灵活运用、创新解决问题,达成融通素养的实践转化、文化品格的淬炼形成。

在联通、统摄、对话、化行四大学习活动中,联通是基础,统摄是关键,对话是重点,化成是目标。四进阶路径依次递进,彰显着融通语文教与学推进的不断深入。

本章聚焦于"融、和、通、达"四层境,分别从核心价值、依据原则、实施策略三个方面进行详细阐释。同时,为了让读者对策略方法有更清晰直观的感受,针对八大策略,每个策略都会用一个典型课例进行解读论述。

第二节　融："多域联通"策略

"融"，是融通语文教学主张第一层境，也是融通教学的前提与基础。

"融入"是"融"的第一层含义，它决定着语文教学核心的情志基础；"融"的第二层含义是"融合"，融通语文的文本阅读强调在互文情境下，促进多文本关联。相比于单篇课文的教学，多文本的关联无疑打开了学生群文阅读的视野，它最显著的特征就是多文本语境的交叉建构。

本节将对融通语文中"融"的达成进行论述。

一　"融"在融通语文四层境中的首要价值

融通语文的"融、和、通、达"四层境中，"融"强调的是其"浸润""融合"的内涵，重在改变语文教学中普遍存在的"割裂"问题。

（一）"情感交融"是融通语文的建构基础

教学中的情感因素超越了单纯的教学技术层面，触及了教育的本质，即教师面对的是具有主动认知能力的学生。教学过程中，学生并非被动接受知识的容器，而是积极运用既有知识体系，主动构建新知的主体。情感作为启动引擎，促使语文教学摒弃僵化的教学模式与灌输式教学，转而追求一种融合的而非割裂的教学方式。语文学习本质上是心灵与心灵的深刻交流，阅读成为读者与作者跨越时间的情感共鸣，而非孤立的语言技能训练。过度细碎化的语言教学往往割裂了语言与情感、形象的内在联系，削弱了语言的生命力和语文学科的魅力，使学习过程变得枯燥乏味。真正的语文学习是情感与理智的交融，是读者与作者精神的碰撞与升华。正如写作不仅是个人思想的表达，更是与自我和他者深层次的对话。刘勰《文心雕龙·知音》所云"夫缀文者情动而辞发，观文者披文以入情，沿波讨源，虽幽必显"，恰是对此的生动诠释。唯有当学生沉浸于文本，实现与文本作者的情感共鸣，方能促进学生个性发展、合作互助及情感、价值观的全面成长。

(二)"整合交互"是融通语文的认知基础

传统语文教学常陷入单一语言技能训练的窠臼,将"字词句篇、听说读写、知情意行"割裂为孤立的训练单元,这不仅破坏了文本的完整性,也削弱了语文的人文关怀。割裂的教学方式难以促进学生语言能力的全面转化与提升,限制了语言的综合效能,进而不利于学生语文能力和素养的整体发展。因此,语文教学需将"字词句篇、听说读写、知情意行"诸要素视为一个相互依存、相互促进的有机整体,依托教材,巧妙设计,实施综合性学习活动,使每一次教学活动都能涵盖多项语言实践,达成多元化的教学目标,从而有效提升教学效率,促进学生语文综合素养的全面提升。

二 多域联通的依据和原则

"多域联通"是融通语文教学主张第一层境"融"的关键策略。其建构依据和运用原则有:具身认知理论、互补学习理论、适度跨界原则。

(一)具身认知理论

如何使学生能够进入文本、得到文本的浸润,达到情感交融、情思争鸣的境界,具身认知理论能够给予我们启发。具身认知理论认为,身体的形态结构、感觉系统、运动系统和神经系统都影响着人们的认知过程。有学者指出,沉浸式教学能够支持虚实融合的学习环境、自然交互的学习活动、寓身于境的学习方式;而具身认知理论在多通道感知、动态交互、情境体验等方面能很好地支持沉浸式教学的构建。具身认知理论与沉浸式教学的关系如图4-3所示[1]。

---

[1] 艾兴,李苇.基于具身认知的沉浸式教学:理论架构、本质特征与应用探索[J].远程教育杂志,2021(5):56.

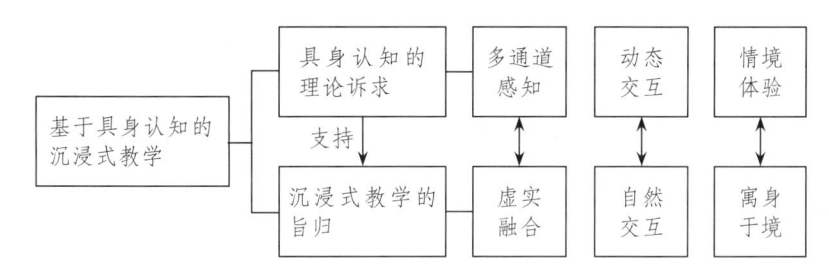

```
基于具身认知的      ┌─具身认知的理论诉求─┐  ┌─多通道感知─┐  ┌─动态交互─┐  ┌─情境体验─┐
沉浸式教学       ─┤    支持        ├─ │         │  │       │  │       │
                 └─沉浸式教学的旨归─┘  └─虚实融合─┘  └─自然交互─┘  └─寓身于境─┘
```

图 4-3　具身认知理论与沉浸式教学的关系

沉浸式教学是具身认知理论在教育领域的具体应用,是一种基于学科内容以目的语为教学语言的教学模式[①],并逐步由一种单纯的语言教学模式变为一种广泛适用的教学模式。在教学组织形式上,沉浸式教学展现出高度的灵活性与开放性,融合了探究、体验、项目、游戏等多种教学策略,突破了传统的班级授课制的局限。在物质层面,沉浸式教学的实施比较依赖技术赋能,体现在对精心设计的身心导向教学设计方案、直观可视的教学资源、虚实交织的教学环境构建,以及基于过程性评估的反馈工具的应用上。在空间形态上,沉浸式学习环境的独特之处在于现实与虚拟教学空间的无缝对接、动态交互与灵活转换,为学生提供了跨越时间界限的学习体验。在方法形式上,沉浸式教学尤为注重师生身心在教学活动中的全面投入,强调通过感官刺激与身体力行来深化学习体验,同时灵活采用多样化的教学方法,以适应不同学习需求与情境,从而促进知识内化与技能提升。

(二)互补学习理论

互补学习理论认为,有效的学习需要两个互补系统:第一个系统位于新皮层,用于逐渐学习有关环境的结构化知识;另一个系统位于海马体,用于个体经验细节的快速学习,通过有效地聚合大量样本的信息,更准确地估计潜在的统计信息。就语文学科而言,阅读思维变量必须加强多文本信息交互整合,这是因为单一文本容易导致认知偏差,以及信息切片带来的认知混沌。有学者提出文本阅读的整合式认知机制:通过激活先备图式启动认知,生成初始发现;然后运用系统性的认知策略精细加工文本信息,持续生成后续发现,并不断重构、修正初始发现和后续发现,最终建构出文本的终极观念。[②]这一阅读认知方式的

---

① 江傲霜.对美国中文沉浸式教学的思考[J].民族教育研究,2017(3):95.
② 代顺丽.文本阅读的整合式认知[J].语文建设,2022(23):27.

前提,也在一定程度上体现了互补性学习理论的实践运用。语文世界应该是两岸开阔、浩荡千里的世界,多文本阅读实现了教材阅读与课外阅读的有机整合,显现了兼收并蓄、庞杂信息快速高度整合、有深度的精细化和综合化阅读的时代价值。

(三)适度跨界原则

遵循合理均衡原则,把控跨学科限度。与单一的学科课程相比,跨学科更追求内容的宽广性和多学科参与性。但凡事须有度,跨学科实施学科课程,如果过度追求实践性、宽广性和多学科性,其育人功能就会弱化、虚化、甚至异化。只有加强对跨学科实践的过程统筹和动态调适,科学把控跨学科的实践性、宽广性和关联学科数量,才能实现跨学科育人价值最大化。①

1.把控跨界实施的实践性限度

跨界活动的整体设计和实施都应基于学生的身心特点和学段水平,以有助于学生知、情、意、行全面发展和综合素养提升为宗旨。

2.把控跨界实施的宽广性限度

对学研同构的跨学科活动而言,无度扩展会影响实践活动和知识理解的深度,导致学生学习的肤浅化、形式化。所以,要综合把控跨界内容,在适度宽广的基础上追求深度,追求有深度的宽广。

3.把控跨界实施的多学科性限度

课程的跨学科实施,不是学科越多越好,也不是多学科平均用力,而是要根据实践的特点,合理把控关联学科的数量和主次关系。"这类似于伞柄主轴与伞架的伞状结构,即立足特定学科基础上整合其他学科知识,从而衍生、激发出很多不同的命题、原理或概念,帮助学生形成跨界思维与知识结构。"②

---

① 孙宽宁.学科课程跨学科实施的学理与路径[J].课程.教材.教法,2023(7):9.
② 伍超,邱均平,苏强.跨学科教育的三重审视[J].浙江社会科学,2020(8):139.

三 "多域联通"的实施策略

(一)情境与语文课程

情感,是融通语文教学主张的前提。融通不是控制,不是灌输与硬性连接,融通语文课堂具有浓厚、温暖、沉浸的学习氛围,弥漫着情趣,富于情思,让学生浸润、陶醉。沉浸理论认为,沉浸是人们在进行某些日常活动时完全投入情境当中的状态,其基本特征是师生共生性、情感融情性、活动生成性、感悟审美性、引导激励性。

融通语文课堂特别重视学生学习时的身心融入、情感悦纳。语文是以形象与情感见长的学科,听说读写实质上就是一种对话活动,"它以'前理解'——语感为核心"[1]。情境融通,是撬动学生情感投入、感知唤醒、阅读感悟力培养的最佳支点,也是激发学生实践创新的强劲动力。

1.情境的学科育人内涵

先来谈谈情境的本质。情境不同于环境,人与环境两者之间彼此交织的状态才是情境,即情境是交互作用的产物,情境"总是由人构建的、创造出来的,又反过程(来)影响着人的行为,制约着社会事件发展的事态(态势)"[2]。

首先,情境的核心在于其互动性。从社会学的视角审视,情境被视为个体行为与环境交互的产物。美国社会学家卡尔指出,情境是由人、文化特质、特殊意义与关系、动的过程、时间、地点六种因素联合产生的动态的形式。心理学认为,情境不仅是客观的,而且涉及主观层面,它包括影响个体行为变化(产生行为或改变行为)的各种刺激(包括物理的或心理的)因素,这些刺激因素既可以是物理性质的,也可以是心理层面的,其共同构成复杂且特定的情境。因此,在学习情境中,具身体验与学习过程紧密相连,彼此互动。

其次,情境蕴含着生成的属性。作为学习活动的载体,情境并非静止的,而是持续处于动态生成与演变之中。它激发并促进个体间的互动,而互动又反过来成为情境不断进化的驱动力。在"经验融入—情境界定—行为响应—情境反馈"的循环往复的过程中,人与情境之间持续进行深度交互,情境在展现出其流

---

[1] 王尚文.语文教学对话论[M].杭州:浙江教育出版社,2004:1.
[2] 于泽元,那明明.情境化学习:内涵、价值及实施[J].华东师范大学学报(教育科学版),2023(1):89.

动性的同时,也体现了其内在逻辑与连续性的统一。

2.学习与情境的关联探析

首先,学习植根于特定情境之中。学习情境中蕴含着具有实践性、认知性或价值性的信息或概念资源,只有学习者与情境中的人、物质之间进行广泛交互,这些信息或概念资源才与学习者原有的体验、知识和价值体系发生链接,有意义的学习才能够发生。越是蕴含丰富的情境,越有可能给学习者带来认知的跃迁或价值的转型。[1]古人所云"读万卷书,行万里路",实则是倡导学习者跨越有限的信息和认知资源的界限,投身于更为广阔、多元的学习情境,以此实现认知的飞跃乃至人生境界的升华。

其次,情境对学习有深远的影响。其首要影响体现在学习需求与学习动机的塑造上。学习是学习者与情境间持续交互的产物,情境中蕴含的实践性、认知性和价值性因素,无形中引导并塑造了学习者的学习需求与表达偏好。此外,学习情境并非一成不变的,而是随着学习者与其之间互动的深化而不断演变,这一过程促进了学习者思维结构的内在发展,确保了学习的连续性与不断深化,为学习的持续进行提供了不竭动力。

3.语文课程中的情境分析

著名语文教育家李吉林的"情境教学法"所构建的儿童"情境学习"范式广为人知,"情境学习"强调智力启迪与情感熏陶双重维度并重,倡导在促进学生个体全面发展的进程中,不仅要聚焦于学生认知能力的提升,还需通过情感的细腻培育,来激活并挖掘学生潜藏于无意识心理层面的学习潜能。"情境学习"鼓励在一种思维高度聚焦而精神状态全然松弛的和谐氛围中,引导学生开展学习活动,从而实现更加全面而深刻的学习。课程改革不断推进"情境"在语文学科教学中的运用,也在不断挖掘其育人价值。在《义务教育语文课程标准(2022年版)》中有40多处有关情境的表述,包括学习情境、生活情境、语言运用情境、语言文字运用情境、交际情境、真实情境、真实生活情境、阅读情境、试题情境、命题情境、日常生活情境、文学体验情境、跨学科学习情境等。传达出核心素养

---

[1] 于泽元,那明明.情境化学习:内涵、价值及实施[J].华东师范大学学报(教育科学版),2023(1):90.

的培养离不开真实的语言运用情境的理念。小学语文课程涉及的"情境"大致可分为以下三类。

第一类,学习情境,包括阅读情境、文学体验情境、跨学科学习情境等。

第二类,学业评价情境,包括试题情境、命题情境等。

第三类,生活情境,包括交际情境、日常生活情境等。

这三类都属于语言文字运用情境,其中第一类和第二类属于创设的语言情境,第三类属于真实的生活情境。情境融通,目的是避免"去境脉化"的学习导致学生"惰性知识"的学习,促进其感性复活,提升其感受的细腻丰富性。

(二)"情境浸润"策略运用

在融通语文教学中,应当如何运用情境浸润策略?下面就以语文学习中最具代表性的古诗词情境为例,基于诗人王昌龄《诗格》中对"诗境"的解读,从物境、情境、意境三个方面进行概念阐释和价值分析,并从思想家伽达默尔解释学"视域融合"的解读观出发,进行守正辨析与教学实践思考。

唐代文人提出"境"这个概念,标志着"诗境"概念的真正诞生。本文所谈论的"诗境",基于我国最早全面论述诗的修辞的专著——唐朝诗人王昌龄的《诗格》一书中提出的"诗有三境:一曰物境,二曰情境,三曰意境"。

古诗词情境教学在实践中出现了一些典型问题,比如"诗境"概念混沌,"意象""意蕴"等术语不加区分地堆砌滥用,情境建构滥用媒体资源,情境活动设计肤浅、孤立,等等,导致诗境与学生心灵之间有"沟壑",古诗词特有的文化审美意蕴消弭和淡化。

如何让语文阅读教学实现情境意蕴的良好传达和濡染?伽达默尔解释学"视域融合"的解读观可给予我们一些启发:"视域"实质上包含"环境"语境,即解释者视域、文本视域和当下情境视域,阅读需要开启"读者—文本—作者"的多向交互,促发"视域融合"[1]。在语文教学中,唯有通过积极促进师生之间、学生与文本之间的"视域融合",即让学生将自身的生活经验、情感体验与文本所呈现的世界相交融,才能有效地构建出生动具体的情境,从而真正实现情境浸润。

---

[1] 李敏,张广君.融贯式文本解读:内涵、原则与方法[J].课程·教材·教法,2018(2):79.

1.情境浸润的价值校准

诗境传译,首先要做好概念理解,厘清内在逻辑,才能祛魅去蔽,更好地挖掘核心教学价值点。古诗词的物境、情境、意境,这三者的关系应当是循序渐进的,是从显性走向隐性,逐步升华的过程。

(1)物境:境的形象层,景与物可见。

王昌龄《诗格》中这样解读:"物境一。欲为山水诗,则张泉石云峰之境,极丽绝秀者……了然境象,故得形似。"①可见"物境"可以是古诗词中显性可见的形象统称。即使是短小精悍的律诗和绝句,其物境也往往包含丰富的形象;这类作品的外在表现虽然往往也是景物描写等,但与一般现代文的写景状物文章有别,呈现出古诗词特有的诗境美学:物境叠加、形象跳跃,且具有中国古典美学中特有的"散点透视"特征。所谓"散点透视",始于中国传统绘画的构图方法,比如《清明上河图》,其区别于"焦点透视"之处在于景物刻画不受固定时空视野限制,呈现自由大胆的移步换景、层出不穷的画面,描绘了郊外、汴河、街市等风土景物。而古诗词中的物境所呈现的"散点透视"特征,指的是诗词中景物所表现出的仰观俯视、远眺近察的回环往复的"流观"性审美呈现方式,这种审美创造方式使景物在立体时空中呈现自由铺展、尺幅千里的辽阔境界。从统编版小学语文教材一年级上册王维诗《画》"远看山有色,近听水无声。春去花还在,人来鸟不惊",就可一窥其远近错落的视角,时光流转的立体时空语境。

古诗词物境的这一独特审美特质,提醒教师在引导学生进行诗境感悟时,不仅要关注其表面形象的丰富性,还要留心其内在的联系,即:不是对所有的景物、事物、人物等量齐观、不分主次,而是强调在体会物境时需要有整体观,在丰富的物境中,既要择其关键,又要观照整体。

(2)情境:境的融合层,情与辞可感。

情境,最为语文教师所熟悉。从表达层面讲,它是情与景的融合,是文辞中可感的秘妙。情境在教学中的范畴一般包含"情境交融""借景抒情""融情于景"等。王昌龄在《诗格》中说:"情境二。娱乐愁怨,皆张于意而处于身,然后驰思,深得其情。"②这种物我不分、情景不离的表达特点,熔铸于中国古诗词的内核之中。所谓辞以情发,刘勰在《文心雕龙·物色》中说"随物以宛转""与心而徘

---

① 陈应行.吟窗杂录[M].王秀梅,整理.北京:中华书局,1997:206-207.
② 陈应行.吟窗杂录[M].王秀梅,整理.北京:中华书局,1997:207.

彻"。他把思想感情称为"源",而把语言媒介称为"波",得出"沿波讨源,虽幽必显"的结论,可见"文辞"在情境表达上的核心价值。

中小学教材所选古诗词,其情境看似通俗浅近,但因为文辞隽永,情感含蓄内隐,在教学中成了需要学生感悟理解的重点。一些教师粗暴地用"喜悦""愤怒"等情感词语对古诗词的情境进行盖棺定论,而忽视了"情思"怎样通过独特的"情境"落脚于独特的"文辞",在经纬交织中彼此协调、相互渗透转化的动态关系。这样进行教学情境设计,无疑是隔靴搔痒、缘木求鱼。

(3)意境:境的超越层,象与意可悟。

王国维在《人间词话》中指出:"有境界则自成高格。"①可见,"诗境"乃是人生之境、人格之境的投射。王昌龄在《诗格》中的表述是这样的:"意境三。亦张之于意而思之于心,则得其真矣。"②"意境"蕴含于"意象"之中,不可见,却可悟、可得。

谈及"意境",离不开"意象"一词。"意象"的"意",指的是意图、哲理、思想,是诗人心灵的象征与隐喻,生命意志的对象化;"意象"的"象",通常指借自然以寄托情思的物象。"意"是内在的、抽象的,"象"是外在的、具体的;"意"源于内心并借助于"象"来表达,"象"是"意"的寄托物。在虚实之间,"象"聚结、吸附着"意","意"笼罩、包裹、渗透着"象"。"意境",是中国古典美学的根基。

在古诗词教学课堂上,"意境""意象"等词语俯拾可得,但如果滥用,就会给学生造成认知混淆。如何深入浅出地让学生感悟意境背后的象征与隐喻,是古诗词教学的一个难点。

2."情境浸润"的策略与方法

在古诗词丰富多彩的表现方式中,物境、情境、意境以气脉通畅的形式,彰显出古诗词内在构成要素的和谐完整。要促进学生达到"读者—文本—作者"三方的"视域融合",就不能使其仅匍匐于文字表面,而要引导其深入诗境中,找到一个牵一发而动全身的点,串起一条情境主线,进而设计出融阅读、思考、发现、表达、建构等于一体的系列学习情境。③

---

① 王国维.校注人间词话[M].徐调孚,校注.北京:中华书局,2003:1.
② 陈应行.吟窗杂录[M].王秀梅,整理.北京:中华书局,1997:207.
③ 李勤.语文课堂:呼唤真实情境下的深度学习[J].语文教学通讯,2020(3):20.

(1)画像还原法:物境,阐释"点"与"面"关系,促入境。

进入诗境的第一步在于"打通还原",即实现"读者"对"文本"的进入。将诗句所呈现的景、物、人、事清晰化,在此基础上,学生才能进入古诗的时空场景,设身处地深入体验。

第一,进入:雏形初现,勾勒"不枝不蔓"。

初读古诗词,须在理解层面进行把握,使学生进入诗境的二维空间,实现影像生成。教师可以让学生圈画诗句描写了哪些景物,并理解诗句的大致意思,扫清理解障碍。抓住景物与关键事件,看似是点状的认知,其实是勾勒诗境的雏形,因为景、物、人、事构成了古诗词的主体,把握了这个主体,就进入了诗境的大门。

第二,联觉:感官调动,刻画"不黏不脱"。

诗词审美素有"折花嗅春"的说法,我们可以理解为,感知物境绝非景物的简单串联,而应当借助通感,深化理解。通感,又称"联觉",它可以推动欣赏者进行审美再创造,即充分调动视觉、听觉、味觉、嗅觉、触觉的身心体验,化静为动,建立起对物境的立体感知,让物境形神兼备。

以统编版小学语文教材五年级上册《山居秋暝》一诗为例,此诗是王维山水田园诗的著名代表作。圈画景物后,紧扣"居"这个诗眼,可以引导学生闭上眼睛,听老师读诗句,打通五感,去想象"空山新雨后,天气晚来秋"带给身心的感受,"明月松间照,清泉石上流"的光影声响,"竹喧归浣女,莲动下渔舟"的动态镜头。这种情境的体验,比单纯观看山林晚景视频更能促进学生的身心融合,产生如见其色,如闻其香,如聆其声,冷暖共通的真实感。王士祯所说"咏物之作,须如禅家所谓不黏不脱,不即不离,乃为上乘",这里的"不黏不脱"启示我们,学生在体验诗境时要紧扣核心画面,比如"红杏枝头春意闹"的"闹"字、"春风又绿江南岸"的"绿"字等展开情境想象。基于写实,又基于动态展开想象,否则物境感受一旦僵化,诗词的美就被褫夺了。

第三,联动:整体视角,描摹"不即不离"。

前文提到,古诗词的物境具有物象叠加的"散点透视"特征,物境融入如果仅停留在碎片化景物上,容易陷入"只见树木,不见森林"的处境,因此,学生还需要把握"点"与"面"的联系,才能形成对物境整体的感知性认识,即建立物境"整体观"。

学习《山居秋暝》一诗时,在调动联觉感知后,学生梳理出三个画面:"山林雨后图""月照水流图""傍晚归家图"。教师引导学生再次思考:"王维向我们描绘了一幅怎样的山林秋色图?"让学生对零散的景物进行整体性建构,并再次诵读,从中形成与诗境整体统一的感受:幽静空明。这种"不即不离"的整体观,还体现在回归物境后的诵读中,并关注有联动的呼应感。师生在"明月"与"清泉","松间"与"石上","竹喧"与"莲动"的呼应中,体会诗句的对仗和谐之美,山林图景的"物和"境界。

(2)言语钩沉法:情境,演绎"情"与"辞"的关系,促融境。

我们常说"情以物迁,辞以情发",除了走进诗词所描摹的客观场景,更要紧紧把握住"言语"情思,依托言语的实践演绎,进行角色代入,实现"读者—诗人"二者心境的融合。

第一,共情:以"陶钧"体察文本。

刘勰说"陶钧文思,贵在虚静",强调的就是诗词创作审美体验,需要戒除表面浮躁热闹的课堂气氛,进入沉寂宁静,专一无杂念的精神状态。诗词的学习当以"我即诗人,诗人即我"的心理状态,"进入"文字,"浸入"诗境,与作者共情。在这一过程中,情思不是在概念性的词语上浅尝辄止,而是要扣住诗眼,即抓住蕴含着诗人情感的文字,在锤炼语言中展开沉浸式感受。

统编版小学语文教材中多篇叙事抒情诗词都能以此方式展开情境学习,例如:学习五年级上册纳兰性德之词《长相思》,教师可先引导学生思考"哪个词勾住了你的情思?"再扣住"聒碎乡心"这一词(诗)眼,让学生展开对比式情境感悟,引发其对作者"身"在哪里、"心"在何处的叩问。首先,学生静听风雪肆虐的声效,感受"诗人啊,此时你身处何处?军帐外是怎样的画面和情景?"其次,在春日百鸟鸣啭的音效中,说说"乡心"的画面:"诗人啊,此时你脑海中又有怎样的画面与情境?"在巧妙对比中,学生以言语构建了"身在征途,心系故园"两组具有矛盾冲突的画面。征途的艰辛、对故园的思念,不仅在作者心中,也在学生心中汹涌激荡。此时,教师应让学生紧扣能充分体现诗人情感的字词,在诗人的情感涌动处、沉醉处、撕裂处,还原诗人的情境感受,陶钧文思,进行沉浸式感受。

第二,共振:以"对话"虚实驰思。

共情,让读者与诗人之间气息相闻、心意相通,而这种还原不是终点,因为止步于人刻意而为的情境造成的"花盆效应"(即生态学中的局部生境效应)[1],属于非典型、非正常的环境。因此,必须推动学生情思的活化,借助虚实相生的情境构筑,帮助学生驰思遐想,以多重角色、多维角度,进行更为洒脱爽逸、自由灵动的深度对话。

首先,可以在了解诗词背景之后,拓宽场景,进行多角色体验对话。比如《九月九日忆山东兄弟》等思乡诗、《黄鹤楼送孟浩然之广陵》等送别诗中,友人之间的跨时空对话。

其次,可以让学生回归"真我",展开穿越千年的与诗人或诗中人物的对话。《山居秋暝》一诗,学生可质疑追问:"王维,山中此等美景,何以称空山?"思考"空山"中的宁静心境,感悟"空山不空"的丰富语言境界。在学习统编版小学语文教材五年级上册爱国诗《题临安邸》时,可让学生模拟情境:"如果你当时在现场,你会对歌舞升平、醉生梦死的达官贵人们说些什么?"激发其满腔激愤与诘责控诉。

再次,所谓至情生巧思,共情可以激发学生对诗句表达的再创造。例如,学习统编版小学语文教材二年级下册高鼎的《村居》,可以小组合作,联系日常生活,拓展情境"这么美的二月天,还有什么景物?"从而促发学生创编新《村居》:"(　　)二月天,(　　)醉春烟。儿童散学归来早,忙趁东风(　　)。"

在此情境中,学生仿佛穿越到古代,或与诗人揖坐畅谈、推敲苦吟,或在场景中直面人物、诘问反思。这种同频共振,可实现共通性情感体验、审美经验共鸣。

第三,共鸣:以"气韵"吟诵涵泳。

诗歌是声音的艺术,古诗声律合辙押韵、朗朗上口,极具音韵感。因此吟咏诵读是情境濡染、情感内化的基石与桥梁,须贯穿始终。学生在诗韵濡染下,感受或急促、或停顿、或绵长、或平或仄的声调变化,在含英咀华中感受到涵泳不尽的情味,真正实现"读者—文本—作者"的身心融合。

古诗中,许多对偶或对仗的诗句气脉通畅,可达成内节奏与外节奏的和谐共生。根据高鼎《村居》一诗最后两句"儿童散学归来早,忙趁东风放纸鸢",教师可以组织学生营造"放风筝比赛"的场景,或以小组赛读、复沓竞读的方式,渲

---

[1] 孔凡成.从情境到语境——语文情境教学理论与实践的思考[J].伊犁教育学院学报,2003(6):73.

染有趣、紧张、喜悦的心情。统编版小学语文教材五年级下册《闻官军收河南河北》一诗,韵脚都落在"喜欲狂"的 ang(狂)上,学生可以通过咀嚼吟诵进行推敲:如果韵脚落在 i(喜)上,和 ang 比起来,有什么不同?很显然,ang 这一开口韵读来更加通畅,更能够表现诗人杜甫欣喜若狂的心情,传达"生平第一快诗"的畅快淋漓。

(3)情志烛照法:意境,折射"言"与"象"的关系,促化境。

借景抒情、移情入境,其实未触及中国诗歌的本质特征。潜藏在古诗物境、情境中,其意蕴超验层蕴含着的文化精髓,需要被激活与唤醒。意与境融,思与境谐,在意境体悟层面,需要学生的思维从时空语境走向更为广阔的文化语境,实现"读者—文本—作者"三方的深层视域融合。

第一,疏通:通史知人,明情志。

贯通诗境,需要穿透"象"的语言表层,向外适切溯源,至其泛文本系统(作者人生经历、写作背景等)和母文本系统(所在文集)等,真正走进创作背景下诗人的心灵,在此基础上把握诗境的审美及情志内核,加以推敲感悟,才能够更深入地得其境,悟其心,明其志。

仍以王维的《山居秋暝》为例,当我们深入诗人所处的那片山林月夜,不禁要问:"现实的雨后山林,景致应当是美不胜收,为什么诗人笔下选择的是松林、清泉、幽竹、莲等景物?这些景物背后潜藏着诗人怎样的心意?"这一追问引发的关注是:物境与心境有着怎样的内在深层关系?在诗人笔下,心境寄托的物境一定不是随性的,它是主观情意与客观物象相互融合的有机统一体,即物、情、意之间有关键契合点:松、林、竹、泉等景物被诗人赋予全新的情志内涵,化为"意象"。明白了这些,学生再联系《山居秋暝》的创作背景,就会有所悟。诗人王维在经历进京当官、离京辞官、丧妻之痛、恩师遭贬、好友离世等风风雨雨之后,在辋川过着半官半隐的生活。他在这一阶段创作的《山居秋暝》,没有写"稻花香里说丰年"的欢愉欣悦,而是写薄暮中山林初霁的清新淡远、从容空明之境,印证的是诗人的潜意识心理与情志:"物和"显示其高洁情怀,"人和"暗示其理想境界。

第二,贯通:互文对照,品意象。

至此,我们发现:诗境不能窄化为一个具体场景,它还包含着更深广的情志境界。在诗词的意境层面,诗人寄情山水,抒发情思,自然万物也向诗人敞开怀抱,审美与自然一致,又与理想一致。比如,中国古典诗词中常用的"梅兰竹菊"

"日月山川"等意象，都体现出儒家"文以载道"的诗学气质，因此，若囿于一首诗来体会诗境，未免狭隘，充分运用组诗、互文的关联比照、连缀组合等，可以发现诗境共通的言语密码、意象内涵，可以感知意境形成的脉络贯通的浑然整体。

比如在统编版小学语文教材所收的古诗中，有关"冰雪"这一意象的诗词就有近十首，通过关联可以发现，"冰雪"在不同诗境中有不同的含义，而这一意象的独特性却往往被教师所忽视。纳兰性德的《长相思》中，"风一更，雪一更，聒碎乡心梦不成"的"冰雪"意象，是苍茫孤冷、征途艰险的恶劣环境，此类的古诗词还有许多，此不赘述。但"冰雪"意象仅指"恶劣环境"或"艰难险阻"吗？在后续的教学中，教师可以带领学生回顾学过的相关诗词课文，学生会发现"冰雪"意象的丰富多样。

一是晶莹剔透、高洁美好的品格。如二年级上册中柳宗元《江雪》的"独钓寒江雪"，表面描写的是幽僻凄寂的江天雪景图，实际暗藏诗人宠辱不惊、淡泊宁静的心境。四年级下册王昌龄《芙蓉楼送辛渐》的"一片冰心在玉壶"，诗人以"冰心"象征自己冰清玉洁的情操。

二是坚定顽强、静穆坦荡的精神。如四年级下册毛泽东《卜算子·咏梅》、六年级上册毛泽东《七律·长征》中，"冰雪"是面对困难境遇时的勇敢搏击。

三是情理兼得的哲思。如二年级上册王安石《梅花》的"冰雪"，让雪花与梅花成为交相辉映的冰雪搭档。四年级上册卢钺《雪梅》的"梅须逊雪三分白，雪却输梅一段香"也有异曲同工之妙，阐释的是情趣、理趣的辩证思考。在诗人心中，雪与梅与其说是相争，不如说是相互映衬，意趣相通。在进行系列诗句的回顾中，学生能够发现在古诗情境中重要的意象"冰雪"的价值：寄托情思，抒怀言志。在玩味诗句的过程中，学生可发现诗境中的意象往往暗示着诗人的情感、心境等，并具有一定内在规约性，不可滥用，否则将导致画虎类犬。

第三，融通：时空语境，润文化。

一部分诗境独特的精神意蕴，在千年的披沙沥金中，最终沉淀为中华民族的审美观及品格，化作中国人的集体意识，融入民族血脉。这一类古诗的意象是高度抽象化的，即诗境呈现出以精神寄托为核心的境界。有人质疑在小学语文课堂中提到古诗文化，是否有急功近利、拔苗助长的问题，但其实只要读中国诗词，就无法摆脱诗境的文化土壤，就割舍不掉中华民族情志的独特言说范式。小学语文教学不能仅仅把古诗当成怡情小调，而应当好好珍惜这份土壤的给养，培育少年儿童的民族诗心，使其成为有担当、有澄澈眼眸的实践者。

如:学习统编版小学语文教材五年级下册《梅花魂》一文时,对文中"一个中国人……总要有梅花的秉性才好!"这一中心句的理解,可以让学生结合四年级下册王冕《墨梅》"不要人夸好颜色,只留清气满乾坤"诗句,古今贯通,涵育其家国情怀。类似的还有《石灰吟》之"千锤万凿出深山,烈火焚烧若等闲",《竹石》的"千磨万击还坚劲,任尔东西南北风"等托物言志的诗歌,对这些诗的诗境的感悟,例如《竹石》,既须描摹狂风呼啸中竹子坚韧不拔生长的情境,也要联系诗人郑燮的勤政廉洁、吏治清明的生平经历,还可以拓展千百年来中国文学作品中对"竹"的形象刻画,让学生思考"今天我们在何种情境下使用这些诗句",使其对"竹"在中华文化中高洁刚直的君子象征有更深刻的理解。

综上,"画像还原""言语钩沉""情志烛照"三方法,是融通语文"情境浸润"策略的核心方法。其关注"学生—诗词—作者"三者的时空融合,从"语境"融通"情境",以幽微见证广大,使诗境折射出中国文化品格的全景图像。

(三)映照——"互文启鉴"策略

"融"的关键内涵是"多域联通",主要体现为两个策略:一是情境浸润,二是互文启鉴。"情境浸润"突出了内部的情感相融,"互文启鉴"则关注学习外部的内容组织相融性。"映照"一词形象地彰显了互文之间相互比照、彼此启发的奇妙关系,使阅读别有一番趣味。

1."互文"的融通理念解读

互文,也叫互辞,是古诗文中常采用的一种修辞方法。古人对它的解释是:"参互成文,合而见义。"[1]具体地说,它是这样一种互辞形式:上下两句或一句话中的两个部分,看似各说两件事,实则是互相呼应,互相阐发,互相补充。互文性阅读,是指在语文阅读教学中,教师有目的地将众多与某一课文相关的文本置于课堂之中,挖掘文本之间存在的相互关系,引导学生通过互文文本解读主文本。姚姝兰等认为,"互文性"是指文本的意义都是在与其他文本的交互参照和指涉的过程中产生的,读者可以通过众多文本来解释一个文本。文本的互文空间犹如植物根茎一般纵横交错,有无限延展之势。[2]

---

[1] 刘斐."参互见义"考[J].语言研究集刊,2013(2):247.
[2] 姚姝兰,叶黎明.群文阅读:在互文空间中建构文本意义[J].语文学习,2019(9):38.

互文理念的核心在于打破单一文本的界限,实现从封闭向开放的跨越,引领学生步入一个广阔的互文世界,从而获得文本解读的多元视角。需要注意的是,互文阅读不仅包括书面语言,还广泛涵盖非语言形式的文本,如实物、音频、视频、图像、图表、书法绘画作品、博物馆藏品乃至田野考察等非文本资料。这些非文本资料同样承载着丰富的信息与意义。因此,互文阅读本质上是一种跨越媒介与文本形式的对话,彰显了课程整合的深刻内涵,有助于促进学生综合素养的全面提升。互文的理论与融通语文教学主张的理念是一脉相通的,互文阅读教学也成为融通语文教学主张的重要策略。

2."互文阅读"的价值内涵

互文阅读是语文课内外阅读极为重要的方式,指教师在组织学生阅读时,根据文章中心思想、表达方式和内容等要素,选择与教学内容存在内在关联的多篇文章让学生进行阅读,实现"双促"目标。[1]在探讨语文领域内互文性阅读教学的认知深度时,众多学者普遍认同其几大鲜明特征:首先,它注重互文文本的整合性阅读策略;其次,它高度聚焦于对不同文本之间深层内在联系的揭示与探讨;再次,它看重互文文本间蕴含的相互启发、学习、借鉴乃至模仿的潜在价值;最后,值得注意的是,尽管互文性阅读教学展现出诸多优势,但当前仍存在不容忽视的局限性,预示着其广阔的探索空间有待进一步挖掘与拓展。

(1)互文阅读的独特价值。

首先,体现课程标准理念。互文阅读的多文本阅读模式,不仅能有效达成课程标准对于学生阅读量的要求,还能促进学生略读与泛读技能的提高。在互文阅读的过程中,多文本语境的交织构建,能使学生的阅读视野得以拓宽,阅读策略与方法得以丰富,思维路径更加多样,同时,体验层次也能实现质的飞跃。尤为重要的是,它能引领学生在语文学习上步入深度对话的殿堂。通过层层递进的交流探讨,互文间的深层联系逐渐显现,潜藏的互文性特质浮出水面,使学生在语言表达的精准性与思想深度的挖掘上经历挑战,进而发现并克服个人言语表达的局限。

其次,资源开发有了导向和聚焦点。互文阅读的精髓,就是对多文本的信

---

[1] 麻平平.互文阅读课内外阅读应用探析——以《青山处处埋忠骨》教学为例[J].小学语文教学,2024(14):40.

息进行整合,形成一个清晰的理解结构,在这个意义上,互文阅读是一种结构化的阅读。尽管多文本阅读实践早已有之,但以往的多文本阅读往往受限于教材框架或教师个人阅读经验的束缚,难以全面展现文本的多元价值与丰富类型。互文理论则为文本组合提供了更为广阔的视野与专业的支撑框架,助力教师突破束缚,创新组文思路。此外,互文阅读理论还强调读者在文本意义构建中的核心地位,指出文本意义的生成是一个动态过程。孤立的文本是一个"召唤结构","召唤"读者为这个"不自足"的文本寻找相关互文去"完成"它,这强调了读者在文本意义建构中的主动性和主体性,也强调了联结、整合、探究在阅读中的重要作用。[1]

(2)互文阅读教学存在的问题。

首先,海量文本资源导致文本选择困难。面对浩如烟海的文本资源,一线老师在选择互文本时往往感到无所适从,如何精准匹配学生学情,构建最优文本组合,成为其亟待解决的问题。这实际上是对教师专业素养与判断力的考验。

其次,文本开发的深度与广度不平衡。在互文性阅读教学中,过于追求文本内容的深度,往往会导致教学内容狭窄、教学时间被过度占用的问题,从而牺牲阅读的广泛性、丰富性。如何在保持深度探究的同时,兼顾阅读的广泛性与丰富性,成为教学实践中需要仔细权衡的难题。

3.互文阅读教学的建构逻辑

(1)以"结构化"为视角。

从融通语文教学主张的"结构化视角"切入互文阅读的意义生成,旨在促进学生在头脑中构建起明晰且连贯的意义体系。这一过程不仅有助于学生形成稳固且可迁移的文本解读与思维模式,还能引领他们踏上高效文本探索与生命意义深度建构的征途。基于此,深入探究结构化意义建构的理解本质,才能够更好地推动群文阅读教学的有效展开,实现"从课文中提取意义"向"在语言中建构意义"的根本转变。[2]

---

[1] 姚姝兰,叶黎明.群文阅读:在互文空间中建构文本意义[J].语文学习,2019(9):41.
[2] 于泽元,边伟,黄利梅.指向深度学习的群文阅读:生成逻辑与实践路径[J].课程·教材·教法,2022(10):132.

(2)以"深度学习"为生成逻辑。

区别于传统阅读教学模式中的碎片化与解析式倾向,互文阅读引领学生跨越至系统化意义构建的新高度。通过构建互文的结构化意义网络,学生得以摆脱零散信息的局限,迅速触及文本理解的核心。在教学过程中,多层次、多维度的对话交织成一张开放的"理解之网",为互文阅读教学赋予跨文本、跨时空、自组织的独特视野,极大地拓宽并深化学生的思想。

(3)以"自主探究"为学习方式。

在深度学习语境下,自主探究不仅是学生面对问题、解决问题的过程,更是其在结构化的问题情境下的有序探索。以议题为核心构建的结构化互文,为学生的自主探究提供了明确的方向与路径,促使他们从被动接受外部知识的角色转变为知识的主动探索者与问题的解决者。通过挖掘互文内在结构与生命意义的深层联系,学生在与文本内容的情感共鸣和思想契合中自主生成意义,实现知识与心灵的双重成长。

4."互文启鉴"策略的运用

互文阅读体现的是课程统整的理念,强调跨文本、跨语境甚至是跨学科的综合性学习。其教学过程是师生围绕议题进行集体建构的过程,这与单篇课文以听、说、读、写、思等语文活动为主要教学内容有所不同。

(1)同质互释。

同质互释,即通过系统性、集约化、联动性思维,进行互文组元。有教育研究者形象地将其比喻为"合璧阅读"[1]。同质互释的方式能让学生跨越文本的语言形式、结构章法、思想内容等众多"壁垒",找到文本的共通点,达到更高层级的阅读效果。

互文阅读教学的思路可以从横向与纵向两个维度建构。

横向维度,强调不同文本间的相互阐释、补充与强化作用。全国小学语文名师赵志祥的享有盛誉的"狐假虎威"阅读课教学便是互文阅读教学的典范。该课程以狐狸形象在文学中的双面性为核心链接点,汇集了《狐假虎威》《狐狸分奶酪》《我喜欢你,狐狸》《狐狸的故事》等多篇作品,并进一步引入《列那狐传奇》、《山海经》及《封神演义》中的相关片段,构建了一个立体交错的互文网络。

---

[1] 雷明贵.互文理论启发下的群文阅读策略[J].语文建设,2021(1):72.

这种丛聚式的文本组织方式,使学生对狐狸这一形象形成更为丰富、多维的认知框架。

纵向维度,聚焦于文本间的历史传承与演进关系,以蒋军晶老师的"送别"互文阅读课为例,他以"柳"这一古典意象作为联结点,精心选取了跨越先秦、隋、唐三个时期的《采薇》、《送别》及《送元二使安西》等诗作,引领学生穿梭于文学的长河,深刻体会文化意象如何在历史进程中得以承续与演进。通过上述逐层递进的求同整合策略,学生不仅能够精准把握课堂与文本之间的最佳融合点,还能窥见作品的深层意蕴与作者内心世界的关键入口,进而逐步构建起与作者情感共鸣的桥梁。在这一过程中,学生的审美鉴赏能力自然而然地得到提高,实现知识与情感的双重升华。

单元语文要素往往是互文阅读教学首先考虑的因素。以统编版小学语文教材四年级下册第四单元为例,该单元围绕"领悟作家如何抒发对动物的情感"这一核心要素,精心编排了《猫》《母鸡》《白鹅》三篇课文。其中,《猫》一文后附阅读链接,引入了夏丏尊与周而复笔下关于猫的片段,鼓励学生体会不同作家对猫的共同喜爱及表达方式的差异。对于《母鸡》,则通过对比老舍先生的两篇作品,引导学生探讨表达上的异同。而《白鹅》一文后的"阅读链接"则是俄国作家叶·诺索夫的《白公鹅》,要求学生比较两者在描绘鹅的共性及表达手法上的相似之处。编者的设计意图清晰,即将本单元阅读教学划分为三组互文对比活动:一是《猫》与不同作家笔下"猫"的片段对比,揭示喜爱之情的普遍性与表达手法的多样性;二是《猫》与《母鸡》的对比,深入剖析同一作者在不同作品中表达的异同;三是《白鹅》与《白公鹅》的跨国界对比,既探索鹅的形象共性,又领略跨文化表达的微妙相似。

构建优质的互文阅读教学设计,对语文教师提出了深化阅读融合能力的挑战。语文教师的首要任务是广泛涉猎并精研教材所涉文人的生平传记及学界对其的研究成果。首先,各类文人传记作品均应成为教师的常备读物,这样才能奠定扎实的阅读基底,为针对同质文人群体作品的解读奠定广博的知识基础。其次,在广泛阅读的基础上,教师应秉持真诚之心,深入文人的历史生活场景,通过细致还原与情感共鸣,跨越时空界限,以文本为桥梁,与文人进行心灵的对话与交流。这一过程中,不仅要全面把握文人的生平轨迹与思想脉络,还需具备敏锐的洞察力,捕捉其文学创作中独一无二的艺术特色,如李白诗中那超凡脱俗的夸张手法,王维"诗画交融"的独特意境,以及杜甫诗作中对现实生活的深刻刻画等,并将这些特色与语言运用、写作技巧相结合,搭建起学生与文人之间理解与共鸣的桥梁。最后,通过深入挖掘文本,教师应提炼出互文间共有的精神气质与核心情感思想,它们往往是触动人心、支撑文人一生的关键所在。理想状态下,教师应力求将语言技能的训练与人文精神的熏陶完美融合,使语文课堂既具备工具性的实用性,又不失人文性的温度与深度,从而实现两者之间的无缝对接与相互促进。

(2)异质凸显。

异质凸显,即通过比较、诠释、引申、转换的思路,进行互文建构。"镜照阅读"[1]是在文本"互文性"的基础上,以"镜照理论"为依据,在极具相似性的文本的基础上,以敏锐的感悟力发掘文本内部细微的不同点,由此培养学生明察秋毫的阅读能力,带领学生领略其中的奥秘。第一种比较常用的方法是"比较",其核心在于针对特定现象、议题、疑问、观念、知识体系、技能、策略或主题等,进行横向的对照、区分、剖析及综合归纳。此方法构成了互文阅读教学的本质特征、主导策略及基础框架。第二种方法是"引申",旨在拓宽学生思维边界,通过构建文本间的超链接,促使学生在思维的碰撞与交融中,生发强烈的求知欲与探索意愿,"引申"是推动互文阅读向深度学习迈进的关键途径。第三种方法是"转换",它强调的是通过巧妙编排文本序列,灵活调整交流与探究的语境,诱导学生产生积极的学习感受,充分利用互文组合的自由度与灵活性,促进学习体验的深度与广度。这些学习方法的综合应用,能够全面揭示群文间错综复杂的互文关系,进而实现文本教学价值的最大化与最优化,为学生的综合素养提升奠定坚实基础。

在探讨议题组元的多元化策略时,可采取多样化的文本编排手法:既可以核心文本为引领,辅以相关文本支撑;亦能从单一文本延伸,引出系列关联篇章;或是将多个文本并置,构建平行比较的框架;更可巧妙串联文本,形成环环相扣的逻辑链条。关键在于,根据具体议题与文本特性,灵活采用创新性的组元模式,不拘一格。深化互文阅读教学的核心路径大致如下:其一,识别并聚焦学生认知的困惑点作为教学核心;其二,构建文本间的多维、递进网络体系,以促进学生深度理解;其三,确保议题具备足够的探索深度与广度。全国语文教育名师蒋军晶提出了组文的三个要求:形成强大的矛盾张力,有明显的整合效

---

[1] 雷明贵.互文理论启发下的群文阅读策略[J].语文建设,2021(1):73.

果,便于发现规律。这三个要求在文本中的具体关系为:互斥、互补、交叉。①如:可以通过《纸质书籍的未来命运》与《纸质书永恒的价值》两篇立场对立的文章,激发学生的辩论与思考;选取《时间的印记:去年的树》《庆生的奇遇:大鹅过生日》及《风格的碰撞:猴子与武士》等风格各异的文本,探讨作家创作风格的多样性与成因;在学习《创世之谜》的课程中,则汇聚多民族文化中的创世神话,引导学生比较异同,探索跨地域、跨文化神话创作的共同规律与独特魅力。

以古诗词教学为例,采用"比较"的思维方式,能够精细剖析不同诗句所承载的信息,从而深化学生对诗人不同情感内蕴的理解,同时也能使其感受到古诗的特定表达:表面上的逻辑悖论或超现实描绘,往往隐喻深层的情感世界,这些看似矛盾之处往往成为解读的关键线索。以李白《黄鹤楼送孟浩然之广陵》中的"孤帆远影碧空尽,唯见长江天际流"为例,其"孤帆"意象与崔季卿《晴江秋望》中"八月长江万里晴,千帆一道带风轻"所展现的壮阔船队形成鲜明对比。"千帆"揭示了长江航运的繁忙景象。此矛盾点,正是教育者可巧妙利用的切入点。教师可以此引导学生深入探讨:为何同一时代不同诗人笔下的长江景象迥异?是否蕴含了特定的情感寄托?教师适时引导,激发学生的想象力与批判性思维。通过设问:"立于岸畔的李白,其目之所及、心之所感究竟为何?"鼓励学生重返诗句,结合生活体验与诗歌主旨,细品文字间的情感流动。最终,学生或许能领悟到,即便长江之上"千帆过尽",于李白而言,唯有那一艘载着挚友远去的孤帆,才是他情感的唯一聚焦,展现了诗人深厚的离愁别绪与深情厚谊。"如此,学生经历了'聚焦冲突→深层追问'的思维过程,充分理解在情感熏染之下所见、所感的诗意"②。

(3)跨界整合。

跨界整合,是基于开放性视野和发散性思维,从更多视角和维度对文本进行分析与解读,是从信息原点进行多向度联想和延展的能力。进行跨界整合,个体的思维能沿着不同的方向扩展,在多元信息的融合碰撞中产生新颖的观念。互文阅读的方式是灵活的,教师应通过相对全面、客观的整合联结,引导学生从多文本中学习多角度思辨,从而汲取对自己成长有益的养料。

---

① 蒋军晶.让学生学会阅读:群文阅读这样做[M].北京:中国人民大学出版社,2016:26.
② 黄靓芳.在比较中促进古诗词的有效教学[J].福建教育,2019(35):49.

跨界的文本组元整合模式深刻揭示了互文间的关联,即一种兼具开放性、潜隐性和建构性的相互阐释结构。在教学实践中,可以主线明确地运用聚合思维,辅以发散思维的灵活拓展,将焦点对准某一特定的知识领域、技能习得、方法探讨或主题探讨,此时,文本作为教学工具,发挥着示例或样本的作用。反之,亦可将发散思维设为教学的主导策略,辅以聚合思维,对文本进行归纳与精炼,将教学重心转移至挖掘文本间的微妙关联、双向解读的深度以及内涵的相互映照,此时,文本既体现了其作为独立个体的本体性价值,又通过反向逻辑强化了其作为教学媒介的工具性特征。换句话说,注重思维发散、聚焦深度体验、挑战思维极限,这些跨界组元的优势在丰富的文本关联中得以充分体现。

全国教学名师张祖庆长期致力于电影与儿童创意写作的融合。在张祖庆的教学中,电影不是简单的故事推进,而是具有独立探究思考价值的阅读素材。在教学统编版小学语文教材五年级上册《父爱之舟》一文时,他创造性地设计了创意表达课"光影中的'父爱之舟'"。张祖庆老师精选了跨媒介的微电影、绘本《父亲与女儿》,这两种资源与教材文本相呼应,他让学生"读"电影的感人细节,对比三个不同版本的改编绘本,感受文学之美,勇于表达自己的独特感受。他以猜想、求证、探究、创新等互文方式,挑战学生的思维极限,激发他们的高峰体验,使其沉浸于深度学习之中。电影中的远镜头,相当于文学作品的群像描写;电影中的中镜头,相当于写作中的个体描写;电影中的特写镜头,相当于人物局部描写;电影中插入回忆、倒叙,对应写作中的插叙、倒叙;电影镜头淡出或淡入,对应写作中的承上启下;电影中铺陈景色来渲染人的内心世界,对应写作的借景抒情……毫不夸张地说,电影就是有声有色的"范文",更直观、鲜活地诠释了写作的谋篇布局和手法。将写作与电影相结合,不仅契合了孩子的内在成长规律,紧扣孩子的专注力,而且更直观地诠释了"范文"的谋篇布局和写作手法。跨界的互文阅读蕴含无穷的创造潜能,利用互文关联营构高认知语境,可以设计出创新度高、综合性强、新颖性突出的探究任务。

5."互文启鉴"的选文把握

(1)抓住组元的"议题点"。

选文要服务于议题,议题是师生进行知识构建的圆心。"议题点",也可以称为"关注点",其范畴广泛,涵盖特定议题、主题或讨论的核心,既可以是某一社会现象、抽象概念、个人见解的集中体现,也能指向具体的语文知识技能、思维方法、文化观念等。这一术语旨在捕捉并强调在学术探讨、教育实践或思维活动中所围绕的中心与要点。缺乏"议题点"的锚定，教师容易陷入随意性偏差，容易被形式化、夺人眼球的热点内容所吸引，导致文本泛滥、无法聚焦、低效耗时等问题。

"议题点"可以从语文知识、读写技能、思维方式、读写策略、人文专题等维度来进行选择。① 比如，学习统编版小学语文教材五年级上册的课文《"精彩极了"和"糟糕透了"》，围绕"父母之爱藏在细微处"这个议题，教师选择了《温暖我一生的冰灯》《分一些蚊子进来》《拐弯处的回头》《一碗馄饨》几篇文章加以拓展，以引导学生抓住人物的外貌、语言、动作和心理描写，体会生活中随处可见，而学生却往往忽略的小故事，从而催化其对主题"父母之爱藏在细微处"的感受。这就是从人文主题这个维度展开"议题点"，去找到可挖掘开发的立意，从而为互文阅读锚定核心。当下常见的"1+X"的群文阅读，也凸显了这一特征："1"即为核心文本，通常选取教材体系中的经典精读篇章，作为教学主轴；"X"则指的是围绕该核心文本展开的多个互文本资源。这些互文本与核心文本之间的"关联点"，即联结要素，成了群文阅读活动中串联与组织文本的关键桥梁与导向线索。该联结要素由语言艺术、篇章结构、文学素养等多维度知识构成，并具体化为知识要点、讨论话题、核心主题或深入议题等多种形式，旨在促进文本间的深度对话与意义构建。

（2）重视选文的"典型性"。

"典型性"强调的是教师在为互文阅读教学选择文本时，要关注文本的代表性。典型文本的选择基于教师对学习目标点的准确把握，需要综合考量素养整体目标、生情学情、学段课程要求、单元语文要素内容、重难点分析等因素，在此基础上，还要系统考虑选文的课程育人价值，进行审慎选择。"以议题来组元的群文中的文本，一般而言，具有例证性、多样性和实用性。所谓例证性，即所选文本具有体现某种知识、技能或主题的功能，是一个典型的例证性（或反例性）文本。多样性是指，群文中的每一个文本都代表着不同的角度、侧面和层次，与其他文本形成差别化的互文关系。实用性是指，按照议题的要求选择文本，与单篇课文的标准不同，主要考虑的不是它作为一个单篇课文的教学价值，而是

---

① 潘庆玉.群文阅读由链接而群聚，因秘响而旁通[J].语文建设，2018（1）:30.

在群文架构中、在互文性的比较中它所具有的相对的教学价值"[1]。

(3)突出组元的"序列化"。

进行互文阅读教学,课堂容量明显增大,需要精心预设并处理好文本的取舍、整合与删改。首先,要保证选择的文本在内容质量上与教材相契合,至少应当满足教材选文的标准,即具有经典性、时代性,文质兼美,适宜教学。其次,文本要与课文有内在或外在的联系,要能体现相关的主题。最后,要考虑"语文素养"的各种核心要素,依据单元导语明确课文主要的学习要点,如需要学习的知识与训练的能力等。文本的整合与删改应当立足于教学目标,目的在于更有效地突破教学重难点、提高学生的语文核心素养。因此,多文本之间应当围绕教学目标进行有目的性的、有逻辑性的整合,否则只能是多个单篇的简单排列,学生的阅读效果不会有所提高。

同质互释、异质凸显、跨界整合,为融通语文教学主张的"互文启鉴"策略提供了建构思路和方法,激发学生在更为开放的视域中,尽可能地发挥思维动能和潜力,调动他们所有的生命经验和生活阅历,促进融通阅读力和理解力的跳跃式发展。

---

[1] 潘庆玉.群文阅读由链接而群聚,因秘响而旁通[J].语文建设,2018(1):30.

第三节 和:"整体统摄"策略

"和",为融通语文教学主张第二层境,也是融通教学的关键环节。

《说文解字》对"和"给的解释是"和,相应也。从口,禾声。"本义是声音相应。《广韵》:"和,谐也。"表示其具有"和谐、协调"之意;杨树达《论语疏证》:"和今言适合,言恰当,恰到好处。"[①]"和"即刚好合适的意思。《礼记·郊特牲》:"阴阳和而万物得。"孔颖达疏"和,犹合也",则诠释了"和"的"聚合、凝结"之意。

融通语文教学主张的"和",内涵是"整体统摄"。一方面,强调凝结聚合;另一方面,又并不意味着终点,另赋予其"映射、投射"的特性,对学程的发展起到统摄作用。

一 "和"在融通语文四层境中的关键价值

融通语文的"融、和、通、达"四层境中,"和"强调的是"汇合、聚合"之内涵。"和"是关键性节点,也意味着形成核心突破点,它精准定位核心知识,同时又搭建核心驱动体系,统摄、映射、驱动学生深入浅出进行探索,导向深度学习目标,我们将这样的节点称为"教学节点"。

"节点"有汇聚作用,也有"统摄"价值。视点结构教学(Teaching of Viewpoint-Structure,TVS)理论提出,任何一门学科知识体系中的重要知识点或概念,都可以成为透视全系统(结构)的逻辑起点(视点)。以学科知识系统中的核心概念或基本概念为视点,可以有逻辑地延伸和链接学科内外的相关知识点,建构起知识乃至万物万事间的网格路径,以及认知、情感、价值和行为间的有机联系。[②]

[①] 杨树达.论语疏证[M].长春:吉林人民出版社,2012:23.
[②] 赵伶俐.A-TVS:逻辑与美感的有机统———审美化视点结构教学的理论、模式、变式与深度学习[J].江苏教育,2020(73):7-11.

（一）"和"是统领教学推进的关键节点

1.现实反思：缺乏统摄，缺乏边界感

传统语文课堂在"教什么"和"学什么"的形式上下功夫较多，但不重视"围绕什么核心目标学"。教师要么在课堂教学设计、教学资源组织等方面缺乏核心理念和边界感，在课堂上随意发散，增加了学生的负担，致使学生学习盲目，路径不清，学习过程不扎实；要么不厌其烦地进行文本解剖，对学生的训练僵化，揪着一个知识点死缠烂打，消弭了学生的兴趣，致使学生感受不到语言之美，缺乏系统的读写能力和思维能力训练。

鉴于此，融通语文尤其警惕目标偏差、割裂化教学，尤其警惕"拼凑式学习"的陷阱，即将纷繁复杂的内容，不顾其内在联系，仅凭同一"主题"之名强行聚合，这种机械的内容堆砌不能构建起基于真实问题的内在逻辑链条。学生若仅是在"知识碎片集合"中浅尝辄止，不仅无法有效促进以语文学习为核心的综合创新能力，反而可能因盲目、无序的探索导致学科价值被削弱。因此，解决之道不应是简单地、让学生循规蹈矩地学习，而应依靠教育实践的积极参与者深刻领悟融通学习的核心理念与价值，通过恰当的方法指导，积极探索并实践能够激发智慧火花的有效途径。抓住"锚点"去行动就成为关键。[1]

2.核心价值：目标研究，聚焦关键点

融通，绝不是简单的知识、活动的叠加，关键是要找到学科的整合点，让问题解决线、知识逻辑线、素养发展线紧密结合，是教学最关键的"节点"。所谓"聚焦"，就是对问题不断进行思考，对知识进行归纳、聚拢，形成思维的深度。目标定位清晰、情感温度适切、有聚焦的"节点"，是一节课的行动"锚点"，起着举足轻重的作用。好的节点，能够在实践活动的学科本位性、情境设置的高度结构化、问题设计的结构性突破基础上，促进学生知识、技能、综合素养的提升。国内有语文研究者甚至提出了"一语立骨"的理念，要求课堂以"一字""一词""一句""一标点"贯穿始终，追求以简驭繁、以少胜多的高效课堂。

---

[1] 任丽芳.实践智慧："跨学科学习"行动的"锚点"——谈《义务教育语文课程标准（2022年版）》中的"跨学科学习"[J].小学语文教学，2023（7）：11-15.

(二)"和"是培育学生专注力的核心抓手

1.智能时代,"信息过载"引发的专注力缺失

互联网时代,信息呈指数级增长,无形中对人的专注力产生了极大的干扰。在超量信息涌入的情况下,人们有限的认知能力被过量地消耗和占用,从而对其应完成的其他任务产生了负面影响;海量无序的信息呈现出难以把握的"碎片化"的特点,令人陷入不确定性和丧失掌控感的状态,给人们造成了困扰,人们所进行的主动或被动的信息加工更加放大了这一混沌现状。联合国教科文组织2023年《全球教育监测报告》指出,在过去二十年里,学习者、教育工作者和教育机构广泛使用数字技术工具,打造数字化课堂,一定程度上提升了教学效率,但过度使用数字技术工具,也造成了学生的注意力分散,并对学生的学习产生了负面影响。在超负荷信息的压迫下,仔细且深入的阅读容易被快速又浮于表面的浏览所替代,信息接收容易变成一种忙乱的"快餐",而记忆里留下的往往是难以拼接成整幅图画的碎屑。

2.节点深入,"专注力培育"的实施之策

什么是专注力?专注力是指能够忽略外在干扰,专心而持续地进行一项活动的能力。其核心特点是有聚焦、目标感明确、具有持续性(稳定度、持续力)和选择性(广度、深度、过滤能力)。

俄国著名教育家乌申斯基指出,注意力是我们心灵的唯一门户,意识中的一切,必然都要经过它才能进来。专注力是智力的五个基本因素之一,是记忆力、观察力、想象力、思维力的准备状态。相比于学习能力的其他方面,专注力是最具凝聚力和整合力的[①]。

在智能时代,如何培育学生的专注力?这就要从学习思维入手:明确目标,并持续为达到目标而努力;恪守理性立场、学会质疑式的认知方法;充实知识结构,展现一个开放而又独立的自我,运用拥有个人特点的知识系统和认知结构来加工、同化和评判外在事物。

---

① 柯比.比勤奋更重要的是专注力[J].上海教育科研,2018(6):88.

二　节点聚焦的依据和原则

(一)节点捕捉难在何处?

尽管"目标导向"与"一课一得"等教学理念已经深入人心,但教学实践的复杂性仍给教师带来诸多挑战。语文课堂是师生及文本交互构建的场域,即便遵循既定的课程框架,教师带有个人观点的文本诠释仍难以避免。作为个体的教师与学生,其各自的价值偏好、驱动力、心态、认知广度、解析力及思维深度千差万别,其所收集、筛选、整合、提炼并传递的信息亦呈现出多样化与差异性特征。在此条件及新教育理念的驱动下,对教材的灵活处理、教学焦点的精准把握以及课堂节奏的精妙调控,便产生了众多个性化的教学策略,各类拓展课程与主题活动蓬勃而兴。然而,信息的海量涌入与快速更迭,给学生的学习带来了前所未有的压力,他们在众多新概念、新任务、新活动的轮番冲击下,往往感到应接不暇,难以有效应对。结果,学习过程中的信息吸收变得碎片化,这些碎片间缺乏关联,结构松散,内在逻辑体系不完整甚至缺失,逻辑推理与论证过程被简化或忽视。如此,阅读活动易流于表面,讨论交流则可能变得空洞而流于形式。

(二)节点的建构原则

以"和"为整体统摄重要节点,就成了融通语文的关键一环。捕捉、确定关键性节点,应遵循以下思路。

1.教学点的凝练,基于整体性原则

何为语文教学节点?语文教学节点既是教学目标的物化形态,又是学习流程的聚焦点。语文教师对于教学内容的处理,需要基于整体性视角,不能片面或割裂对待。整体性视角,即基于融通理念的一体化思想,从全局考虑问题的视角。对于语文课堂而言,"全局"包含着众多互相关联的要素:课程整体育人目标与课时素养目标、单元整体和课时任务的布局、学生身心发展规律和核心素养形成的内在逻辑、学情基础与智能势差的影响等,这些要素形成一个动态的整体,在具体的课堂互动之中仍会有变动和差异。因此,教学点的选择把握,需要从整体进行审慎评估。

2.节点的把握,关注生成性原则

"和",含有凝聚力、向心力、协同力的情感因子。教学节点的确立,除了要关注语文知识、能力习得等智力活动,同时也要注意基于学情的非智力情感因素,这也是融通语文的基础特征。美国学者维特罗克所创的生成性学习理论,解释并提出了增强阅读理解能力的教学策略。维特罗克强调,学习者并不是被动地接收信息,而是学习过程的主动参与者,他们只有在对环境中的信息进行意义建构和理解时,学习才会真正地发生。学生在阅读时要想获得更深层次的理解,就必须参与到生成性学习过程中来。生成性学习理论强调教师和学生的中心地位,教师需要采取一定的教学策略,促进学生在知识生成的过程中积极思考并使用各种学习策略,同时以元认知的方式来自我调节学习过程。

三 "整体统摄"的实施策略

教学节点是影响教学连贯性与教学效率的"点",善于把握节点,合理组织教学活动是提高教学效率与质量的重要前提。实施"整体统摄"策略,应遵循整体性原则、生成性原则,以节点为切入点,以构建问题情境为引领,秉持定节点、破节点、化节点的思路进行教学设计。具体来说,可以通过锁定节点,突破节点,升华节点,积极探索更科学、更合理、更有效的融通语文教学方式。[①]实施"整体统摄"策略,教学节点是关键,是教师要抓住的教学契合点、立足点、突破点、发展点(如图4-4所示)。

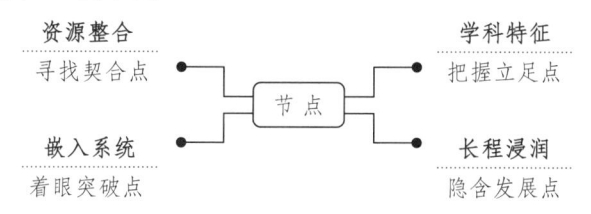

```
资源整合                    学科特征
寻找契合点 ——┐    ┌—— 把握立足点
             节 点
嵌入系统   ——┘    └—— 长程浸润
着眼突破点                  隐含发展点
```

图4-4 融通语文节点的建构路径

融通语文的教学主张提出"节点聚焦""支点映射"两大策略,实现语文教学从面面俱到转向重点核心,从盲目灌输到关注生情学情,从庞杂臃肿变得简约明了,从无限扩张到适度拓展。下面进行分点阐释。

---

① 孙悦.基于高中语文教学节点的精准化校本研修实践探索[J].基础教育研究,2022,(13):42-44.

(一)枢纽:节点聚焦策略

1.目标统摄:素养目标,把握育人边界

(1)指向言语,恪守边界。

教学点的偏差会直接对教学效果产生不良影响,进而妨碍语文学科价值的实现。它关乎语文价值达到的效度,制约文本解读的深度、设定教学活动的向度。无目标、无标准、无甄别的教学设计拓展会使语文课失掉"语文性";反之,对课程的理解有局限,将教材视为教学的唯一载体,则会使语文教学陷入"教材中心化"的困境。要突破此困境,必须聚焦语文学科的核心素养,体现"语言运用"。文本中蕴含着多个有价值的教学点,教学点的选取便是把握学科特质,深入实施核心素养的渗透,是对语文特性的精准提炼与选择。

(2)核心价值,重点萃取。

理解了生成语文的"质的规定",就能全面而系统地理解"以学定教""弹性预备""差异教学""双主机制""启动引擎""教学现场""互联聚焦""少量意外,大量陌生""息壤无痕"等理念思想。[①]文题、文意、文旨、文脉、文言、文法等,是语文学科的核心价值。在解读时,首先要关注篇章主要内容与思想情感,这是语言表达的内容,要透过内容探究思想、深究情感,关注意涵篇旨与情感价值。其次要领悟语言文字的表达方式,文章依托语言形式来表达内容。语言形式包含行文的规律、思维的方式、表达思维的方式、展现思路的方法等,具体而言,就是遣词造句、修辞方式、语法结构、句段铺陈、谋篇布局、张弛疏密、节奏与变化等。最后要关注作者的企图与用意、反思与评价、内容与形式。

2.要素凝结:语文要素,聚焦一课一得

(1)点面结合,交织审视。

确立课文或课时内的教学目标,传统的思维路径往往是围绕单元导语及课后习题展开的,然而,仅仅依靠常规步骤机械地进行教学准备,尤其是目标设计,难以构筑高效语文课堂,因为"目标"的界定宽泛,缺乏足够的精准度和聚焦力。因此,王荣生建议将"教学目标"改为"教学点"[②],颇具洞见。谢贵荣进一步

[①] 于大鹏.在语文边界内生成——特级教师李仁甫的教学资源取用之道[J].教育研究与评论(中学教育教学),2021(5):45.

[②] 王荣生.课文教学设计的四个要点(上)[J].语文建设,2020(17):36.

指出,既然是"教学点","点"的数量一定不多,一两点足够,三四点嫌多。既然是"教学点","落脚点"一定要准确、鲜明、凸显、聚焦,而且具有因地域、学校、班情、师情、学情而异的适切性和灵活性。①

语文教学中,单元层面的"广度"与课时内的"精度"是教师在备课时需要予以重点平衡的。精准的"教学要点"植根于单元教学的整体性视野。教师需要利用"教读""自读""课外阅读"等多课型的协同作用,形成一套系统而有效的教学策略。这种"整体—局部"的点面交织审视,可以促使教师在单元目标框架中,进行选择性的深度挖掘,聚焦核心。具体而言,可选取思维训练的精妙切入点、课文解析的关键路径、优秀作品的核心价值以及文本的精髓等,作为课时教学的核心,并围绕该核心设计完整的教学活动框架,此过程既是对单元"整体"目标的积极响应,也是通过"点"上目标的精准达成,促进单元"整体"育人目标的全面实现。

语文教学始终是一个"整体—局部—回归整体"的过程,因此,教学"节点"是整体观照下的点。立足"节点",是为了更好地发散,由"点"及面,观照全篇;立足"点",是为了更好地升华,引导学生进一步"入情"。这是"节点"与"全局"最重要的连接通道。

(2)学习目标,精准转化。

教学目标的设定,首要环节在于教师对文本进行解读、挖掘、筛选与提炼,旨在精准定位课文的教学核心,富有创新性地进行教学整体框架搭建。其次是根据文本进行教学细节设计。在这一环节,教师需要高度重视文本固有的特性,深入剖析作者的遣词造句、段落构建、篇章布局、标题拟定、写作意图、深层含义、事件编排、细节描绘、节奏把控、思维逻辑及中心思想等叙事或论述要素。最后,教师需要回归整体视角,审视教学设计是否能够有效提升学生的整体理解能力与层次,确保其语文综合实践能力的内化与运用,使其实现知识的迁移与深化。

教师在解读文本的过程中,应当向学生强调文本沉浸、文本的言语表达特征及对文本内容价值的思考。文本,学生要读,教师更要读。读主干,也读枝节;读熟悉处,也读陌生处;在理性处感性读,在感性处理性读;读凝练处,也读

---

① 谢贵荣.把"教学目标"具化为"教学点"——以初中语文统编教材为例[J].语文建设,2021(11):21.

松散处;把虚处读实,把实处读虚;设身处地地读,置身事外地读;读内容意涵主旨,更读遣词造句谋篇布局的形式;尊重课文接受地读,对照原文比较批判地读;尊重作者体验读,质疑作者诘问读;读作者的生活历练,也读作者的时代处境与心境;文本优先用心读,群文搜集对照读……[1]唯有尊重教材、发展教材,才能找到教材文本最本质的育人价值,创造性地使用教材才能有意义、有广度、有深度。

3.学情评估:定位前见,恪守以学定教

(1)学情基础,清晰把握。

精准的"教学点"来自教师对学情的清醒认识,要求教师正视、欣赏、悦纳学生的"前见"。"前见",这里指的是学生的显性起点状态,即学生的知识、能力、情感、态度、价值观等所处的真实状态。教育心理学家奥苏贝尔[2]在《教育心理学——认知观点》中提到:"假如让我把全部教育心理学仅仅归结为一条原理的话,那么我将一言以蔽之曰:影响学习的唯一最重要的因素,就是学习者已经知道了什么。要探明这一点,并应据此进行教学。"[3]首先,"前见"是阅读的基础,并作为学生对文本理解的前提进入文本中。其次,"前见"指学生的隐性潜在状态,涵盖了其学习渴望、兴趣点、参与度等。因此,深入剖析学生的心理需求,激发其内在动力,并采取一系列有效策略,引导学生将个人兴趣与需求转向积极的学习路径,显得尤为重要。最后,要把握学生的知识基础和能力水平。这要求教师要细致考查学生的知识起点与能力现状,充分考量其学习接受度,精准把握学生语文学习的"潜力发展区间"。唯有如此,方能确保教学内容与难度贴合学生的知识层次与心理特性,从而设定既实际可行又富有挑战性的教学目标与任务。

(2)学的态势,关注转化。

学情作为一种宝贵的教学资源,其真实性与可靠性直接决定了教学资源的效能。它不仅是教学内容选择的根本依据,要求"教什么"必须紧密贴合学生的

---

[1] 李玉贵.备课式文本解读的教学审视——以小学语文阅读教学为例[J].全球教育展望,2013(7):113.

[2] 奥苏贝尔,亦译作奥苏伯尔。

[3] 奥苏伯尔,等.教育心理学——认知观点[M].佘星南,宋钧,译.北京:人民教育出版社,1994:194.

学习实际与规律;同时也是教学行为的重要导向,引领教师调整教学策略,促进学生学习方式的优化。更为重要的是,学情构成的动态循环系统,贯穿于学生学习的每一个阶段,当前的学习反馈成为后续教学的宝贵参考,形成持续优化的教学闭环。

教学之根本,根植于学生学习之土壤,其成效亦由学生的学习状态所决定。语文课程改革的精髓,在于构建以"学"为轴心的课堂生态。由此,小学语文教学的核心策略聚焦于学习动态分析:通过深入剖析学生的语文学习需求、能力架构、认知兴趣及行为模式,确立科学的教学理论基础,进而指导教师对教学设计的精准定位、有效实施及全面评价。这一过程不仅有助于学生的学习,更能促进其成长及其个性化学习需求的满足。

运用"目标统摄""要素凝结""学情评估"三法,把握"节点聚焦"策略的运用,精准捕捉教学节点,既是对文本深刻理解的体现,也是教学实施高效性的保障。这一过程,不仅考验着教师对学习本质的深刻理解,更要求教师对学生主体的全面把握与尊重。

(二)伏脉——支点映射策略

本策略要回答的是聚焦学习目标,如何引领深度学习这一核心问题。

"伏脉"这一形象化词语,出自"伏脉千里"这一文学创作手法,旨在暗示这一策略运用的前置性和预设性,为教学做好全盘构思、提前准备。下面以"问题驱动""支脉预设""弹性运演"三种方法,来呈现支点映射策略的有效运用。

1.问题驱动法:提炼本质,培养问题意识

主问题是问题式支架在语文课堂教学中的特殊应用形式。余映潮将"主问题"定义为课文阅读教学中,能从课文整体的角度或学生的整体参与性上引发学生思考、讨论、理解、品味、探究、创编、欣赏的重要提问或问题。[①]其实践逻辑是导出"自驱任务链",让"实践智慧"自然生成。在课堂学习的脉络中,起着核心驱动作用的主问题扮演着至关重要的角色,它如一条主线贯穿始终,对其探究与解决过程构成了推进学习进展的强劲动力。它不仅紧密关联着学科的核心知识体系,还明确指向支撑学习的知识背景,为信息的整合与内容的剖析赋

---

① 余映潮.板块式思路与主问题设计[J].语文教学通讯,2014(30):75.

予深远的意义。

语文学科驱动性问题指的是由语文学科本质问题转化而成的能够驱动学生主动投入探究的具有一定挑战性的提问或质询[1]。驱动性问题有着情境真实性、开放性和挑战性特征[2]。驱动性问题的情境构建凸显了其与现实生活的紧密融合,具体表现为在问题中巧妙融入了真实生活场景的核心元素,在这样的学习场景中,学生被赋予了鲜明的现实生活角色定位,促使他们在探究与解决问题的过程中,自然而然地采纳与现实生活相契合的思维方式。这种驱动性问题情境设置极大地增强了学生的情境沉浸感,使他们能够更加深入地体验并理解问题背后的真实意义。

(1)驱动性问题的一般表达框架。

驱动性问题的表述有一定格式,一般由"框架词+主体+行动+目的"组成,这就是驱动性问题的表达框架。[3]在此框架下,框架词作为启动思考的触发器,常以疑问形式出现,如"何物""如何达成""怎样实施""是否应""可否"等,旨在引导对项目实现路径的深入探索;执行者则明确指向项目化学习活动的主体,即个人或团队,若主体在项目中扮特定角色,则该角色也被视为执行主体;行动范畴聚焦于学习成果的创造过程,这些成果既可以是实体物品,也可以是解决问题的策略、思路或方法。在小学语文学科项目化学习中,学生的行动常涉及"组织策划""设计构思""规划布局""动手制作""文稿撰写""成果展示"等;而预期目标则是对行动所应达成的具体效果或标准的界定,它可能关联到个人成长、人际交往、社会责任、自然探索、文化传承等多个维度。

(2)问题链的深入设计。

教师在构建问题体系时,宜将问题依据逻辑与因果关联精心编排,形成连贯的问题链条,构建出一个系统化的设计。具体而言,对于不同类型的任务,教师可以灵活设计相应的驱动性问题:探究类任务侧重于问题导向的驱动性设置,设计类任务融入角色代入以增强问题的吸引力,制作类任务聚焦于产品创造的驱动点,展示类任务设计促进分享交流的驱动性问题,评鉴类任务则倾向于专题式的深入驱动探索。以统编版小学语文教材五年级上册第三单元为例,

---

[1] 王荣生.略述"问题情境"中的探究学习——基于相关译著的考察分析[J].中国教育学刊,2021(3):73.
[2] 卢夏萍.如何设计驱动性问题[M].北京:教育科学出版社,2024:24.
[3] 卢夏萍.如何设计驱动性问题[M].北京:教育科学出版社,2024:42.

该单元的人文主题是"民间故事",语文要素是"了解课文内容,创造性地复述故事"和"提取主要信息,缩写故事"。这两大要素为问题设计提供了明确的导向。在我们的教学中,教师组织了"讲不厌的民间故事"主题活动,设计了不同类型的驱动性问题。有产品创制的驱动性问题:"经典永流传,你读了哪些民间故事?哪些人物给你留下了深刻的印象?请你给他们制作合适的人物印象贴吧!"有角色代入的驱动性问题:"讲好民间故事,做好民间故事传承人!年级举办故事会,你会讲哪个故事?怎么讲好民间故事?"还有问题导向的驱动性问题:"借助目录读故事,你发现民间故事有哪些特点?请用表格梳理要点。""民间故事是穿越千年的精彩,以不同的形式走进了我们的生活,展现着文化的魅力,散发着智慧的光芒。哪些民间故事被改编成了其他形式的作品?请分类搜集资料。"这些驱动性问题以产品创制、角色代入、问题导向为指引,密切联系知识和生活,加强学生完成单元任务的连贯性和一致性,帮助学生在保证学科核心内容的基础上具有足够的开放性,提高了学生整合知识的能力,彰显了单元的育人价值。

(3)问题质量的优化。

优化问题质量,可以采纳以下策略:将直接提问转化为委婉询问,将顺向提问转变为逆向挑战,将零散提问整合为聚焦式询问,在严谨正式的提问中融入幽默诙谐的元素,让封闭式问题开放化,以适应不同层次学生的需求,将询问"是什么"深化为探讨"为何如此、如何达成",将单一维度的问题拓展为综合性问题,并跨越学科界限,实现问题的跨学科整合。比如把找答案转化为找理由,或者追问思考的过程、解决问题的方法等。提升课堂教学提问的有效性,关键在于强化三大核心环节:首先,以学生现有的学习基础为起点,强化新旧知识间的衔接与融合;其次,需紧密围绕学生的最近发展区,作为推进知识学习与深化理解的参照标杆;最后,需灵活利用课堂的真实情境作为反馈机制,适时调整提问的内容与形式,以确保其适应性与针对性。

2.支脉预设法:洞察关键,强调系统推进

"支脉"有"伏脉千里"的含义,强调教师要形成"实践思维",梳理思维意识的运演方式。"实践思维"作为对关系思维的深化与具体化[1],指引着"问题链"的

---

[1] 孙美堂.从实体思维到实践思维:兼谈对存在的诠释[J].哲学动态,2003(9):9.

系统设计。在小学语文教学设计中,要提前洞察教学目标、教学重难点、教学资源、对话问题、活动组织等,从深度对话角度打开教程,围绕教学链提前预设构建系统教学组织。这个板块强调"宜、疑、绎、移"的预设思考。

(1)宜——目标层凝练表达。

好的目标设定应当体现适宜、简洁、可测的特点。适宜,指的是依据课程标准、教材内容及学生实际情况,科学设定学习目标,确保目标设定既不过于理想化,也不过于保守,需精准定位学生的"最近发展区"。简洁,指的是目标设定精简而聚焦,通常控制在2—3个为宜,覆盖知识掌握、思维发展及素养提升等多个维度。可测,指的是倡导采用"主体—条件—动词—结果"的清晰表述框架,特别是动词选择应避免使用如"理解""掌握"等模糊表述,转而采用更具操作性、可量化的词语,以强化目标的可评估性。

(2)疑——问题链分层设计。

问题链设计的层次与质量,直接塑造了一堂课的深度与格调。优质问题紧密对接学习目标,与前期的学习保持逻辑连贯,精准定位学生认知水平,并鼓励学生向更高层次的认知和探索迈进。此类问题展现出开放性与探究性特征,能够全面激发全体学生的兴趣与深入思考,促进学科内外及生活实践的知识联结。其表述清晰精确,贴合学生的年龄特征及学科特色。简而言之,好问题在目标上明确导向,在内容上聚焦关键,在认知上促进深思,在表述上准确无误。

在设计主干问题链时,可遵循以下步骤:

首先,深入剖析教学重难点,构思隐含思维陷阱或知识混淆点的模糊性问题,旨在锤炼学生思维的严谨性。

其次,同样基于教学重难点,设计能够激发多元思维路径或不同解题方法的开放性问题,以培养学生思维的发散性。

再次,精心构思蕴含认知冲突或逻辑悖论的挑战性问题,以锻炼学生的批判性思维。

最后,构建逻辑严密、层层递进的连环问题体系,引导学生深入探索,强化其思想的深刻性。每一步设计均紧密围绕教学重难点,旨在全面提升学生的思维品质。

(3)绎——推进性路径建构。

本环节核心聚焦于构想并模拟学生知识习得与技能发展的动态历程。教师在此过程中的核心任务是深思熟虑地规划重点与难点内容的攻克策略,以应

对学生在学习旅途中遭遇的关键节点与挑战。具体而言,"绎"包含以下内容:

首先,选择能激发主动性的学习方式。如自主探究、合作交流等多元化模式的融合应用;精心设计教学支架,确保其深度与广度能够适时延展,为学生提供必要的支持与引导,助力其跨越认知障碍。

其次,引入并挑选适切的学习工具。针对难点、堵点,教师要思考什么样的工具能够精准对接学生的学习需求,辅助学生深化理解、拓展思维,比如:思维导图、共学单、辅助资料等。

再次,优选并有效利用学习资源。教师应广泛搜集并整合各类教育资源,确保学生能够在丰富的学习资源中获得全面滋养。

最后,设计科学合理的评价内容。既关注学习成果的量化评估,又重视学习过程的质性分析,以此激励学生持续进步,同时为教师提供教学反馈,以便使其及时调整教学策略,优化学习路径。

学习推进路径是教师在学生学习旅程中铺设的一条充满支持与挑战的"智慧之路",旨在通过精细化的规划与引导,帮助学生跨越重重障碍,实现高效、顺畅的学习发展。

(4)移——迁移性支架思考。

迁移主要分为"近迁移"和"远迁移"两种类型。在"近迁移"过程中,学生能够关注学科内部的知识迁移,比如阅读方法、写作方法的直接运用借鉴。在"远迁移"过程中,学生能够运用学科内部和相关学科之间的知识内容,独立解决生活中遇到的复杂的实际问题,实现从"书本"走向"生活",这也正是深度学习最大的实践价值。因此,教师务必关注反思性学习、机械练习对迁移质量、层次的影响,减少、杜绝低质的大量重复练习形成的无意识的、自动的迁移,借助深度反思性学习实现有意识的、深思熟虑的迁移。

迁移环节,需要关注总结与梳理。从总结呈现方式看,应关注思维可视化、作品成果化,可用写"学习整理卡"等方式进行可视化呈现。利用技术工具如时间轴、鱼骨图、韦恩图等思维导图进行总结有利于思维的可视化。还可以对元认知策略进行反思,即思考解决问题时"我积累了什么经验,我是如何克服困难的"。另外,还要设计好课后迁移的推进性实践活动,促进学生深化所学、运用所学、创造融通。

3.弹性运演法:捕捉预判,促进动态生成

"弹性预设"作为一种教学规划方式,超越了传统预设的局限,传统的预设通常体现为教师在备课阶段详尽规划教学过程与知识点,并严格按照教案执行。相比之下,弹性预设秉承"以学生为中心"的教育理念,对教学内容进行灵活且适应性强的预设,旨在激发学生的自主性和创造力,其特点在于开放性、结构性和可调适性。

(1)关联预设生成,把握共生性。

"动态生成"作为弹性预设的产物,是师生依据多变的教学情境共同构建的探究性学习过程,其特性包括不可预见性、灵活性、创造性,是教师追求的教学境界。因此,驱动性问题的设计需将弹性预设和动态生成视为相互依存、相互促进的有机整体,而非孤立元素。弹性预设旨在构建促进动态生成的情境,而动态生成则反过来指导弹性预设的优化调整。缺乏动态生成的课堂将沦为教案的机械重演。而缺乏预设的自由放任式教学则可能抑制学生能力的发展。叶澜教授指出,"强调教学过程中课的动态生成,但并不主张教师和学生在课堂上信马由缰式的展开教学,而是要求事先有教学方案的设计,在教学方案设计中就为学生的主动参与留出时间与空间,为教学过程的动态生成创设条件"[1]。动态生成植根于弹性预设,并对弹性预设进行验证、拓展、调整乃至重构,二者相辅相成,共同推动教学过程的深化与发展。

(2)调整问题表述,体现开放性。

基于弹性预演的认识,教师要密切关注课堂问题的设计,多采用开放性问题表述。开放性问题与松散性问题、闭合性问题不同:松散性问题往往层次性、逻辑性、目标感较缺失;闭合性问题直接具体,圈定的范围是固定明确的,语文课堂过多地采用闭合性问题,会造成学生思维的僵化。比如学习统编版小学语文教材四年级上册《蟋蟀的住宅》一文,简单地问学生"蟋蟀的住宅有什么特点?"意味着让学生从文中找固定答案,阅读的价值意义局限于理解查找;而提出"动物的家通常我们会称作巢、穴、洞、窝,为什么作者会把蟋蟀的家叫住宅呢?""为什么蟋蟀的住宅被称为'伟大的工程'?""如果让你帮蟋蟀建造住宅,你有哪些奇思妙想呢?"等问题,则是引导学生在阅读中追问,感受蟋蟀的勤劳,思

---

[1] 叶澜."新基础教育"论:关于当代中国学校变革的探究与认识[M].北京:教育科学出版社,2006:257.

考文艺性小品文的表达特点,并提出体验式的创想设计,这样的问题对于兴趣激活与思维锤炼,更具深层次的启迪意义和开放性。

(3)加强辩证推敲,提升调控感。

教学目标的达成,是弹性预设与动态生成在课堂实践中融合的初衷。教师在备课时,需预见教学实施过程中可能出现的各种情境,灵活进行弹性预设,使之自然而然地引领动态生成的发展轨迹,二者紧密交织于教学全过程。实施弹性预设,应追求精准性与策略性,为动态生成创造广阔空间。这既非机械预设的僵化复制,亦非忽视预设的放任自流,而是教师作为"规划者"的智慧体现。教师应持续关注课程热点与学生实际,不断充实自己的知识储备,更新知识结构,为动态生成奠定坚实基础。同时,深入挖掘课程资源,课前细致研究并捕捉教学疑点,精心营造生成情境,激发学生自主探究的热情。在课堂上,教师应珍视学生的错误资源,视其为通往正确道路的桥梁,巧妙利用,拓宽动态生成的边界。此外,教师应认识到课堂教学的丰富性特质,适时调整预设,勇于放手,为学生留出足够的生成空间,与学生共同营造一个充满创意与互动的课堂教学环境。

总的来说,问题驱动、支脉预设、弹性运演,决定了"支点映射"这一策略的关键,对于教师精准备课、科学定靶、智慧预设等,具有关键性价值。

第四节 通:"深度对话"策略

"通",为融通语文教学主张第三层境,也是融通教学的运演核心环节。

"通",字面意思为没有阻碍,可以穿过,能够达到,如"通风""通达"。"通则不痛,痛则不通"是中医治病的理论精髓,是说人身体内的经络系统与血液循环系统之间相互影响、彼此促进,推动着人体组织器官原始机能的正常运行。"通",还引申为"懂得""彻底明了",如"通晓""通彻"。在融通语文系统建构中,教师应强调以"梳理与探究"这个语文学科活动为关键,让学生深入文本、开展深度学习,实现以经验感受为中心向以思维和模型为中心转化,实现习得知识的通达,在这一过程中培养高阶思维能力,特别是统整思维、结构思维、发散思维、工具思维等核心思维能力。

融通语文教学主张的"通",内涵是"深度对话"。其中的第一策略是"系统导学":聚焦节点进行统摄推进,教师精心开展导学设计,通过导学支架等引导学生寻径意会,不断进行思维淬炼、深度探究。第二策略是"情思争鸣",即强调学生的全情参与,全脑投入,在情与理的融合下,推动学生思维得到发展:发现多样性中的统一性,形成整体性思维;克服思维的遮蔽性及局限性,拓展想象思维;建构问题解决路径,形成逻辑思维和工具思维,实现言语素养生长。

一 "通"在融通语文四层境中的核心价值

教育之"通",需要深度对话。对话,是通往真理与自我认识的途径。教育不是有知者引领无知者,而是人们携手走向自我,从而使真理向他们敞开。[①]在对话中,人们可以发现所思之物的逻辑与存在的意义。这种真正的"对话"就是我们所要追求的深度对话,深度对话尊重人的主体精神和生命价值,重视营造民主、平等、宽容的对话氛围,主张以言语、理解、体验、反思等方式展开对话,在

---

① 卡尔·雅斯贝尔斯.什么是教育[M].童可依,译.北京:生活·读书·新知三联书店,2021:11.

经验共享中创生知识和教学意义,追求人生品位、境界及价值的提升,是一种尊重主体性、体现创造性、追求人性化的教学形式,是对人的价值的重新发现与回归,而这一切恰恰都是浮泛"对话"所不具备的。[①]

语文教学之"通",更需要深度对话,"深度对话"是深化语文课堂教学改革的本真追求。

(一)深度对话,高质量思维培育的基石

《辞海》对"思维"的诠释:"……②理性认识,或指理性认识的过程。是人脑对客观事物能动的、间接的和概括的反映。包括逻辑思维和形象思维,通常指逻辑思维……思维的工具是语言;思维的形式是概念、判断、推理等;思维的方法是抽象、归纳、演绎、分析与综合等。③与'存在①'相对。指意识、精神。"[②]可见,思维发展有赖于语言实践的扎实开展,而深度对话则为思维发展提供了有力的保障。

在语文学科领域,思维能力的培养依赖于语言实践的深度与广度。深度对话作为这一过程的催化剂,确保了思维培养的高品质推进。具体而言,它滋养了"言语智能"这一核心思维能力的成长,涵盖了敏捷性、灵活性、深刻性及独创性等多个维度。敏捷性体现于语言交流及书面表达的迅捷与得体;灵活性展现在面对不同情境时,思维方向的灵活转换与知识的迁移应用;深刻性要求深入剖析语言背后的逻辑与本质,洞悉作者的深层意图;而独创性则鼓励学生在语文实践中展现独特视角,创新表达,形成个人风格。

(二)深度对话,践行"学为中心"教学理念的典范

牵引明显,浮泛"对话",一直是小学语文现实课堂不可回避的问题。在实际课堂中,学生经常处于"被对话"的状态:"跟风式""程序式""替代式""无序式"等虚假对话方式层出不穷。学生忙于对教师提问的即时思考与回应之中,鲜有机会沉下心来,对关键词句进行个性化的深入品味,更难以抽身对文本中的人物形象、情感深度等层面展开自主而深刻的领悟,整个学习过程显得表面化,难以触及实质。

---

① 邹晓明.深度对话:语文课堂的本色追求[J].上海教育科研,2014(4):78.
② 陈至立.辞海(第七版)[M].上海:上海辞书出版社,2020:4097.

深度对话超越了对知识的简单记忆与应用,它是一场在深度互动中展开的知识探索之旅,促进了师生互动模式的根本转变,实现了从教师主导到师生共同探究的跨越。深度对话的过程不仅可以培养学生的理性、批判性及创造性思维,还可以推动问题解决等高阶思维能力的发展。它标志着课堂教学由知识灌输向知识探索的转变,由教师的独角戏向师生合作的交响乐章的演变,体现了"以学生发展为中心"的教学理念在实践中的生动展现。

(三)深度对话,情感与求知的动力源泉

阅读教学深度对话的基本条件有:民主、尊重、协作、倾听、表达、应对、质疑、探究、批判。因此,在阅读教学深度对话中,教师要改变课堂教学中强势主宰课堂现状,将角色定位为对话情景的创设者、对话支架的搭建者、深度对话的引领者。[1]

相较于传统课堂的单向知识传递,深度对话的课堂更注重学生的全程参与和情感体验。学生不仅会经历知识探索的曲折过程,还能深刻感受到与同伴思想碰撞出火花的乐趣。深度对话不仅能激活学生的求知欲,更能激发他们内在的情感动力,促使他们在探究中投入全部的情感与意志,形成独特的个人体验与感悟。

(四)深度对话,学习共同体构建的坚实支撑

在深度学习视角下,课堂成为一个微型社会,其和谐与高效依赖于师生关系的深度重构。深度对话作为这一重构的关键,促进着学习共同体的形成与发展。它打破优生独霸的局面,确保每位学生的参与和被关注,营造相互支持、共同进步的课堂环境。在这样的课堂中,深度互动不仅能提升表达与倾听的质量,还能促进反思与自我调整的能力,为构建真实的课堂学习共同体奠定坚实的基础。融通语文理念下的学习共同体,为学生组织语文课堂主题讨论,开展语文综合实践活动、研究性学习等提供重要支撑。它以语言实践互动为基础,在探索与理解、表达与陈述、计划与执行、监控与反思中发挥重要作用。

---

[1] 王明易.阅读教学深度对话:内涵与实践路径[J].教育与教学研究,2020(2):31.

二 "深度对话"的实施依据和原则

(一)教学系统观

系统具备三个核心要素:首先,系统具备明确的目的导向性;其次,系统是由多元组件有机整合而成的集合体;再次,组件间有密切的关系并相互作用,遵循特定的组织逻辑,从而形成层次分明、结构严谨的系统框架。此外,不容忽视的是,系统展现出显著的动态特征,能够灵活应对环境变化,呈现出持续演进的趋势。系统中组件间特定的连接模式与布局,我们称之为结构,而系统的整体特性则是这一结构与各组成要素相互交织、共同塑造的结果。

语文教学本身就是一个系统。此系统围绕语文学科的核心目标——语文核心素养展开,依据其独特的学科性质,精准界定教学任务与核心内容。在此系统中,教师的教学活动需要严格遵循语文学科的内在规律,巧妙融入多样化的教学策略,精心规划并组织教学过程,以激发学生的主动性与积极性。因此,在教学中要注意要素和系统的不可分割性,系统环节的层次性、序列化,关注建立点、线、面、体的系统性构思模式,辩证把握复杂关系,使之形成逻辑链,这是系统设计的难点。

(二)深度学习理论

"深度对话"来源于深度学习理论。深度学习是指在教师的引领下,学生围绕具有挑战性的学习主题,全身心积极参与、体验成功、获得发展的有意义的学习过程。[①]深度学习关注的是学习内容的本质及其潜在含义,既要求学生掌握关键概念,又要求其理解各部分知识间的关系,强调通过与学生的学习动机和内在愿望紧密联系在一起的、具有实际意义的、师生喜欢的学习方式,使学生获得最佳的学习成果。相较而言,浅层学习对知识的理解是浅表的,结构是零散的、孤立的,深度学习在知识与经验之间建立联系,搭建结构化认知框架,其发生的内在机理见图4-5。

[①] 郭华.深度学习及其意义[J].课程·教材·教法,2016(11):27.

```
关联性学习 —— 社会性学习
```

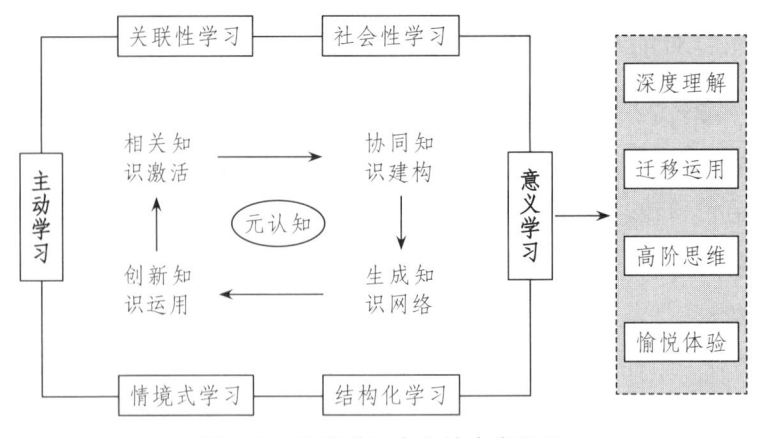

（图示：主动学习 → 相关知识激活 → 协同知识建构 → 生成知识网络 → 创新知识运用，中心为"元认知"，右侧为意义学习，指向：深度理解、迁移运用、高阶思维、愉悦体验；底部：情境式学习 —— 结构化学习）

图4-5 深度学习发生的内在机理

小学语文深度学习是以小学生语言文字运用能力的发展为中心，围绕相关学习内容中适切的言语主题，教师引导学生积极参与语文学习的过程。[①]语文深度学习到底是怎样发生的？它要求学习者在真实的社会情景和复杂的技术环境中，进行与阅读文本、作者、读者、生活等的深度对话，通过对言语信息含义的深度理解、有效迁移的方法习得、复杂情境中的运用转化等，最终促进言语智能的整体提升。

（三）语感对话理论

著名学者、语文教育专家王尚文先生在《语文教学对话论》一书中对"对话"做了系统的阐释，"听说读写实质上都是一种对话活动，听说读写能力实质上都是一种对话能力。……语言素质实质上是人在对话活动中所应有、必有的素养，它以'前理解'——语感为核心"[②]，"意义是读者的语感和知识'内存'跟文本言语碰撞——对话的产物"[③]，"只要有人生命活动的地方，对话就无时无处不在，生命是在主体间的对话中展开、延续和终结的，因为只有对话才会带给生命个体间以视界的融合和精神的敞亮"[④]。他指出，语文课堂学习要重视"语感"培养，"语感是个体的人与言语世界的直接联系，'是思维并不直接参与作用而由

[①] 李广，计宇.促进学生发展语言文字运用能力[N].中国教育报，2017-08-18（4）.
[②] 王尚文.语文教学对话论[M].杭州：浙江教育出版社，2004：1.
[③] 王尚文.语文教学对话论[M].杭州：浙江教育出版社，2004：2.
[④] 王尚文.语文教学对话论[M].杭州：浙江教育出版社，2004：12.

无意识替代的在感觉层面进行言语活动的能力'"[1]。

　　课堂对话的精髓,应导向意义的深层探索。本质上,课堂内师生、生生之间的互动,是基于学习展开的对教学内容的深度剖析与思辨的过程。教师需借助对话的桥梁,引领学生掌握知识精髓;而学生则需借助对话,洞悉特定知识的本质或深层含义,从而自主构建知识的意义体系。对话的深度,其核心体现在话题的深度挖掘与对话内容的深刻性上。因此,深度对话要释放知识多重内涵与价值,要让学生思维逐渐深入,要给予学生充分的自由度,还需要教师把握好主题方向,把握对话精度。[2]语文课堂的深度对话突出四个特征:首先,重视学生的感悟;其次,重视言语实践;再次,重视学生听说读写的动机、意向、态度,即对话必须真诚;最后,对话重结果更重过程。[3]

三　"深度对话"的核心策略

　　以城市道路为比喻,可以更直观地理解融通语文教学主张的第三层境"通"的含义。所谓路通则百通;路通人达,百业兴旺。"通"是学的过程,其关键在于抓住学习设计、教学实施,把握重点,想方设法打通堵点(难点),建构目标清晰、多路径、快捷的"绿色通道"。小学融通语文打通学习通道,畅通学习过程,实现学习目标的有效贯通,可以采用以下核心策略。

(一)开掘——系统导学策略

　　"开掘"一词,意味着学程系统的开发和建构。"主题聚焦""活动耦合""反躬内省",是系统导学策略的核心方法。

　　以何种理念进行导学,是进行学程设计的依据。在本策略的阐释中,笔者将充分运用著名认知主义心理学家奥苏贝尔提出的"有意义的学习"理论作为指导。奥苏贝尔强调,"有意义学习"实质是指符号所代表的新知识与学习者认知结构中已有的适当观念建立非人为的实质性的联系。人本主义心理学大师罗杰斯在此之上强调,有意义的学习目的就是使新知识获得心理意义,即所学

---

[1] 王尚文.语文教学对话论[M].杭州:浙江教育出版社,2004:21.
[2] 张爱丽.课堂对话的深度、广度与精度[J].教育理论与实践,2022(23):51-54.
[3] 王尚文.语文教学对话论[M].杭州:浙江教育出版社,2004:6-8.

知识是能够引起变化,全面深入人格和人的行动之中的学习。其理论观点启发我们:有意义的学习,必须体现有意义的联结、有意义的经历、有意义的迁移。基于该理论,小学融通语文的学程设计可以运用以下三种方法。

1. 主题聚焦,锁定"目标点":定标,梳理核心概念

(1)精准性:对标"语文要素"的素养目标。

情境任务是小学语文新课标理念中"学习任务群"的构成基础,它既是撬动学习的触发器,也是融通语文学习的重要载体。传统课堂情境任务往往缺乏"意义关联",情境任务与语文要素联系不充分,设计较随意,部分教师热衷于在任务的标新立异上花心思,却忽视了学科特征:语文是语言文字运用的综合性、实践性课程。如在讲《田忌赛马》一文时,让学生体验玩扑克牌,思考"对策"的智慧,把语文课上成数学课,这就是任务锚点出现了方向性偏差。"意义联结"要求教师情境任务的创设要基于对教材意图、育人目标的精准把握,聚焦核心要素,镶嵌学习目标和学习活动,包裹核心驱动性问题,从而撬动学习知识、思维、情感的活动。

在学习统编版小学语文教材四年级上册《西门豹治邺》时,有教师设计"故事会(简要复述)—评论员(评价人物)—小剧场(演课本剧)"的情境任务,看似挺有新意,但剥开其"评论员""小剧场"等外在形式,会发现这些情境任务对学生深入解读文本、理解人物没有产生实质性的推动作用。教师应当聚焦简要复述课文,注意顺序和详略的单元语文要素,思考挑战性情境任务,比如:"西门豹调查民情后,要给魏王写一封简短的奏折(100字以内)汇报情况。如果你是西门豹,你会怎么写?"这就是紧紧锚定"简要复述"语文要素,始终引领学生进行文本理解、提取关键信息,进行逻辑概括、凝练表达。

(2)内聚性:指向"紧密关联"的任务整体。

系列情境任务碎片化,一直是比较典型的问题。教材文本往往有众多情境开发空间,每个情境任务都看似有价值,但开展就有堆砌之嫌,学生疲于应付,效果反而大打折扣。我们经常看到的"猜一猜""连一连""填一填"等闯关任务,认知逻辑过程联系不紧密,使学生在阅读表层来回徘徊,也使情境任务失去引导深度学习的价值。

如何优化设计系列情境任务?教师应进行统整式思考,让语文要素明晰,使学生学有整体、学有聚焦,其中进行单元整体教学设计思考尤为关键。如在

统编版小学语文教材五年级上册"民间故事"主题单元的教学中,教师可组织学生开精彩故事会、创作连环画、策划小剧本等,但随意进行这些活动只会导致训练重复、低效无意义。教师应紧扣单元语文要素"创造性地复述故事",再根据文本特征及语用价值,确定单课的能力训练点。如《猎人海力布》,根据海力布劝说乡亲们搬家这个矛盾冲突点,设计"角色表演"情境任务,重点训练"换人称,进行体验式复述"。后两篇《牛郎织女》分别进行"添情节,进行补白式复述""调顺序,进行变序式复述""丰细节,进行生动性复述"等复述方法的训练。每课既保持核心目标的一致,同时又有相对独立的训练要点。

内聚,就是有聚焦,懂取舍。在确定情境任务链时,与本阶段核心问题无关或关联不大的内容要大胆舍弃,每个子任务都紧紧追随素养目标,建立紧密关联的微任务系统。

(3)学科性:立足"言语实践"的学理观照。

当下,语文拓展式情境任务成果形式丰富,调查访谈、视频拍摄、图谱绘制等层出不穷、精美亮眼。这些成果是否有意义?奥苏贝尔曾提出三个影响有意义学习和迁移的变量:认知结构可利用性高、可辨别性大、稳定性强。这启发教师关注:语文学科的本质属性是言语性,言语实践是语文学科始终稳定的、最具辨识度的、运用程度最高的形式内容。有意义的拓展式情境任务,应始终铆住语言文字运用这一核心,紧扣语文关键能力培养。即使是跨学科情境任务,也要关注语文学科特质,增强核心知识与关键能力的意义关联,避免舍本逐末。

在实践中,许多老师青睐于大主题的项目式学习活动,但其实"微情境任务"也极具言语实践意义:剔除烦琐花哨的形式,小切口、短周期、重过程、有实效,学生在真问题、实问题、小问题的驱动下,进行高效能的言语实践活动。比如写一段推荐词,也许比设计宣传海报更能锻炼言语表达能力;课前3分钟"阅读推荐星"口头推荐阅读书籍,并不比一段推荐短视频效果差;开展"古诗周"活动,同学们轮流张贴古诗名句、猜字谜等看似朴素的小活动,简单易行,润物无声,比热闹的唱跳游戏表演活动,也许更具操作性。

2.活动耦合,打通"大动脉":巡航,构建系统路径

(1)融合度:营造"文本语境"的寓身体验。

"有意义的联结"是有意义学习的核心理念,它所强调的"实质性的联系",指新的符号或符号所代表的观念与学习者认知结构中已有的表象和已经有意义的符号、概念或命题的联系。当前,小学语文教学中情境任务创设与文本语境的关系不紧密,甚至脱节分离的现象并不鲜见,如教学《祖父的园子》一文时,让学生写菜园推荐词,把回忆性散文上成游记或写景性文章,"祖孙情"这一核心就会被淡化甚至消弭。

"有意义的融合"指的是情境任务与教材文本语境、情感等呈现强度很高的咬合性。兼容性高,学生学习体验才能通达,这也是寓身认知这一情境认知理论的重要观点。如何加强融合度？基于文本、指向文本、回归文本是情境设置的基本原则。以古诗为例,古诗承载着千百年来中国古人或清逸、或含蓄、或浓烈的情感。小学语文教师经常运用"角色体验"情境让学生走进古诗的诗境,但任务设计也要根据古诗所表达的情感而有所区别。对《山居秋暝》等写景抒怀的古诗,可以创设辋川山林等情境,引导学生冥思:"同学们,此时你们就是诗人王维,让我们走进辋川的这片山林去寻访,你看到、听到、嗅到、想到什么？"让学生不疾不徐,始终在情境中品味、徜徉;对《芙蓉楼送辛渐》等叙事抒怀诗,可创设"王昌龄写家书"等情境任务,引导学生写"一片冰心在玉壶"的诗人情志;对《黄鹤楼送孟浩然之广陵》等基调轻松、情感闲适的送别诗,则可以借助唐朝诗人的"朋友圈关系图",聊画面、比表达、悟情感。

适切的情境任务,应当精准地把握文本语境:依托文本的独特场景,把握人物的心境体验;紧扣文本的言语表达,洞察事件的情感基调。做到人、事、情、言等高度统一、韵致妥帖,才能促发学生入境融境、习得表达能力。

(2)结构化:指向搭建连锁进阶的学习进程。

有意义的学习理念,强调"有意义的经历",提醒师生关注群链情境活动的动态建构过程,在内聚的、结构化的、适时的情境任务中不断深化,提升学习脚手架的稳定性、支撑度、推动力。甄选、确认情境任务后,教师需要对任务支架进行系统梳理,建构逐步提升的进阶结构,使得学有增量、学有挑战。单元整体教学如此,单课的情境任务群也应如此。

以五年级下册《田忌赛马》为例,教师可以设计"赛场小主播""孙膑献计策""赛制研讨会""小公民论坛"四个情境任务,这些情境任务并不是随意安排的。"赛场小主播"通过再现文本情境,助力学生学会有条理地表达。"孙膑献计策"通过挖掘文本情境,引导学生学会有逻辑地表达。"赛制研讨会"创生文本情境空白,激发学生进行迁移性创想。课后的"小公民论坛",则启迪学生进行时代性反思,如联系"现代国际羽联团体赛规则"的新闻思考怎样应对"田忌赛马"的局面,培育学生对"规则"的价值观认知和辩证思考。[①]这四个小情境任务具有嵌套关系,后一个情境任务是对前一个情境任务的推进与拓展,由此形成情境任务彼此关联,相互作用,共同推动学生言语思维能力的发展。

因此,如何在情景任务群系统中提升推动力,就要省察每个子情境任务是否紧密关联,各部分所处的位置是否恰当,各部分的衔接是否体现了能力素养的不断进阶。没有结构化价值的子任务可删去,或重新调整排序,直至整个脚手架系统结构环环相扣、稳定顺畅、逐级上升。

(3)时机性:指向契合学路进程的节点把握。

情境任务布置的时机会影响全局。有些老师在教学伊始就说情境、提任务,如"我当非遗传人""最佳民间故事传讲人"等,看似调动了学生的学习兴趣,但若学生还未进入求知状态,大而空洞的任务反而会干扰阅读感悟和知识习得。何谓"恰当时机"? 这就需要教师充分把握学情,找到"不愤不启,不悱不发"的认知临界点,如阅读时的表达疑难点、情感共鸣点、合作探究点、拓展发散点等。敏锐把握这些时机,以情境任务撬动思维,才能发挥最佳的启迪思维的作用。

《西门豹治邺》一文,课后"阅读链接"设计了课本剧活动任务。如果一上课就实施"表演"任务,学生将难以心无旁骛地感受故事人物的深层智慧。教师其实不必着急,等学到文章第二大板块"严惩恶人"部分,学生只要充分阅读文本,就会发现文本的表达特点:巫婆官绅的神态动作等刻画生动,唯独西门豹只有语言白描,其他提示几乎没有。这时教师可趁热打铁,适时进行任务撬动:"如果你是导演,你将如何指导西门豹表演,可以从表情、动作、语气、心理分析等方面提表演建议。"这里教师强调"说戏",不是"演戏",因为"演戏"这一任务表述容易让学生陷入外在的表演,而"说戏"则引领学生走向深度思维,分析西门豹这么说、这么做的原因,感受其高超的斗争智慧,也为后续组织课本剧表演做好了指导性铺垫。在恰当的时间点组织情境任务活动,更能激发学生的潜能,提升其学习效度。

(4)开放性:基于"有向有法"的创意表达。

迁移是有意义学习的基本特征之一。拓展式情境任务,从"一篇"到"一

[①] 陆佳音.主题·情境·活动——阅读学习任务设计的"三轮驱动"[J].福建教育,2022(18):41.

类"，从课内到课外，从习得到创新运用，体现了"有意义的迁移"的理念。在设计实施中，拓展式情境任务要关注跨情境迁移力，让语用、真实、开放的情境任务成为学习实践的延伸与递进。

当下普遍存在读写迁移的拓展式情境任务，仿写套用课文"总分总"等结构、比喻拟人等表达方法，依葫芦画瓢，重形式而缺乏挑战性，实践运用趋向封闭僵化。拓展式情境任务应当走向开放，这里的"开放"不是天马行空，而是有向开放、有法开放。"有向"指的是教师的设计有思考方向，设计指向学科素养，情境主题可以呈现时代生活，可以关注社会时事热点，凸显家国情怀的内核，关注立德树人的总体目标。"有法"指的是通过关联、类比、递进、丰富等方式，对语言表达形式等进行刺激盘活，而后借助时空迁移、读写迁移、体验迁移等视角，设计具有"特殊的对象、典型的问题、独特的场景"等维度的情境任务。

开放性情境任务让学生的创造表达有了空间，任务成果往往呈现探究多向度、交际包容性、任务综合性、成果个性化等特征。如学习《扁鹊治病》，课后复述就不单单只是让学生给弟弟妹妹讲睡前故事，还可以结合现实的防疫话题，设计思辨性情境"给咳嗽不愿戴口罩的弟弟讲故事"。这样的情境任务不但可以考查学生的复述水平，更能考验对其现实问题的解决、智慧劝说能力等综合素养的培养；学习《赵州桥》后，可以让学生试着编制"国宝档案"，引导他们发现周边的传统文化古迹及其独特价值；学完"爱国群诗阅读"一课，可以《榜样会客厅》访谈节目为情境，结合阅读开展"最美爱国榜样推荐官"活动，让学生实现有意义的创意表达。

3. 反躬内省，借助"工具箱"：提速、驾驭工具评价
（1）工具性：镶嵌助学支架，助力难点突破。

因为情境任务对整个学习活动具有核心引领作用，因此任务完成过程必然涉及重难点，镶嵌解决问题所需要的适切的助学支架就显得十分必要，助学支架包括策略型支架、评价型支架等，将工具融入知识结构、技能习得、探究发现的过程之中，有助于任务达成。

策略型支架指解决问题的方法思路。教学统编版小学语文教材五年级下册课文《自相矛盾》，我们设定的情境任务是"如果你是楚人，该怎样叫卖，才能既化解自相矛盾的错误，又很好地进行推销"。教师可以引导学生思考"叫卖有哪些方法""可以从哪些角度叫卖"，形成策略支架，如：严谨表达——用上"除

了""几乎"等话语;避让思维——更改比较的对象;创新思路——强强联手打包售卖等。在策略型支架引领下,学生的语言实践有路径、有方法,脱离了"批评嘲笑",转向问题解决和创新思考。

(2)激励性:提供"参照体系",帮助反思提升。

保持学习路径的通畅,除了要开发多元路径,还需疏通"堵塞点",破难点、抓关键点,促进"毛细血管"的通畅。

评价型支架指提供评价量规、工具,帮助学生参照反思、不断提升。比如学习《王戎不取道旁李》等文言短文,围绕"妹妹睡前小故事"这一情境任务,可提供以下分级评价依据:一级是准确完整地讲故事;二级是有详有略地讲故事,突出王戎的智慧;三级是结合讲故事场景,声情并茂、有详有略地讲故事。学生对标评价支架,能找到清晰的目标,看到进阶的方向,进行有效实践。评价工具能够帮助学生在进阶过程中,不断锚定航标,反思自我,调整方向,开足马力,自主向前。

运用"主题聚焦""活动耦合""反躬内省"三种方法,实施系统导学策略,为阅读教学深度对话打通学习通道,厘清学习的逻辑脉络。通过架构有效的探索路径,促进学生与文本的深度交互,并在此过程中促进其表达与阅读能力的双重提升。

(二)谐律——情思争鸣策略

在探讨儿童语文学习的范畴中,"情"这一维度涵盖了激发学习动机、培养学习兴趣、深化情感体验及锻炼意志品质等非智力层面的要素,它体现了师生间、生生间以及学生与文本间,在情感交流、理性思辨、主旨领悟及趣味共鸣等多个层面的深刻精神交融。而"思"则是一个综合性概念,旨在促进与强化包括注意力集中、观察力敏锐、想象力丰富、记忆力强化、思维能力深化及创造力激发在内的一系列内在学习活动的全面展开与提升。"谐律"这一引导词,体现了"情"与"思"同频共振、协律相生的美好关系。

语文课堂的深度对话,以学习语言文字运用为根本,在实践性、综合性的语言活动中展开。在教学中,通过咀嚼品评、读写融合、多元思辨等方法,在深度对话中情思融合,才能实现人文共振、情言和谐。

1.咀嚼品评——在咬文嚼字中,触摸语言情感的温度

语文阅读,究其根本是语言文字的感受与习得,要字斟句酌,反复咀嚼,才能缘语生情,依靠语言塑情魂,从而整体把握文章的意蕴和气脉。全国语文名师王崧舟提出"细读文本八法",包含直面文本、字斟句酌、感同身受、比较品评、擦亮语言、还原想象、寻找缝隙、开掘意蕴。这在一定程度上可以概括"咀嚼品评"的内涵,聚焦语言文字,我们可以进一步提炼以下五种"咬文嚼字"的方法。

(1)质疑追问,揣摩语言。

《朱子读书法》中提到朱熹的阅读观:"读书,始读未知有疑,其次则渐渐有疑,中则节节有疑。"有疑后能进行多元化的、通盘的思考与比较,则会逐渐柳暗花明,以至融会贯通。语文教学,可以通过"追问八法"——假设、举例、比较、替代、删减、重组、六何(为何、何人、何时、何处、何事、如何)、类推,引导学生对语言文字进行深度追问。在与文本的深入对话中,以疑问为引,再度审视文本,为后续剖析与精准把握奠定基础。

(2)比较替换,锤炼语言。

通过比较,细察词句间的微妙差异,锤炼语言,增强语言感知力。教材是语言规范的典范,教师应引导学生比较教材中词句表达的不同效果,体会作者的情感与意图,从而提升学生的语言运用能力。

(3)抓住标点,品味语言。

标点符号,作为语言的灵魂伴侣,其意义远远超出了停顿与语气之限。鲁迅先生以其敏锐的语言感知,将标点符号的表达功能发挥至极致。解读标点,是深入作品内核的有效途径,有助于我们更精准地把握作品的思想情感。

(4)场景还原,感应语言。

细节,乃文章之精髓,细致入微的描写往往能触动人心。如贺知章"笑问客从何处来",一"笑"一"问",尽显归乡不识之凄凉。教学中,应抓住这些细节,引导学生结合生活体验,还原场景,感受语言背后的情感与意境,促进其内心共鸣的产生,深化其对作品的理解。

(5)诵读品味,内化语言。

诵读,读出情;品评,生出情;浸润,悟出情;切己,察出情。读,正是"愤""悱"的情状,在读的前提下,"启"和"发"正当时。王崧舟在讲《与象共舞》时,巧妙运用语言节奏,引导学生感受大象跳舞的生动场景。通过节奏的变化,学生不仅掌握了语言的韵律美,更在反复诵读中,深刻体会到了大象的灵动与活泼。

王老师的课堂虽无音乐伴奏,却以语言为乐,引导学生品味语言之美,实现了从无知到领悟,从平淡朗读到情感共鸣的华丽蜕变。

2.读写融合——在举一反三中,彰显思维发展的力度

顺情品语,托情思习表达。读写融合,就是运用言语,移情促写,更可以移情转换,活化言语。

(1)挖掘文本,视觉想象。

视觉想象作为深化理解的一种高阶策略,旨在将语言的抽象性转化为直观生动的视觉图景,从而揭示文本的深层意蕴。视觉想象的过程促使思维超越既有框架,探索未知领域,孕育出崭新的意象与延展的意义。它不仅是将复杂概念具象化的艺术,更是激发学生内在潜能,促进其情感与认知交织共生的桥梁。鉴于儿童天然具备的丰富的想象力,教师应善用文本,引导其将文字幻化为鲜活场景,使幻想与现实在心灵层面交融,激发其将愿景转化为现实的动力。在教学过程中,通过巧妙设问与思维启迪,鼓励学生基于文本进行个性化重构,以此激活其内在情感,促进其情智并重的发展。

(2)联想整合,类比迁移。

类比迁移是思维灵活性的体现,要求个体跨越界限,在看似不相关的事物间建立联系。此能力愈强,则在学习与生活中的收获愈丰。万物间或隐或显的纽带,无论是相似、相通、相对还是相关,都是迁移的基石。如同高山流水、红花绿叶般自然,教师应引导学生学会捕捉其联系,通过联想整合,实现从简单关联到类比迁移的飞跃。这一过程旨在培养学生超越既有知识结构,应对复杂情境与真实问题的能力,促进其从低阶到高阶的思维跃迁。在小学语文教育中,把握事物间的内在联系,培养学生的联想整合性思维,是促进学生全面发展的重要途径。

(3)留白艺术,读写并进。

课堂留白是教学智慧的体现,它以"无"生"有",在动静相宜中创造无限可能。正如国画留白所展现的意境之美,课堂留白亦是提升教学效率与质量的重要策略。它要求教师以"不全"促"全",在有限的教学时间内追求思维的无限延展,留给学生回味与深思的空间。这种艺术化的教学方式,旨在打破传统课堂的界限,让学生的思维在留白处自由翱翔,实现读写结合,既深化理解又激发创造力,留下余音绕梁、意犹未尽的教学体验。

3.多元思辨——在辩证讨论中,迸发言语智慧

"思",强调深刻、多方面思考;"辨",强调积极进行甄别、分析、认定。思辨性阅读,操作有法,拓展无形,具有千变万化的学习意趣。

(1)"多元思辨"的课程地位及内涵。

《义务教育语文课程标准(2022年版)》中,"思辨性阅读与表达"任务群是六大学习任务群之一。该课程标准对"思辨性阅读与表达"作了这样的表述:"本学习任务群旨在引导学生在语文实践活动中,通过阅读、比较、推断、质疑、讨论等方式,梳理观点、事实与材料及其关系;辨析态度与立场,辨别是非、善恶、美丑,保持好奇心和求知欲,养成勤学好问的习惯;负责任、有中心、有条理、重证据地表达,培养理性思维和理性精神。"同时在对"学习内容"的阐述中多次出现"质疑""提问""梳理""发现""评价"等关键词,"思辨性阅读与表达"任务群的内容主要包括以下要素。

第一,深入分析与严密论证。这一过程根植于对信息的全面关联、深刻理解、精准识别、细致比较及逻辑判断,旨在实现多维度、条理清晰且富有成效的分析与论证。新课标尤为注重"证据导向的论证能力"及"读文阐理"的培养,鼓励学生依托事实细节,融合口头阐述与图文展示,清晰阐述个人见解;同时,强调从文本中挖掘论据支撑观点,深化对论据与论点间内在联系的剖析,力求言语表达做到秉持责任心,围绕核心,条理井然,并有坚实的证据作为依托。

第二,积极质疑与审慎批判。质疑作为思维探索的起点,是逻辑与辩证思维不可或缺的基石。而批判则涵盖了鉴别、审视、评价与判断的综合过程。虽然小学阶段未直接提出"批判性思维"的概念,但在思维品质的培养框架中,多次强调"思维的批判性",鼓励学生勇于表达"个人见解"、"独到发现"及"独立观点"。重要的是,这种质疑与批判需建立在忠实于文本阅读与倾听的基础之上,避免误解与随意评判。

第三,深度反思与有效评价。这要求学生在阅读与表达活动中,对其思维轨迹、思维成果及行为实践进行自我审视、自我激励与自我调整。反思与评价作为理性思维不可或缺的环节,其目的在于激发学生的内在动力,促使他们更加主动地构建知识意义、解决复杂问题并采取合理行动。通过这一过程,学生能够不断优化自身的思维与行为模式,实现个人能力的持续提升。

(2)"多元思辨"的学段重点。

综合分析《义务教育语文课程标准(2022年版)》的表述可以发现,围绕"多

元思辨"这一主题,课程标准是从事物、事实、观点与证据确立学段内容和目标的。

第一学段,重心落在"事物探索与问题萌发"上。好奇心,作为人类天生的探索驱动力,被视为思辨能力萌芽的土壤。教师应通过培养学生勤学好问的学习习惯,为其奠定思辨的基石。该阶段可设计如"生活奥秘探索"和"我心中的疑惑"等主题,引导学生阅读富有趣味的短篇,激发他们对周遭事物的兴趣,训练其观察、对比相似事物异同的能力,并在这一过程中鼓励他们自由表达个人见解,进行理由陈述。

第二学段,焦点转向"事实与观点的融合"。要使学生能够言之有据地表达,关键在于建立事实与观点之间的逻辑桥梁。事实是对现实世界客观存在的描述,观点则是个人对特定现象或事物的主观认知与感受。教学中,我们利用文本实例,强化"以文载理,据实立论"的能力,鼓励学生发表对文本的独特见解,并学会从文本中搜集证据来支撑自己的观点。

第三学段,深入至"证据支撑与观点论证"。学生需掌握中心明确、条理清晰、证据充分的论述技巧,这要求他们初步运用简易论证方法。2022年版课程标准强调在阅读中辨识"总分""并列""因果"等逻辑关系,并倡导学习科学家及哲人的思维方式。尽管小学阶段未明确设立"议论文"学习要求,但已引入"短评、微论"等文体形式,旨在通过文本评价活动,启蒙并培育学生的批判性思维能力,为未来的深度思考与表达奠定坚实基础。

(3)"多元思辨"的路径方法。

思辨性阅读问题教学方法主要有:循证思辨、多维比较和观点思辨三种。其基本方法如图4-6所示。

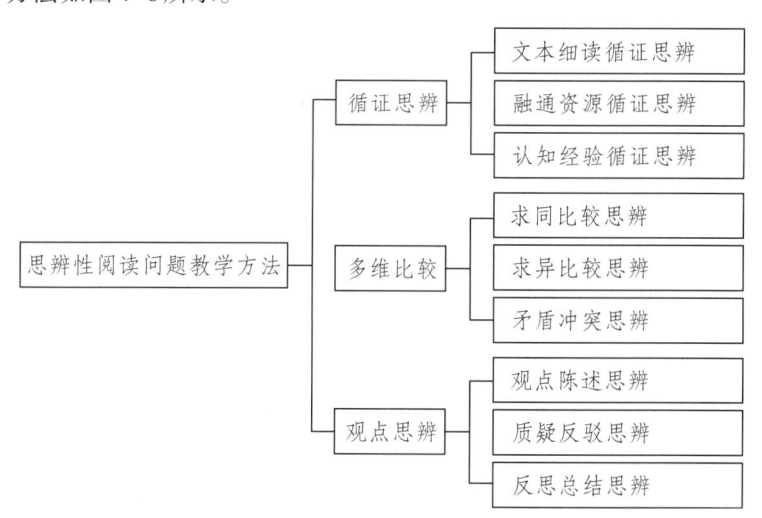

图4-6 思辨性阅读问题教学方法

第一，循证思辨。循证思辨也称为循证学，是"基于证据的思辨"，主要通过呈现证据的过程来培养学生分析问题、解决问题，以及提出和流畅表达前后一致的合理论点的能力。我们可以在文本细读、资源整合、联系生活中进行循证思辨。思辨性阅读问题教学，可以通过设计"有理有据说理"活动单（如图4-7所示）等进行，目的就是引导学生在阅读思辨过程中，学习寻找证据、分析证据、运用证据，形成自己的观点。

"有理有据说理"活动单	
议题：＿＿＿＿＿＿ 我的观点：＿＿＿＿＿＿	
理由1	文本细节依据……（内证）
	课外资料依据……（外证）
理由2	文本细节依据……（内证）
	认知经验依据……（外证）

图4-7 "有理有据说理"活动单

第二，多维比较。包含求同比较、求异比较、矛盾冲突比较，在两个或两个以上事物的比较中，对事物的特点进行联系对比、关联整合，从而对事物形成全面的认识。

第三，观点思辨。包含观点陈述思辨、质疑反驳思辨、反思总结思辨。这三种思辨方式，也可以从时间上分为一堂课的前、中和后三个阶段。课前立论，确定自己的观点；课中找到对方观点陈述中的漏洞进行质疑；课后反思总结，梳理自己的观点。其发展过程如图4-8所示。

提供问题情境 → 巧设冲突议题 → 界定核心论据 → 观点陈述思辨 → 质疑反驳思辨 → 反思总结思辨 → 梳理观点表达

图4-8 观点思辨发展过程

多元思辨让学生经历充分的语理活动，"从感性的语感体验开始，在语感体验活动中调动思维机制，将语文学习提升到规律性的语理层面，然后在知识的烛照下再次回到本原的语感和语用状态，这样反复几个来回，实现知识的生成与转化"[①]。

通过咀嚼品评、读写融合、多元思辨三种方法，践行"情思争鸣"的策略运用，融通语文方能走向言语与思维并进、情与理共生的境界。

---

① 魏星.在多重转化中落实语文要素[J].小学语文教师，2020(4):5.

第五节 达:"化用知行"策略

"达"字在中国传统文化中具有深远的历史渊源。"达",本义为通达无阻,引申有到达、通晓、明白之义。比如《论语·乡党》:"丘未达,不敢尝。"唐代慧琳《一切经音义》卷十一:"达,谓智也。"子曰:"诵《诗》三百,授之以政,不达;使于四方,不能专对。虽多,亦奚以为?"此处的"达",有通达、通晓之义,也就是闻一知二,举一反三。其次有"表达、传达"的意思,比如《论语·卫灵公》:"辞达而已矣。"再次有"豁达、旷达"之意,《世说新语·德行》:"王平子、胡毋彦国诸人,皆以任放为达。"

综上,融通语文第四层境"达"的内涵可以解读为化用知行。

一 "达"在融通语文四进阶中的导向价值

(一)"化用知行"彰显文化境界

"化用"是一种文学修辞手法,指用典故时不直接引用,而是把典故根据自己的需要加以重新组合,灵活运用。"化用"表现了学习者融会贯通的境界。意味着表达者进入"合规律性与合目的性和谐统一的超然之域和自由之境"[1]。化用不受时间和空间的限制,既是语言的创新,又是思想的提升。从传统文化心理结构的角度看,它的结构意义和功用模式与孔子的"述作"深相契合;从个体创作心理结构的角度而言,它是跨越时空艺术生命延续、实现精神对接的最佳载体形式。

与"化用"形成对比的是"套用""引用"等修辞方法,"套用""引用"这一层次的修辞运用是突出模仿,照搬他人内容,重在理解和联系,突出"援古证今",而"化用"强调"推陈出新""通感神用"之妙境。

---

[1] 李丕显.论化境[J].徐州师范大学学报(哲学社会科学版),2008(1):18.

(二)"化用知行"凸显融通能力

小学语文融通课堂的目标是"化用知行","化用知行"指向转化重建能力、综合运用能力、创新表达能力,意味着学习者转"识"为"智",实现实际运用、知行合一。概括起来,"化用知行"能力大致可以分为三层。

第一层,学以致用:熟能生巧,化学为用,将学到的知识灵活运用于生活实践中,懂得做事与做人的道理。

第二层,举一反三:具备思考能力,掌握学习方法,能够举一反三,知其然,也知其所以然;掌握自学方法,在没有老师辅导的情况下主动自学。

第三层,融会贯通:将所学知识完全深入内化,能够在复杂、不确定的情境中,综合运用所学的知识来解决问题,进行创造性交流与表达。

二 "化用知行"的实施依据和原则

(一)核心素养理念

《义务教育语文课程标准(2022年版)》指出:"义务教育语文课程培养的核心素养,是学生在积极的语文实践活动中积累、建构并在真实的语言运用情境中表现出来的,是文化自信和语言运用、思维能力、审美创造的综合体现。"语文课程核心素养分为四个方面,即"文化自信""语言运用""思维能力""审美创造"。"文化自信"指明了立德树人在语文课程中的根本宗旨;"语言运用"明确了语文课程核心素养的运用导向;"思维能力"明确了内化语文课程核心素养的关键所在;"审美创造"强调提升语文课程核心素养的艺术创造品位。这与融通语文教学主张中第四层境"达"的核心内涵具有高度一致性。

1.综合实践性

语文核心素养是语文能力与语文知识、语言积累、思想情感、审美情趣、思维品质、学习方法、学习习惯的有机整合,是德、智、体、美、劳的和谐统一。融通语文教学主张提出的"化用知行"也强调语文核心素养是一个综合的整体,不可分割。语文课程的综合实践性,表现在语文课程是实践性极强的课程,融通语文教学主张重视语文核心素养的内涵意义,既包含可量化、可分解的知识与能力,又包含高度关联、内隐性的思维品质、价值观念、情感态度、文化修养等。

2.文德内化性

语文核心素养,专指人在语文运用(言语实践)领域所表现的特殊素养。这种素养最根本、最集中的体现就是言品——言语能力、言语智慧和言语境界。而决定外显语言表现的,是内在的"文德"。"文德"的提出,即表明言语本位应从"学言"的角度"立人",由端正"言品"入手,全面提升"人品",这才是语文教学最本质的个性特征。文德内化具体表现为:立言必讲诚信,表达真情实感;解读务求详尽,明辨精华糟粕;对事物、自己、受众、文本、作者全都负起严肃的责任,自觉维护民族语言的纯洁性。守正言语性灵,关注言语教养,此谓"文德内化"。

(二)知行合一理念

在"知行合一"这个理念中,"知"代表着知识、学问和智慧,"行"代表着行动、实践和执行,"合一"则代表着两者之间的无缝衔接与协调,表明了知识和实践之间相辅相成的关系,强调理论与实践的统一。"知行合一"理念强调知识与行动之间的密切关系,认为只有将知识转化为实际行动,才能真正实现个人和社会的进步。知行合一是一种追求真理和实践的方法论,也是一种道德规范和行为准则,其内涵丰富而深刻。

1.知行合一强调知识的实践性

知识只有在实践中才能得到验证和发展,只有通过实践才能真正理解和掌握知识。只有将知识转化为实际行动,才能实现个人的自我完善和社会的进步。

2.知行合一强调行动的价值性

知行合一要求我们在行动中坚持正确的价值观,追求真善美。只有将知识转化为实际行动,才能真正发挥个人的潜能,实现自我价值的最大化。只有在实践中,才能不断地修正错误,不断地完善自己。

3.知行合一强调人与社会的统一性

只有个人与社会相统一,才能实现个人和社会的和谐发展。知行合一使得知识不再是空洞的理论,而是能够指导实践的有用的工具。

(三)创造转化理念

"化用知行",其中"化"包含"创造新生"之意。任何对历史遗产和文化传统的继承,都是在当代语境下的一种积极实践,不可避免地要与当代社会的变革交织融合。因此,创造转化这一过程本质上蕴含了革新、转化、演进及创造的内在需求。融通语文主张在语文课程教学中关注以下内容。

1. 重视礼俗体验、实践滋养

古人云:"纸上得来终觉浅,绝知此事要躬行。"融通语文教学主张强调躬行,倡导以实践来实现教育的有效性,通过礼俗体验、文化习养、社会服务等实践路径,将文化智慧以及思想内化于心、外化于行。此外,融通语文教学主张也关注动态传承,使学生真切感受到中华语言文化的底蕴和魅力。

2. 重视优秀文化传承、品德铸魂

中华优秀传统文化是涵养铸魂特质的活力源泉。"求木之长者,必固其根本;欲流之远者,必浚其泉源。"坚守根本,意味着要传承中华优秀传统文化所蕴含的价值理念、哲学思想、传统美德、人文精神等。育人的重要旨归在于赓续理想信念、塑造君子人格、厚植家国情怀、坚定文化自信,在本质上体现的是中华民族最深层次的精神追求。因此,"品德铸魂"是融通语文教学主张之根本。

3. 主张以开放视野,海纳百川

融通语文的融通理念,主张培养学生开阔的视野,使其广泛吸纳世界文明之精华,博采众长,既沉淀卓越的包容性,又关注多元文化的交流与相互借鉴。面对一切优秀文明成果,融通语文主张秉持谦逊的学习态度,通过不断吸收一切优秀文明成果的精华,在创造性转化中培养学生的创造性,使其实现语文学习的融通。

三 "化用知行"的核心策略

从"立言"和"立德"两个维度出发,融通语文"化用知行"的核心策略,分别是"文章化用"和"文德化行",从言语能力、言语智慧,走向言语境界,关注"言

品"与"人品"的融通生长。

(一)风骨——文章化用策略

"化用",指的是以"综合运用""转化重建""创新表达"为表征的三种方法,凸显"立言"的策略化成。"风骨"一词,彰显了对文学作品的美学要求,暗示着融通语文的"化用"不是简单的迁移创作,而是要包含审美格调与个性创意的内涵特质。

"综合运用""转化重建""创新表达"三种方法的关联与进阶关系,从图4-9可以直观了解。

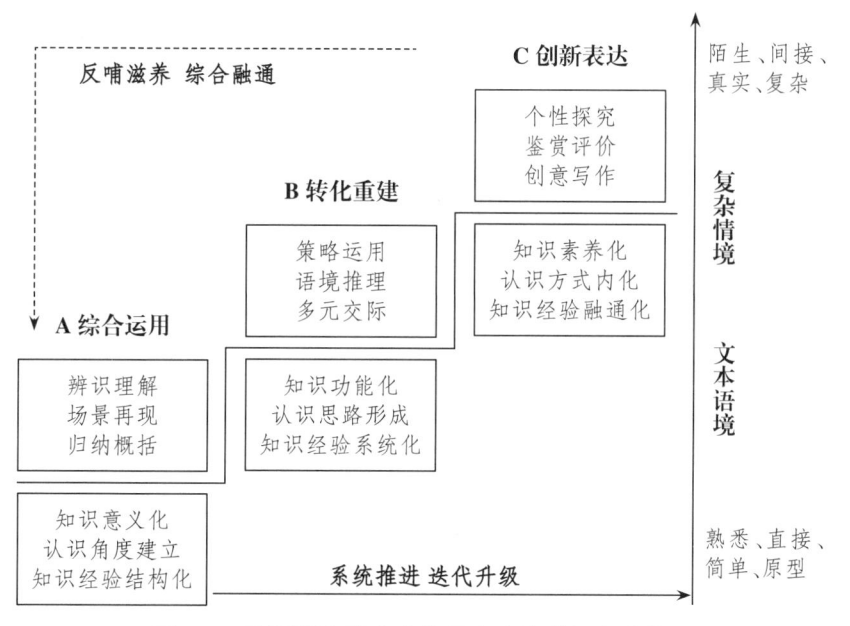

图4-9 融通语文的文章化用方法关联与进阶关系

1.综合运用:由"学科知识"转变为"学科实践"

"综合运用"意味着价值取向应由"学科知识"转变为"学科实践"。就语文学科而言,"学科实践"即"言语实践","是指在复杂而真实的情境中,以语言文字及其作品为核心,学生以自主实践、合作探究的方式,参与获取和应用语言文字运用规律的过程"[①]。言语实践蕴含着两层意思:

---

① 李倩.核心素养取向的小学语文作业设计与评价[J].语文建设,2023(16):16.

一是学习主体在实践中应用语言。它指代了学生在现实生活与各类情境中主动运用语言的过程。这一过程不仅体现了学生灵活运用语言知识的能力,还彰显了其在不同语境下选择恰当表达方式的智慧。通过实践,学生能够将静态的语言知识转化为动态的交流工具,实现信息的有效传递与情感的深刻表达。

二是学习主体向实践学习语言。言语实践也是学生从实际情境中汲取语言养分、丰富语言储备的重要途径。学生在参与实践活动时,会不断接触新的语言现象,学习新的词汇、句式和表达方式,从而在潜移默化中提升自己的语言感知力和理解力。这种向实践学习的过程,是主体语言能力自我完善与提升的关键环节。

从教材分析来看,统编版小学语文教材三至六年级的"语文园地"栏目编排了"词句段运用"板块,给学生提供了精准的用以锻炼运用语言文字能力的信息和资源。用好"词句段运用"中的训练资源,学生就能进行词句段的连接,巧妙渗透彰显"词句段运用"中的支架效能。加强"词句段运用"和其他板块,特别是与单元课文学习的内在联系,将板块提供的信息和资源以学习单的形式运用于各课教学中,让学生进行句式模仿、情境描述、归纳概括等实践练习,就能使其达到会"运用"的目标。

归根结底,言语实践是学生在亲身体验中积累语言经验、深化语言理解的桥梁。在持续的习练与实践中,学生能够逐步构建起自己的语言体系,形成独特的语言风格,进而生成并提升语文素养。语文实践活动既为学习主体提供了内化语言、积淀文化底蕴的广阔空间,又为其外化语文素养、展现语言才华搭建了坚实的平台。

2.转化重建:由"生硬衔接"转变为"智慧关联"

言语智能的培育与发展,并非建立于零散知识的堆砌或技能片段的随机拼凑之上,教师应当立足于言语能力的整体架构与系统性培养,精心策划一系列内在逻辑严密、相互关联的任务序列,形成任务"链条"。

(1)以"语用策略运用"教学为抓手。

由"具体言语实践"至"语言规律感悟",再至"语用能力生成"的递进式转化轨迹,是语文素养培育的发展路径。学习者始于具体的言语互动与材料分析,逐步领悟语言背后的规则,积累语用实践的智慧,进而将这些宝贵经验灵活应用于日常生活的语言交流中,最终实现个人语用能力与素养的构建。在此过程中,精准定位内容间的核心联结点,挖掘情感共鸣的基点,以及捕捉语言表达的创新点,是促进言语知识向实践智慧转化的关键,支持着多样化的转化路径与策略。

(2)以"多元交际情境"指导为突破。

现代语言学的一大特点是"较多地从社会的角度来对待语言,并且重视语言在不同社会环境中的交际功能问题"①。语用能力的核心是交流。"交流"与"语用"几乎是一回事,可以统称为"语用交际能力"。语用交际能力涉及发话者、听话者、话语方式,涉及交流的角色、对象、目的、效果等复杂要素。它不但要求语用主体能够说出来,还要求他们能够针对不同的对象,有针对性地、有效地表达和交流;它不但要求语用主体能够读懂文本,还把阅读看作作者、文本和世界之间的对话;它不但要求语用主体能够准确、规范地写,还要求其能够合目的、合对象、合语境地达成交际目的。一句话,语用交际能力要求语用主体能面对生活、工作、学习、艺术等各种情境,做出正确、得体、有效的应对与反应,运用语言高效灵活地做事。

比如顾慧、张雨强设计的六年级上册"有目的的阅读"策略单元练习作业,就突出了策略运用、多元交际的情境特征。②其练习作业主要呈现以下阅读材料(仅提炼要点,具体文字省略):

【材料一】济南趵突泉购票须知(不同时间,不同票价及优惠情况)

【材料二】趵突泉两个年度5月的不同水位统计

【材料三】名家散文《趵突泉》(老舍)片段

【材料四】趵突泉风景区地图和无障碍游览示意图

作业设计了两大任务,4个小题。

★任务一:选择合适(的)游览时间

题目一:为了完成这个任务,你会重点读【材料_____】,对2021年和2022年5月5日到5月9日趵突泉水位数据进行分析,得出2022年和2021年相比,趵突泉水位呈_____趋势。

---

① S.皮特·科德.应用语言学导论[M].上海外国语学院外国语言文学研究所,译.上海:上海外语教育出版社,1983:12.
② 顾慧,张雨强.小学语文情境化作业的设计策略初探——以六年级上册第三单元作业设计为例[J].现代教育,2023(6):23-29.

题目二：今年五一假期，你同桌的奶奶（现居住在北京）很想去趵突泉参观一下。你重点读了【材料一、二】，推荐同桌的奶奶五一过后的周一或周五再去比较好。请结合"趵突泉购票须知"和"趵突泉水位统计数据"提供的信息，说说推荐的理由是什么。

★任务二：选择合适（的）游览路线

题目三：为了完成任务二，你需要了解趵突泉公园内三个大泉喷涌的特点，你会重点读材料几？

题目四：同桌的奶奶特别喜欢诗词，请你结合材料和生活经验为同桌的奶奶设计一条时长合理、有文化味、特色突出的游览路线，并说明理由。

四道题目虽然看似简单，但是可以发现其指向了"实践运用""真实情境""问题解决"等有层次、有梯度的任务框架。题目一考查学生是否能够根据需求"有目的地阅读"，快速提取关键信息；题目二提高难度，考查学生根据更复杂的阅读目的，懂得在提取信息的基础上，针对"奶奶"这一特定的交际对象，进行说理表达；题目三聚焦文学性表达，在名篇散文阅读中，培养概括提炼的能力；题目四则以更加复杂开放的情境，考查学生阅读理解、联系生活和复杂需求解决问题的能力。此套作业在体现当前语文学习的"实践转化"能力导向方面具有一定的代表性。

3.审美创造：由"模仿借鉴"转变为"创意表达"

《义务教育语文课程标准（2022年版）》设立了"文学阅读与创意表达"任务群，并指出要引导学生"获得个性化的审美体验""提高审美品位""表达自己独特的体验与思考，尝试创作文学作品"。从课程标准这一层面，清晰地体现了对创新性表达的指向：个性探究、鉴赏评价、创意写作。助推学生个性发展与创意表达，在实施中需关注以下要点。

（1）把握"仿写"的"向"，忌言语套路化。

创造想象之可贵在于，体验是开放的，言语表达方式是独特、多元的。现实中，教师的导向偏差，往往致使学生想象动能不足、思维僵化。小学语文教材中有许多仿写的练习，学生在仿写时，就需要展开想象。在进行读写迁移的时候，教师一定要把握好目标方向，要注意把握"仿写"的核心，是仿想象的"思路、角度"，而不是片面套用课文的"语式模板"。此外，小学低中年级属于想象力培养的初始阶段，学生在展开想象进行故事创编时，教师不能过度强调想象的逻辑性,应当充分鼓励学生,激发其千姿百态、奇幻无穷的想象,呵护其好奇心与创编激情。至于想象故事的逻辑要求,低中年级能做到自圆其说即可,到高年级才在想象中渗透逻辑性。

(2)控制"指导"的"度",忌思维固化。

儿童的言语想象总是带着主观情感,且往往直率自由,具有游戏性、好奇性、形象化、主观化等特征。在做想象习作时候,教师要控制好指导的度。以小学语文三年级两次想象习作为例,教材提供了习作参考题目,见表4-1。

表4-1 小学语文三年级想象习作内容

册别	单元主题	教材中的习作提示
三上	童话(第三单元)	根据教材所提供的词语,发挥想象,编写童话故事:国王、啄木鸟、玫瑰花;黄昏、冬天、星期天;厨房、森林超市、小河边
三下	想象(第五单元)	习作参考题目:贪玩的小水、水果们的音乐会、小树的心思、躲在草丛里的星星、手罢工啦、滚来滚去的小土豆、假如人类可以冬眠

这些选题所提供的思路,都具有很大的开放性:有人物奇遇的、事物拟人化想象的,还有科学想象的。教师可能会觉得没有聚焦一种选材,很难指导,其实这是教材的独特匠心:在创造想象的初期,给予孩子充分的想象空间和更自由的言语状态,让孩子打开思路,无拘无束地想象。如果指导太多,则会在无形中束缚和固化其思维,阻碍其想象力的培养。

(3)编织实践的"网",忌训练模式化。

言语想象力的培养,绝不只有借鉴仿写一种方式,培养学生的想象思维体系,需要教师克服简单化,充分挖掘言语想象实践的多种方式,培养学生的想象智能。除了教材本身要求的句式仿写、段式仿写等,课文资源还提供了巨大的想象实践空间,学生可以进行以下想象活动:复述、扩写、续写、改写、创编等。这些言语实践为学生提供了更高层次的思维想象体验:复述是在再造想象中融入语言实践,扩写进行创造性的语言表达,续写、改写、创编等进一步提升了想象空间,让想象从图式化逐步走向个性化。这样的言语实践,在童话、神话、民间故事、小说等文体单元中,都可以充分加以挖掘。

(4)对接"生活"的"域",忌表达片面化。

首先,夯实想象的基础:生活经验的储存。

想象虽然是创造,却不是凭空产生的,生活是想象的基础。因此,言语想象力的培植,最终还是要落脚于生活。

以小学语文六年级上册第四单元为例(见表4-2)。从习作提示语中,可以读到这样的思想:想象来源于生活,离开生活这个想象的源头,学生的想象必然是一潭死水。教师在指导时,除了要引导学生丰富个人的生活体验,更应当注重培养学生敏锐的生活感受力:即使是平淡的日常生活,只要你留心体会,多思、多联系,就可以积累丰富想象的表象经验,培养敏锐的言语直觉和迁移能力。

表4-2 小学语文六年级上册第四单元语文要素框架

单元	语文要素	单元习作提示语	单元习作
六年级上册第四单元	阅读:读小说,关注情节、环境,感受人物形象 习作:发挥想象,创编生活故事	虚构的故事,读起来却像在生活中发生过一样,因为这些故事都能从生活中找到影子	根据提供的环境和人物,创编生活故事《笔尖流出的故事》

其次,拓宽迁移的渠道:多重联想的实践。

想象作为一种高级思维活动,并不能时时刻刻进行。但是,言语想象力培养能形成一种关键的思维方式——联想。联想是一种关联性思维方式,它是想象的活跃因子和开端。基于联想,想象才有了新的智慧再创造。因此,培养学生善于联想的思维习惯,对其激活思维、培养智力有重要作用。小学语文六年级上册第一单元的语文要素就强调了"联想"这一核心(见表4-3)。

表4-3 小学语文六年级上册第一单元语文要素框架

单元	语文要素	"语文园地·交流平台"提示语概要	单元习作
六年级上册第一单元	阅读:能从所读内容想开去 习作:发挥想象,把重点部分写得详细一些	阅读文章时,可以联系自己的生活经验想开去,要能从课文内容联想到更多。想开去,不仅可以深化对课文内容的理解,还可以活跃思想、激发创造力	想象作文《变形记》:如果你把自己变成另一种事物,会发生什么?

"想开去"让我们看到了联想的重要性。阅读时,学生可以充分打开思维禁锢,畅谈自己的联想,还可以进行语言文本的相似联想、相关联想、对比联想、类比联想等,让更多的言语信息、情感体验、创新性思考,充分地发散、汇聚,并辩证统一起来,让自己的言语生命潜能得以激活,让言语想象力培养真正落地。

叶黎明凝练了创意表达的向度,为我们提供了多维拓展的思路(见表4-4)。

表 4-4 创意表达的向度表[①]

向度	内容
书面语篇	字、词、句、段落、篇章、整本书、图表……
目的	娱乐、建立关系、说服、传情、学习……
媒介	文字、声音、图像、视频、动画、实物……
过程	目标—对象—头脑风暴—作品—修改……
口语特征	口语语法、口语词汇、互动性、角色、礼貌……
行为组织	报告、讨论、辩论、演讲、表演、座谈、展示……
体式	诗歌、海报、小说、剧本、宣传册、传记、论文……
作品类型	书面类、展示类、技术类、媒体类……

表达媒介、方式、方法、材料或形式的创新，也可以激发文学阅读的创造性，焕发文学作品的生命力。学生可以借助语言文字来表达美的感受与智的观点，也可以通过图像、音乐、舞蹈、动漫等非文字形式表达对自我、自然、社会、人生的认识，最终实现"阅读+表达""书面表达+口语交际""纸媒+新媒体""虚构+实用"等多层面、多维度、多学科的交叉融合。

(二)蒙养——文德化行策略

"文德"顾名思义，大致所指就在于体认世界的德行、文章本身的德行、作文时的德行、作者本人的德行、道德与文章合一的理想状态以及读者的德行这样几层意思。[②]从融通语文的视角出发，即学文、修炼文品，同时修炼人品。在道德认同、价值追求、言行举止、情感态度、审美理想、艺术表达等方面实现臻美、求真、向善。

"蒙养"一词出自《周易》"蒙以养正，圣功也"，意思是倡导在一个人年幼时即培养其纯正的品质。在这里，"蒙养"喻示着教育须关注"养根培正"的启蒙之意，同时不忘关注"童蒙"天性自然的特点，对儿童的教育应当注意适性、启发、引导。

---

① 叶黎明."文学阅读与创意表达"学习任务群：关系、向度及创新路径[J].语文建设，2023(3):13.
② 郭世轩.文德:文章学建构的逻辑起点[J].中国文学批评,2020(1):45.

如何让学生做到文德融通？文德可以由"文化"和"德行"两个词组合而成，它强调一个人在道德品质和文化修养方面的高尚和优秀。比如，要培育学生爱国、向善、崇礼、尚学，可将育人目标转化为课程目标，从素养发展的角度进行课程结构的设计和学科内容的遴选，通过学科整合、开发文化读本、创新课程形式，统整基础课程、校本课程与拓展课程，结构化地推进课程的整体变革，建成上下贯通、各领域相互协调的教学体系。在活动设计时，要注意以下四个维度。

第一，"文化根基"维度，强调精神力量，聚焦"文化积淀"与"言语审美"。

第二，"家国情怀"维度，强调价值引领，聚焦"理想信念"与"责任担当"。

第三，"国际视野"维度，强调文化包容，聚焦"世界胸襟"与"文化视野"。

第四，"科学精神"维度，强调思维工具，聚焦"探究意识"与"创新能力"。

围绕"文德化行"构建的小学语文综合性学习活动教学，是从"点状"思考到"线状"教学建构，再到多维联动的"巢状"课程育人体系。在教学中，教师要注意把握"四性"。

第一，逻辑性。指向"化育知行"的目标，使教学体系成为联系紧密、逻辑清晰的"育人整体"。

第二，融合性。以主题的聚合解决课程的碎片化问题，实现课程横向拓展与纵向深入。

第三，递进性。根据学段特征及能力要求和品质的内化程度，梳理各维度具有递进关系的目标层次。

第四，创新性。以项目式学习撬动课程改革的支点，形成跨界、项目制、真实场景、学科融合的课程样态，打破学科壁垒，让学习深度与广度兼具。

培养学生语文综合性学习活动的实践智慧，应当关注四个点：契合点、立足点、突破点、发展点。

首先，整合资源，寻找契合点：基于核心价值的共同性，淘洗典型课文，充分挖掘校本资源、地方资源、民俗资源等，为学生日常文化生活寻找扎根的土壤。

其次，根据学科特征，把握立足点：基于学科核心素养，结合教材特质，落实语文要素的核心要义。

再次，嵌入系统，着眼突破点：嵌入整体，柔性实施，助推要素达成。

最后，长程浸润，隐含发展点：系统设计，学科融合，积极开展项目化、研究性的创新培养方式。

从语文的视角，要实现"文德化行"，需要具体关注以下几种方式方法。

1.文房雅艺——传统品鉴与现代创新

(1)趣品文房四宝。

感知笔尖上的中国:书写千古文章,描绘锦绣河山;蕴文人情怀、大国之风。把握时代脉搏,守正还需创新。让孩子在体验实践与思考中,用中国儿童的创意去讲述中国文化之美、文化之生机。

基于这一理念,可以拓展一系列的课程内容:三年级开设"工具篇",分为"知识链接""名品鉴赏""游戏体验"等主题;四年级开设"名士篇",分为"人物名片""人物故事""人物评论"等主题;五年级设置"笔墨篇",分为"名品鉴赏""书画故事""周边原创"等主题;六年级设置"丹青篇",分类主题与五年级相同。每个主题都包含历代文人墨客留下的精华之作,让我们领略到流传上百年甚至上千年的中国文化瑰宝。书案上的文房四宝、个性鲜明的名士风流轮番登场……演绎精美绝伦的艺术中国;天下第一行书《兰亭序》、诗意万千的中国色彩穿越时空……让学生遇见笔墨丹青下的绝美中国;《韩熙载夜宴图》的游戏APP、《千里江山图》的学习用品……让学生脑洞大开,惊艳逆龄生长的中华优秀传统文化,生发传承古人文情才思,提升审美情趣、品位与素养的意愿。

比如,在教学统编版小学语文教材五年级下册第三单元"遨游汉字王国"学习主题时,我们让学生进行了相关项目式学习活动设计,学生基于驱动问题和情境角色,设计出了既有趣又有创意的项目。项目式学习活动设计促进了学生对汉字的热爱与创造性表达。具体见表4-5。

表4-5 "遨游汉字王国"项目式学习活动设计

驱动问题	如何创建一个有趣的汉字王国,争做汉字王国讲解员?
情境角色	1.以设计师的身份来设计汉字王国的主要场馆,制订研究计划 2.以研究员的身份学习文本材料,搜集整理资料,形成研究成果 3.以讲解员的身份布置场馆,并向同学们讲解场馆里汉字的奥秘,使其在活动中感受汉字的魅力
学生的项目设计	
场馆	项目设计
汉字趣味馆	1.字谜擂台赛 2.歇后语竞猜 3.汉字故事会

续表

汉字历史馆	1.《汉字的"前世今生"》节目拍摄（由学生撰写解说词并进行解说） 2.写简单的研究报告
汉字艺术馆	1."大美中国汉字"书法作品展示会 2."创意汉字创作秀"活动
汉字医疗馆	1.汉字病例调查报告 2.规范汉字书写大赛 3."告别错字我行动"倡议宣讲活动

（2）诵读经典诗文。

与经典相伴，同诗歌共鸣。在对话先贤、见贤思齐中，淬炼学生的思想。

这里，是中国人的书房：小儿郎，背诗行；李杜诗篇在，光芒万丈长；学而时习诵《论语》，见贤思齐促成长；读圣贤书，立天地心……以《论语》和古诗词作为各学段的基础内容，设置"名篇赏析、译文解读、名人故事、背诵誊写"的基本框架，展示传统文脉与现代哲思。可以选取小学生生活中可见可感的内容作为主题，比如三年级的主题为"虫鱼鸟兽"，四年级的主题为"草木芬芳"，五年级的主题为"山水童真"，六年级的主题为"日月星露"。引领学生品味李杜诗篇，习诵《论语》，将不朽光阴淘洗出的中华经典诗文的精神光华，以润物无声的方式浸润学生的心田。先贤的话语，是穿越千年的智慧。古诗流转的平平仄仄，激荡着动人的诗意回响。眼中的日月星露、身旁的虫鱼鸟兽、鼻尖的草木芬芳、心里的山水童真……诗的语言，为学生典藏古韵的悠扬；诗的声音，为学生勾勒经典的流光。

2.礼承启慧——传统民俗与现代传家

（1）民俗活动体验。

从岁时节庆，去体验中国人的日历。三月三的雅集，五月五的龙舟，中秋的圆月，除夕的岁火……在二十四个节气里，倾听大地母亲呼吸的酣畅；在四季轮转中，感受春耕夏种与秋收冬藏。让学生在感知体验传统民俗中，去感受中国人的传家情怀。这部分课程，可以开设如下：三年级的主题为"立秋、立冬、立春、立夏"；四年级的主题为"处暑、冬至、雨水、芒种"；五年级的主题为"秋分、小寒、惊蛰、夏至"；六年级的主题为"寒露、大寒、清明、小暑"。从春节、元宵、清明、端午、七夕、中秋、重阳、冬至、腊八等我国主要传统节日的历史渊源、美妙传说、独特风俗中挖掘其蕴含的文化资源,将其作为课程资源,让学生感知其脚下的土地有自己独特的性格,其生活的时节有自己鲜活的故事。冻土乍开,感应春气萌动;盛夏酷暑,知道驱邪避瘟;金秋丰收,享受团聚赏月;秋去冬来,体验数九消寒……让学生在四季的轮转中,感受到大自然的魅力。在体验民俗活动的过程中,学生犹如走进了生活的百科全书,既感知到我国古代劳动人民的智慧,亦感受到大自然的包罗万象。

小学语文教材中含有丰富的传统节日文化元素(如表4-6所示),教师应当具备全局视野,系统梳理并深刻理解其中蕴含的中华优秀传统文化教育资源,进而在日常教学活动的规划与执行过程中,自觉强化将中华优秀传统文化教育与语文教学深度融合的理念,积极营造传承与创新并举的教学氛围。

表4-6 小学语文教材中传统节日文化相关选文统计

年级	册别	板块	篇目	文本类型	节日
一年级	上册	语文园地	《春节童谣》	童谣	春节
	下册	课文	《端午粽》	散文	端午
二年级	上册	课文	《难忘的泼水节》	散文	泼水节
	下册	识字	《传统节日》	童谣	众多节日
三年级	下册	课文	《元日》	古典诗词	春节
		课文	《清明》	古典诗词	清明
		课文	《九月九日忆山东兄弟》	古典诗词	重阳
		综合性学习	中华传统节日	说明性文章	众多节日
五年级	上册	课文	《牛郎织女》(一)《牛郎织女》(二)	民间故事	七夕
		语文园地	《乞巧》	古典诗词	七夕
六年级	下册	第一单元	《北京的春节》	散文	春节
			《腊八粥》	小说	腊八
			《寒食》	古典诗词	寒食
			《迢迢牵牛星》	古典诗词	七夕
			《十五夜望月》	古典诗词	中秋

以三年级下册第三单元"中华传统节日"综合性学习单元为例,教师可鼓励学生积极利用媒体资源,诸如观赏展现中国文化独特韵律的纪录片《佳节》,或重温央视出品的《我们的节日》,这些作品深刻描绘了节日背后浓厚的情感纽带。同时,将教学活动与当地独特的自然景观、民俗风情及社会人文环境深度融合——这些都是极具价值的语文课外学习资源。进一步地,传统节日教育的广度与深度可跨越校园界限,拓展至社会各个领域,如图书馆、历史博物馆、文化展览馆乃至爱国主义教育实践基地等。通过在这些场所的亲身体验与参与,学生能够更加直观地感受并深刻理解中华文化的博大精深,从而在实践探索中涵养文化自觉与文化自信。

深入发掘传统节日文化的教育价值,构建传统节日深层次文化意涵与语文教育精髓之间的紧密联系,不仅能够丰富语文教学内容,还能够有效提升学生的语言文字运用技巧,促进学生语文学科核心素养的全面发展。

(2)非遗传统探趣。

匠心手艺,体现着传统技艺与现代匠心。

以福建的非遗项目为例:闽南答嘴鼓,话中有乾坤;非遗漆线雕,金线展神韵……岁月融入手艺,手艺见证匠心。福建的这些非遗项目,惊艳时光,匠心永存。

福建的教师可以让学生从闽南技艺和民间游艺中,去了解技艺中的匠人故事、游艺里的百趣千奇,去传承时代所需的匠心精神。

这部分课程,我们安排了如下内容:三年级的主题为"闽南技艺——答嘴鼓,指尖艺术——面人";四年级的主题为"闽南技艺——布袋戏,指尖艺术——剪纸";五年级的主题为"闽南戏曲——南音、高甲戏、歌仔戏,指尖艺术——中国结";六年级的主题为"闽南技艺——漆线雕,指尖艺术——泥塑"。在非遗传统探趣活动中,学生犹如进入了一个个工艺馆,走入了一个个游艺堂。巧夺天工的技艺,让他们惊叹。非遗传统探趣可让学生在中华优秀传统文化的熏陶中,开阔眼界、提升文化艺术素养,产生文化认同与文化自信。

3.文化习养——传统礼承与现代启智

体悟儒家经典,习礼养人,以德树人;礼承传统,智启人生;促发人格养成,行知合一,从而培养家国情怀。

本部分课程,可以开设如下:三年级的主题为"礼(礼貌)、节(节约)";四年级的主题为"信(诚信)、勇(勇敢)";五年级的主题为"孝(孝心)、忠(忠诚)、义(正义)";六年级的主题为"仁(仁爱)、智(明智)、合(和谐)"。

总之,语文课程中有着非常丰富的人格教育因素,"文德化行",教师可以用"文房雅艺""礼承启慧""文化习养"这三种方法去凸显文化的奠基作用,让小学语文课程真正成为"培根铸魂,启迪智慧"的土壤。

第五章

融通语文的运用实例

本章将围绕"融、和、通、达"四层境,聚焦八大策略,分别用一个典型课例进行策略运用的具体分析。具体课例安排如表5-1所示。

表5-1 融通语文课例安排

融		和		通		达	
策略	课例	策略	课例	策略	课例	策略	课例
情境浸润	五年级下册《黄鹤楼送孟浩然之广陵》	节点聚焦	三年级上册《司马光》	系统导学	五年级下册《田忌赛马》	文章化用	四年级上册《中国古代神话》整本书阅读
互文启鉴	五年级下"古典名著"单元	支点映射	五年级下册《猴王出世》	情思争鸣	五年级下册《闻官军收河南河北》	文德化行	三年级上册"综合性学习·中华传统节日"

第一节 例析:"融"层境的策略运用

如前文所述,融通语文教学主张的第一层境"融"的核心策略是"情境浸润"和"互文启鉴",要点是情感的浸润和不同内容的联结:教师通过资源萃取,实现联结的建立与优化,促进学生充分打开五感、悦纳情感、激活体验、沉潜学习。

本节内容分别以一个课例来呈现"情境浸润"和"互文启鉴"策略的运用。

一 "情境浸润"策略运用

会通物我:有意义的情境联结
——以《黄鹤楼送孟浩然之广陵》古诗学习为例

人的情感与认识过程是紧密联系的,任何认知活动都伴随着一定的情感,是在情感的影响下进行的。情境,是学生悦纳情感、深度融入课堂和文本的依托基础。"情境浸润"策略,是融通语文教学主张"融"这一层境的关键,教学方法是画像还原、言语钩沉、情志烛照。在此以送别诗为例,谈"情境浸润"策略的运用。

送别诗,在整个小学阶段的古诗文教材中占有重要一席。古人爱写送别诗,今日你折柳,明日我踏歌,你来我往,一唱一和。据说有古诗词爱好者通过大数据算出了全唐诗中"诗人的引用关系",再汇成唐朝诗人的"朋友圈社交关系图",发现个中妙趣无穷。那些传唱千古的送别经典,犹如千年古莲,至今依然散发着沁人心脾的芳香。

纵观小学许多送别诗的教学,似乎传递的总是离别愁情、悲伤孤寂。是否送别就意味着悲苦凄凉的情感告白?这其实是一种误读。笔者借小学语文教材五年级下册《黄鹤楼送孟浩然之广陵》一诗的教学,谈谈如何进行送别诗的情境教学建构,让"送别情"更有情趣,让古诗经典离儿童心灵再近一些。

1.画像还原法:趣话背景,激活"朋友圈"

"朋友圈",是现代语境下小学生熟悉的话题。学送别诗,怎能不了解诗人之间的友情?讲《黄鹤楼送孟浩然之广陵》一诗时,在课前互动环节,教师趣味化地设计了李白的朋友圈,借诗句"桃花潭水深千尺,不及汪伦送我情",让学生猜猜谁会为李白的朋友圈点赞,借此引出汪伦是李白的"粉丝",然后话题一转:"你们知道吗,李白年轻时,也是另一位诗人的超级铁杆粉丝。他就是孟浩然。"随后,简单地介绍李白与孟浩然的交往故事,特别提到李白在《赠孟浩然》一诗中说:"吾爱孟夫子,风流天下闻。"这句诗简直把李白对偶像的表白淋漓尽致地展现了出来。如此轻松的引入,拉近了古人与我们的时空距离,一下子就把孩子们的视角吸引到"朋友"这个核心词上来,对李白与孟浩然也多了一分亲近与喜爱之情。

需要强调的是,采用这样轻松的引入方式,是基于本首古诗的创作背景和情感基调的。解读这首诗的时代背景,我们发现,李白写这首诗的时候,正值青年,内心充满远大抱负,而孟浩然此时名满天下,与李白道别,去往繁花似锦的烟雨江南,既不是被贬官,也不是去平寇荡匪,完全是抱着"世界这么大,我想去看看"的闲适心情。因此,这首诗和一般的送别诗感情色彩不太一样,两人的分别,有不舍与祝福,却少有凄凉之情。这样的情感基调,决定了教学时的课堂基调。

2.言语钩沉法:实践表达,抒写"画中情"

读诗,朗读感悟固然是重要方式,但读送别诗,若能体验一把朋友的唱和,岂不更是快哉。在教学本诗时,教师让学生思考"全诗无一字和情有关,但处处关情。李白对孟浩然的感情就藏在诗句中,你从字里行间体会到了吗?"借这个问题,引导学生去发现李白表达情感的写作奥妙:你看,借"孤帆"表达孤独,"唯见"抒发不舍,"江边送别图"描绘大江奔涌,意境辽阔,也展现着对朋友的深情,"烟花三月下扬州"展现了江南的美好,蕴藏着对友人的祝福和对美丽江南的向往之情。"诗"中有"画","画"中有"情",李白就是这样把感情隐藏在描写的画面中。许多教学到这里就戛然而止,而笔者设计了这样独特有趣的写话内容,让学生真正体验了一回对话的乐趣:黄鹤楼别后,李白在朋友圈中更新了内容,创作了这首诗@孟浩然。此时,孟浩然正在烟花三月的扬州城,这是唐宋时期最繁华的都市之一。当孟浩然游赏于扬州的街市、亭台、酒肆、画舫……他读到了

李白的诗,于是,诗兴大发,也在朋友圈中写了这样一段话:

@李白:此时,我看着____,听着____,我多想_____。

这个写话设计体现了几层价值:

首先,语境的创设融合了古诗情境,利用了诗歌中"烟花三月"的空白点,让学生想象画面,展开写作。在一唱一和间,感受诗人情感的呼应,诗的气韵。

其次,在切己体验中,潜移默化地深化了学生对李白与孟浩然彼此心有灵犀的友情的理解。

最后,写话锻炼了学生的表达能力,使其学会了在实践中化用"情境交融"的表达方法,可谓一石多鸟。

3.情志烛照法:对话古今,融合"守与变"

送别,是中国诗歌跨越千年的主题。诗歌教学若是仅局限于古代作品,不免会有很多遗憾,而让诗歌成为纽带,连通古今,进行趣味的比较,一定会有特别的收获。笔者执教时,在课的最后引导学生迁移阅读,选取当代诗人的作品进行对比,如汪国真的现代诗《送别》。

送你的时候

正是深秋

我的心像那秋树

无奈飘洒一地

只把寂寞挂在枝头

你的身影是帆

我的目光是河流

多少次

想挽留你

终不能够

因为人世间

难得的是友情

宝贵的是自由

这首现代诗与《黄鹤楼送孟浩然之广陵》有许多异曲同工之处:同为送别诗;情感基调同样大气开阔,字里行间不见悲愁,充满了对朋友离别的美好祝福和不舍;同样通过"船帆"这个意向画面来表现情感。且现代诗意思浅近,是很适合小学五年级学生阅读的。基于这些共同点,笔者运用这首诗,让五年级学生能够发现古诗与现代诗的联系与区别。由于是小学生,不宜给其概念化的枯燥问题。因此,借助阅读比较,笔者设计了这样有趣的对话练习:

有一天,李白穿越千年,来到现代,他遇到了诗人汪国真。两人相见恨晚,也读了彼此的诗。他们之间有了这样有趣的对话——

李白:"汪老弟啊!一千多年过去了,你们的诗怎么变了呢?＿＿＿＿＿"

汪国真:"太白兄啊!一千多年过去了,我们的诗可没有变啊!＿＿＿＿"

这个比较阅读的对话练习,掀起了课堂高潮,学生兴味盎然,在导语的提示下,一下子关注到"变"与"不变"。学生很轻松地发现了古诗与现代诗于外在形式上的"变",通过一遍遍的阅读,又发现了"友情不变""通过画面表达情感的写法不变"。改变的是朋友圈,不变的是真挚的深情厚谊。"变"与"不变"的辩证,让学生的阅读视野一下子开阔起来。潜移默化中,他们感受着跨越古今的诗情诗韵,也开掘了诗歌语言形式的通感。

送别诗,承载着千百年来中国古诗世界中那些或清隽,或含蓄,或浓烈的情感。借助"朋友圈"等情境创设与语言实践创设,聊画面、比表达、悟情感。以画像还原,以言语钩沉,以情志烛照,古诗将与儿童更加亲近。

二 "互文启鉴"策略运用

互文启鉴:参互成文,合而见义

——以统编版小学语文教材五年级下册"古典名著"单元阅读指导为例

"互文启鉴"策略,是融通语文教学主张"融"这一层境的突破点,教学方法包含同质互释、异质凸显、跨界整合等。小学阶段教材涉及较多的名著改编,特别是许多传统经典名著,如果没有适切的互文迁移意识,就失去了名著阅读最好的联结点。如何有效、适当地联结课文与原著,让学生充分感受传统文化的魅力,学会阅读古典名著?这需要课程视野的开阔、融通的智慧,以"互文启鉴"策略,实现阅读的多重"共振"。

以统编版小学语文教材五年级下册"古典名著"单元为例,本单元涉及《三国演义》《水浒传》《西游记》《红楼梦》四大名著。原著皆为近百万字的鸿篇巨制,因此一般以节选和改编的方式选入小学教材。这些课文承担着激发学生阅读经典兴趣、感受古典文学魅力、传承中华优秀传统文化的任务,然而现实中的课堂教学却时常力有不逮:"只见课文"的教学,以理解和感悟人物为中心,将经典阅读上成普通阅读课;"经典崇拜"的教学,淡化课文,玄虚缥缈地解读原著,让学生空有向往,却因阅读能力有限等原因,对古典名著望而却步。

(一)语言的共振:守住核心价值

语文学科的课程性质,决定了"学习语言文字运用"是核心任务。古典文学名著教学,应当关注其独特的语言方式。以五年级下册第二单元"走近中国古典名著"单元为例,《三国演义》《水浒传》《西游记》《红楼梦》为古代小说,小学生阅读起来有难度,教材编者就通过改写与节选等方式,编写了《草船借箭》《景阳冈》《猴王出世》《红楼春趣》等课文,虽然小学生在语言理解方面有一定困难,但基于其能力,稍加指导后,也能基本读懂。

由于"节选"的文本基于原著,因此基本能够体现原著本身的语言特色。教师在教学前,应树立"原著"的资源意识,即关注原著的相关语言内容,在比较、联系、拓展中,充分运用同质互释、异质凸显、跨界整合的互文迁移阅读法,实现语言的感悟和习得。

1.异质凸显——特色语言的品读,于原著删削处挖掘

寻找经典著作的语言之根,需关注原著的语言特点。以课文《猴王出世》为例,该篇课文节选自《西游记》第一回,它形象地呈现了原著独特的文白结合的语言风格。品读第一自然段"石猴出世"时,教师往往只注意让学生体会石猴的个性,其实,在这一段落中,以排比对偶的语言结构,描写了石猴在山中觅食、交友、玩耍的场景,读来富有节奏变化、长短交错、朗朗上口。教师可以引导学生通过多种形式的朗读,体会语言凝练明快的表达效果,感受石猴的自由自在。为了深化对这一写法的了解,教师还可以更进一步:联系被删减的《西游记》原著中的内容,描写"众猴"的一段活动:"跳树攀枝,采花觅果;……青松林下任他顽,绿水涧边随洗濯。"让学生在朗读比较中去思考:"写石猴和群猴的活动,语言有什么相似之处?从内容上比较,你又读出了一个怎样与众不同的石猴?"借助原著的语言比较,学生能够更深刻地体会"文白结合"的语言特色,而在众猴只懂得"捉虱子、咬咋蚤"活动比较中,石猴"与狼虫为伴,虎豹为群",他的胆大、

与众不同就凸显出来了。教师在课堂上的这一点拨,不但帮助学生加深了语言感悟,也提升了学生对原著的认识。

2.同质互释——特色写法的咀嚼,于原著延展处深化

从古典文学名著中节选的课文,往往都有鲜明独特的写作手法。比如《将相和》《临死前的严监生》《景阳冈》等,每篇课文都有极富个性的人物动作、神态描写,且都采用了"正面描写+侧面烘托"的人物刻画方法。感悟《红楼春趣》一文中贾宝玉的形象塑造,教师可以"走进经典名著原文,宝玉给你留下了怎样的印象?"为引领性问题,引导学生穿梭于原著的语言文字中,感叹曹雪芹的特色写法:通过"正面描写+侧面烘托"写法,将这位"怡红公子"的形象刻画得入木三分——他是奇趣的宝二爷,奇人异语;他是稚趣的贾宝玉,心性率真;他是萌趣的宝哥哥,爱美心切……在形象感悟的基础上,教师创设"印象宝玉"的交流情境,激发学生的创意表达:"穿越时空,遥想你已置身大观园,如果你是晴雯或者袭人,又或者是小厮茗烟,偶遇贾府新来的小丫鬟,你会如何介绍身边的宝二爷呢?结合课文试着说一说。"

在名著节选课文的语言感悟环节,学生往往还处于朦胧阶段,而原著则是巨大的语言素材库。在原著中寻找语言资源并加以利用,有助于学生深化对写作方法的认识,咀嚼品味经典的语言魅力。这就需要教师具备语言敏感性,充分解读原著和节选的教材文本,发现其中的语言表达相似性和内容相关性,智慧地加以挖掘和运用。

(二)形象的共振:培养全文意识

古典文学名著之所以成为经典,与之成功地塑造个性鲜明、活灵活现的人物形象不无关系。作为节选,课文能够展现的往往只是形象的一个局部,许多教师教学时,会不自觉地丢失全文整体意识,习惯性地让学生分析、解读内容,然后得出一个概念化的人物标签,比如,说到《将相和》中的廉颇,就是"心胸狭窄,知错能改",说到《草船借箭》的周瑜,就是"嫉妒心强"。其实,这些经典人物,在原著中并不是单一片面的,而是具有成长性和多样性的。在名著整本书阅读中,要积极运用"关联整合"的方法。

1.人物形象的成长性,借原著渗透

以《猴王出世》为例,通过课文学习,猴王的"身手不凡、敢作敢为"形象已经深入学生脑海。但如果对孙悟空的认识仅止于此,那必定是管中窥豹、错失无限精彩。在课时有限的情况下,教师可以让学生读一读《西游记》的目录,在阅读目录中,发现孙悟空在书中的称呼在不断变化,从石猴、美猴王、弼马温到齐天大圣、孙悟空、斗战胜佛,而作者吴承恩在目录中称呼最多的是"心猿"。借孙悟空名称的变化,让学生去猜测他要经历多少次波澜壮阔的命运际遇与转折,也为学生认识人物形象树立起正确的观念:课文描绘的角色,仅仅是人物性格的一个方面,绝不是全部。

2.人物形象的全面性,借原著丰富

古典名著的人物形象刻画,精彩还在于其真实丰满,有血有肉。王熙凤虽泼辣狠毒,却精明能干,拥有高明的外交本领;《将相和》中的廉颇,在《史记》原著中,也有忠勇爱国的一面。经典名著中人物形象的全面性,绝不是一篇节选的千字课文能够涵盖的。教师在教学时,一定要树立全局意识,在人物形象定义时,避免"贴标签"和"扣帽子"。比如学习课文《景阳冈》,有学生发现:店家好心告诉武松山上有虎,武松却怀疑是店家想要谋财害命的骗人把戏,不但不听劝说,还执意上山,据此得出结论,说武松性格多疑。其实,教师只需联系《水浒传》原著的背景内容,这个问题就不难解决。书中描述的是民不聊生、盗贼四起的北宋末年,小说中母夜叉孙二娘经营的黑店,下蒙汗药、经营人肉包子等,图财害命的事件时有发生。在这样的背景下,武松怀疑店家,与其认为是武松多疑,不如理解为是他谨慎。

教学时,教师只有把握好原著的人物形象基础和发展脉络,才能在学生陷入偏颇时加以引导和点拨。让学生走进经典名著的丰富世界,就要培养其"全文意识",让学生时刻感受到:原著主人公还有更精彩的传奇故事和精神世界,这样才能激发其阅读经典、感悟经典的兴趣。

(三)思维的共振:促进学生思辨能力的发展

在新的时代,需要引导学生重新审视名著故事中的许多价值观,从而树立正确的时代坐标。这就要求学生以现代视角进行体验式学习,把传承传统和适应时代更加紧密地结合起来。只有受到名著自身的魅力,而不是笼罩在其上的

"经典名著"的光环的感染,传统文化的精髓才能接续性融通,新知、新质才能诞生。

1.辩证思考——融通"规则"与"自由"

在读《西游记》时,我们发现学生往往肤浅地感受到孙悟空的桀骜好斗,这一理解上的偏差,对学生性格态度的养成产生了不良影响。教学时,教师可以在《西游记》系列阅读课中,开展一次"西游大魔咒"的主题讨论:"孙悟空该不该戴紧箍咒？我们生活中有'紧箍咒'吗？什么样的人应该被戴上'紧箍咒'？"这样有效的论辩,能激发学生获得正确的价值认知:对于违反规则的人来说,紧箍咒是约束;对于自觉的人来说,紧箍咒是保护。吴承恩撰写《西游记》孙悟空成为"斗战胜佛"之后,紧箍咒也随之消失,也正印证了这一认识。这样的主题论辩,有利于学生将懵懂的物化认识转化为内在的价值认知判断。

2.跨界整合——融通"想象"与"创造"

上《西游记》的交流课,教师可以组织学生展开大讨论:"大家来进行一次头脑风暴,《西游记》里,或者你读的哪些神话故事中的幻想,如今成了现实呢？"思维的火花一旦迸射,就能产生奇特的激活效应,学生会发现,神话的想象,许多都成了科学创造发明的先声。神话固然只能称为幻想,但未尝不可将它看作古代人类的科学假说。比如:神话小说中,孙悟空的"一个筋斗云十万八千里""千里眼""顺风耳"等,如今都已成为科学现实。基于求知这个共同点,学生意识到,神话与科学有着共通之处,有益的神话幻想,会带领人们逐步走向科学的创造发明。

(四)读法的共振:润泽经典魅力

经常听学生说:"老师,《西游记》我老早就读过了。"细细一问,才知道因为目前名著的版本众多,很多学生读的是幼儿版、插图版,甚至是电视剧改编版的图书,这种"李鬼"式的"经典名著"泛滥成灾,对学生的阅读造成许多不良影响。因此,在教学中,教师更要重视阅读方法的指导,在学生心目中立下经典的正确形象。

1.精读,细悟经典之魅力

经典,非精读不能深入领悟。学生面对大部头作品,免不了贪多求全,囫囵吞枣。这样的阅读,记住的仅仅是零碎的情节线索、模糊的人物形象,而对于经典的辞章文采、精彩刻画、深刻含义等,很难有深刻体悟。借助课文这个支点,教师要撬动学生阅读名著的兴趣,教给他们精读的方法,就需要扎实地引导学生沉入文字,去批注、赏析。如:可让学生通过《景阳冈》武松打虎的"三闪"、《临死前的严监生》的"两指""三摇"等典型动作,捕捉人物的特点;通过《猴王出世》中猴王的语言,《红楼春趣》中贾宝玉、林黛玉等人的语言,去揣摩人物的性格。此外,还可以指导学生通过不同方式的诵读、摘抄、表演、尝试进行文学评论等,激发其更深层的思维碰撞,感悟经典的语言和形象魅力。

2. 泛读,激发阅读全文的好奇心

因为节选之故,古典文学名著课文还承载着一种"导入式"的引读作用。在教学中,教师可以通过多种形式的读,来激发学生阅读全文的好奇心。比如,泛读目录导览,观其概要,了解故事的精彩;跳读原著后面的关键句段,引发学生对主人公命运发展的情节猜想;寻读自己感兴趣的部分,促进对人物形象的理解……总之,要让课文成为与原著联系的纽带,促进学生对古典文学名著的持续研读以及阅读的不断深入。

3. 常读,树立经典阅读观

经典名著与一般文章相比,其魅力还在于其丰富的思想性、文学性,经历漫长时光的洗礼后仍历久弥新等。因此,古典文学名著注定不是只读一遍就作罢的,正确的经典阅读观应当是:常读常新。

幼儿读《猴王出世》,读出了石猴的神奇不凡;少年读《西游记》,读出了坚持与努力;青年《西游记》,读出了合作与成长;再长大些,也许还能透过《西游记》读出在人生路上,要不断战胜心魔,最终才能取得成功等人生哲理。因此,在接触古典文学名著的伊始,希望教师带着学生去"玩赏"经典,可以是不同版本的作品比较,可以是课文与原著的链接,可以是名家的阅读心得分享等,推进学生深度思考,传递一种认识:"经典,读无止境。"

"互文启鉴"策略,促进学生在文章关联、比较、拓展中,进行同质互释、异质凸显、跨界整合,极大地拓宽学生的阅读视野、培养其深度思辨的能力,全面提升其阅读素养。

第二节　例析："和"层境的策略运用

"和"是融通语文教学主张的第二层境，内涵是"整体统摄"。核心策略是"节点聚焦"和"支点映射"。其要点是学习者通过充分的讨论，了解其他人的想法，经过重新思考，得出新的结论或发现问题。学习者原本零散的知识信息内容被凝结，并激活新的思维因子，在情境任务中不断中和、盘活。在此基础上，教师聚焦核心问题、项目任务等，进行学路的启动与规划。

本节内容分别以一个课例来充分呈现对"节点聚集"和"支点映射"策略的运用。

一 "节点聚焦"策略运用

卯榫耦合：有节点的支脉推进
——《司马光》与文言文教学案例

融通语文教学主张之"和"，意味着教学设计要着眼整体，立足一点。所谓"着眼整体"，就是指能够根据课标、学习任务群的具体要求，在整体把握教材单元编写意图的前提下，根据单元导语和学习任务，梳理出专题教学点。所谓"立足一点"，就是指细读文本、结合学习提示，提炼出文本核心的学习内容，然后关联专题教学点，选择或生成一个最具有学习价值的教学点，并聚焦此点，形成微专题学习。这一策略运用的关键教学方法是：目标统摄、要素凝结、学情评估。

以统编版小学语文教材的文言文为例，如何确立小学文言文教学的目标内容，改变传统文言文教学中"重言轻文""文言剥离"的弊端，改善学生学习的情感体验和审美感受，提升文言文的魅力，真正传承中华文化经典，成了统编教材研讨的热点。借助"选文系统"和"助读系统"这两大系统的分析，可以较好地解决上述问题，并进一步厘清文言文教学的实施路径。

(一)选文系统,溯"本"

首先,我们可以通过小学语文教材中的文言文选编,从系统中发现选文特征。统编版小学语文教材14篇文言文,经过分析,可以顺藤摸瓜,追溯其选文思维(如表5-2所示)。

表5-2 统编版小学语文教材中文言文选文汇总表

册别	教材选文篇名	出处/作者	内容分类
三年级上册	《司马光》	《宋史·司马光传》/脱脱等	名人故事
三年级下册	《守株待兔》	《韩非子·五蠹》/韩非	古代寓言
四年级上册	《精卫填海》	《山海经·北山经》	古代神话
四年级上册	《王戎不取道旁李》	《世说新语·雅量》/刘义庆	名人故事
四年级下册	《囊萤夜读》	《晋书·车胤传》/房玄龄等	成语故事
四年级下册	《铁杵成针》	《方舆览胜·眉州》/祝穆	成语故事
五年级上册	《少年中国说(节选)》	梁启超	爱国散文
五年级上册	《古人谈读书》	《论语》、朱熹	名人名言
五年级下册	《自相矛盾》	《韩非子·难一》/韩非	成语故事
五年级下册	《杨氏之子》	《世说新语·言语》/刘义庆	智慧故事
六年级上册	《伯牙鼓琴》	《吕氏春秋·本味》	文化故事
六年级上册	《书戴嵩画牛》	苏轼	书画故事
六年级下册	《学弈》	《孟子·告子上》/孟轲	儿童故事
六年级下册	《两小儿辩日》	《列子·汤问》/列御寇	儿童故事

1.导向,文化育人

基于立德树人的根本任务,继承和弘扬中华优秀传统文化,使学生加深对祖国语言文字的理解与热爱,坚定文化自信,增强民族凝聚力和创造力,是文言文教学的导向。统编版小学语文教材基于小学生的年龄特点,从先秦诸子百家文言经典中,精选部分浅近易懂的故事,让文言文学习成为学生的中华文化寻根之旅,让文化基因融入学生的生命血脉。这些文言经典,涉及经、史、子、集各类,其中所传递的思想观点至今仍闪耀着理性的光芒。比如,大量的名言、警句、成语、俗语等内容,浓缩着爱国、明志、自强等丰富的思想内涵。

2.选材,守正创新

小学语文教材中的文言文是中华优秀传统文化的反映,体裁多样,具有代表性。既有让儿童感到亲切的生活中的故事,又有蕴含着爱国思想、民族智慧的作品,具有鲜明的教育意义,还富有文学色彩。如:《王戎不取道旁李》反映出古人的智慧;《精卫填海》刻画了我国古代人民坚持不懈、矢志不渝的精神;《守株待兔》《自相矛盾》等学生耳熟能详的故事,深刻地讽刺了心存侥幸、前后抵触等思想行为;而《书戴嵩画牛》,虽是一则简短的牧童评画的故事,却生动地说明了文艺创作的原则。这些故事不仅让学生容易亲近文言文,而且富有教育意义,符合现代儿童的阅读期待,也展现了文言文的魅力。

(二)助读系统,聚"核"

所谓助读系统,指的是教材中除课文之外的导语、阅读提示、注释、插图、练习、资料袋、积累拓展等信息。统编版小学语文教材十分重视助读系统的编排设计,主要表现在:紧密围绕"人文主题"和"语文要素"的"双线组元"建构体系,让学习活动更加简化、清晰化、阶梯化。教学中,教师如果忽视助读系统的教育资源,则容易产生盲目和随意等问题。

1.主题要素,互哺

文言文知识与能力的培养虽自成相对独立的体系,但依然要关注人文主题的和谐共生(见表5-3),教师要有单元主题的意识,才能把握完整多元的文化"光谱"。

表5-3 统编版小学语文教材中文言文"人文主题"和"语文要素"分析表

册别	教材选文篇名	人文主题	单元语文要素
三年级上册	《司马光》	美好品质	学习带着问题默读,理解课文的意思
三年级下册	《守株待兔》	寓言	读寓言故事,明白其中的道理
四年级上册	《精卫填海》	神话	了解故事的起因、经过、结果,学习把握文章的主要内容。感受神话中神奇的想象和鲜明的人物形象
四年级上册	《王戎不取道旁李》	历史名人	了解故事情节,感受人物形象。简要复述课文,注意顺序和详略

续表

册别	教材选文篇名	人文主题	单元语文要素
四年级下册	《囊萤夜读》	美好品质	从人物的语言、动作等描写中感受人物的品质
	《铁杵成针》		
五年级上册	《少年中国说（节选）》	爱国	结合查找的资料，体会课文表达的思想感情
	《古人谈读书》	读书明智	阅读时注意梳理信息，把握内容要点
五年级下册	《自相矛盾》	思维火花	厘清故事的起因、发展、高潮和结局，了解人物的思维过程
	《杨氏之子》	幽默智慧	感受课文中巧妙的对话和风趣的语言
六年级上册	《伯牙鼓琴》	艺术之美	借助语言文字展开想象，体会艺术之美
	《书戴嵩画牛》		
六年级下册	《学弈》	科学精神	体会用具体事例说明观点的方法
	《两小儿辩日》		

语文要素彰显了学科素养的培育关键，要善于甄别把握。比如，《王戎不取道旁李》《书戴嵩画牛》和《两小儿辩日》，表面写的都是古代儿童的聪明智慧，但由于人文主题的不同，因此课堂的主题侧重点也就不尽相同。《王戎不取道旁李》所在的单元是"历史人物"，课堂应关注对王戎等历史人物的了解。《书戴嵩画牛》这一单元主题是"艺术"，学生在理解了牧童的善于观察和聪明智慧之后，应该进一步学会赏析中国的传统艺术作品，培养中国式审美观。而《两小儿辩日》，则应从"思辨"入手，给儿童充分的理性思维训练。

2. 课后练习，绘径

经过横向梳理和纵向比较，可以梳理出小学阶段文言文学习的能力图谱。统编版小学语文教材每篇文言文课后的练习，一般三、四题，题型基本类似，纵向联系就能发现其能力的层级发展路径，分别对应朗读、解析、评鉴、融通四大能力。

（1）朗读力。

14篇文言文，课后练习的第一道练习题都聚焦"读"。纵向分析，文言文朗读能力是依照以下目标循序渐进地发展的：跟读，读好词句间的停顿→读通顺，读好重点句子→正确、流利地朗读课文→朗读连贯，读出语气→集体朗诵。这条脉络主线让教师的朗读指导有标准可以依托。

(2)解析力。

解析力,包括"理解"与"分析"。通过重点分析每篇文言文课后第二道练习题可以发现,学习文言文,重点是理解文言文的意思。教材运用了多种方式、策略来帮助学生理解文言文的意思,如:借助注释,用自己的话讲故事;借助注释,理解课文中每句话的意思;用组词的方法理解古今同义词;用结合上下文猜测、查资料验证的方法理解古今异义词;理解意思,分析原因。综合本项课后练习,可以归纳出对文言文的解析力包括理解、解释、梳理、转化、辨析、阐述等。

(3)评鉴力。

统编版小学语文教材文言文课后练习第三道练习题指向评价与鉴赏,即评鉴力。具体包括:评价人物、评价语言、评价表达。

(4)融通力。

这部分的课后练习主要出现在五、六年级,三篇文言文的课后最后一道练习题,都指向联系、联想的思维路径,分别为:结合资料谈感受、联系生活谈感受、联系生活表达观点。难度逐层递加,引导学生学会拓展资料、联系现实生活等,让中华优秀传统文化真正融入内心。

总体而言,小学阶段的文言文学习目标可以简单归纳为:正确朗读,积累背诵;学习方法,了解大意;分析评价,训练思维;融通生活,传承文化。

(三)综合系统,练法

文言文的特点不外乎言辞、韵律、意境、品格。传统文言文教学存在的主要问题是片面关注文言和白话的互译,方法生硬,让文言文学习枯燥乏味。统编版小学语文教材的文言文教学,基于助读系统的体系,结合文言文的语言特点,以及文化特质,可以提炼出以下关键方法,避免陷入刻板的解释与背诵的操练。

1.诵读,品"文言"练达

当代著名语言学家、语文教育家王宁教授曾经说过,文言阅读是产生汉语正确语感的重要源泉。读,是学习文言文的基本方法,也是最为重要的方法。文言文的"读",须诵读。诵读的要义,是"得他滋味"。诵读重在"味"、重在"玩"。

(1) 读好停顿,促理解。

初读文言文的关键是注意词句间的停顿。古诗词朗读,往往关注读好"节奏",而文言短文朗读,则应当关注读好"停顿"。这是因为,古诗词多有严格的声律规范,而文言文也讲究韵律,但形式相对更灵活,读好停顿,有助于更好地理解文意。让学生动笔画一画分隔线,通过纯粹的"出声",在不断试错的过程中,去领悟文言文的节奏美和所表达的意思。

(2) 读出情味,激兴趣。

小学语文教材中选择的文言文往往是儿童喜闻乐见的小故事。故事虽短小,但人物形象是鲜活生动的,情节是精彩有趣的。因为学习对象的特定性,教学要符合儿童的心理成长基础和特点,在指导读的过程中,尽量读出趣味,而不是笼统含糊"美美地读",或是"优雅地读",避免小和尚读经式的摇头晃脑、拖腔拉调。如何读出情趣?主要方式有分角色读、辩读、表演诵读、猜读等(详见表5-4),教师应努力让文言在儿童的舌尖上跃动,充满韵律,饱含乐趣。

表5-4 小学语文教材中的文言文诵读方式举例

册别	教材选文篇名	诵读方式
三年级上册	《司马光》	表演读
三年级下册	《守株待兔》	看图猜读
四年级上册	《精卫填海》	文白联系,猜读
	《王戎不取道旁李》	角色模拟对话读
四年级下册	《囊萤夜读》	组词猜读
	《铁杵成针》	组词猜读
五年级上册	《少年中国说(节选)》	表演诵读
	《古人谈读书》	角色模拟对话读
五年级下册	《自相矛盾》	辩读
	《杨氏之子》	分角色辩读
六年级上册	《伯牙鼓琴》	分角色表演读
	《书戴嵩画牛》	分角色表演读
六年级下册	《学弈》	分角色比较读
	《两小儿辩日》	分角色辩读

(3)读出语感,促内化。

通过改变句式读,感受文言文的语序倒装特点;通过换词比较读,体会古文表达的凝练准确;通过师生对读,感受文言文朗朗上口的节奏韵律,直至熟读成诵。文言文表达的显著特点包括单音成义、单字成词等,因此读来显得简洁凝练、有韵律感。小学生初次读文言短文,除了读正确、读出趣味,还应当在读中对文体特点有初步的认识了解,并培养语感。值得注意的是,古文诵读不能刻板化,在充分理解的基础上,朗读方式也可以随性自然。

2.解析,悟"文章"意味

解析,即理解与赏析。理解意思,是学习文言文绕不开的内容;赏析,则是文言文审美认知的重要渗透。

(1)三步释意。

小学阶段,学生阅读的都是浅显的文言文,如何让学生理解其意?通过教材课后练习题等分析,可以简单归纳为以下三步:注释代入—语境助力—复述转化。借助注释,是理解文言文意思最基本的方法。在三年级起步阶段,教师甚至可以指导学生将注释抄写在课文相应的词语下面,再逐步引导他们对照注释,直接把注释代入句子中,避免让生硬的文字符号成为阻挡披文入情的障碍。在此基础上,摒弃字字落实、句句翻译的做法,可以把文言词句放入文章的语境中,让学生通过联系上下文的语境,去猜想其意思。最后,通过讲故事、复述的方式,形象地将文言文故事内化,转化为自己的口头语言,以更好地理解文意。

(2)三维评赏。

"理解意思"不是学习文言文的最终目的。文言文选文中人物的品格、精练的语言等,更是需要学生学习的。文言文教学应由文言知识这个语言基础层面上升到语言所承载的内容——文学鉴赏,让学生感受领悟其所蕴含的思想和艺术魅力。小学阶段,可以简单从三个维度来进行评价鉴赏:评价人物、评价语言、评价表达。从而培养学生的文化审美。小学阶段14篇文言文,除了《少年中国说(节选)》《古人谈读书》,其余12篇都是故事,有人物、情节,因此,感悟文言文故事中人物的智慧、品格,具有重要的育人价值。此外,文言文表达精练、章法考究、炼字炼句处,往往是作者言志载道的关节点、精髓处,都需要予以关注。

3.融通,植"文化"基因

文言文的"言",在现代语境中使用率很低,除了部分沿袭下来的文言成语,其余已基本消亡。学习汉语不能忽略古今汉语的血缘关系,探本溯源,才能察古知今,丰富与发展现代汉语。正如朱自清所说:"经典训练的价值不在实用,而在文化。"学习文言文,最终落点是文化的传承。

(1)深入文化端脉,蕴志道。

千年的时空距离,让学生与文言世界存在巨大隔阂。因此,必须通过注释、资料袋、查找拓展相关背景等,为学生还原一个文化的生态环境,从而让他们去把握文言文所言之"志",所载之"道"。

(2)架构立体对话,巧勾连。

首先,以角色对话促进学生对文本的理解。读者与文本的对话关系是一种平等的创造性对话关系。教材14篇文言文中,有12篇是小故事,最适合运用角色对话的方式促进对文本的理解。在教学中,教师可创设言语运用的情境,让学生充当司马光、王戎等,通过采访、角色扮演、模拟表演等方式,让学生在享受交流的情趣中,走进作品中人物的内心,感受人物的品性。《古人谈读书》等说理性的文言文,教学很容易陷入"枯燥翻译"的陷阱,对此,教师可通过"古今对话""创设情境对话"的方式,比如借"手不释卷"典故的情境、《曾国藩家书》中《致诸弟》的情境等,激发学生亲近古文,读进去、想开来,消除与文言文的疏离感,实现更为深入的阅读,进行更有价值的思考。

其次,贯通源流,发展学生的现代汉语能力。文言文教学还应当注意帮助学生克服"语言断层现象"。现代汉语的语言系统是由古代汉语的语言系统发展变化而来的,二者是"源"与"流"的关系,既有差异性,又有着千丝万缕的联系。文言文虽然已经消亡,但古汉语中有许多字词依然保留在现代汉语中,而且仍有十分强大的生命力。有些字以单音节词的形式得以沿用,保留在现代汉语的双音节和多音节词语中;有些词保存在由古代俗语、谚语、警句中的成分压缩凝结而成的成语中,所以有人说,成语就是活着的文言文。因此,在进行文言文教学时,并不是让学生学写文言文章才叫传承文化,引导其多背诵、积累成语,其实也是对老祖宗特有的传统语言文化和中国式审美的传承。

(3)迁移时代语境,促思辨。

传承传统文化,并不是为了让学生全盘接收传统文化、回到古代,而是在现代语境下,培养其思辨能力,学会智慧地扬弃,使其能够迁移时代语境,促发阅读反思，表达观点，实现与文本的深度对话。对文言文教学而言，思辨性阅读强调重点问题的再聚焦和深度对话，学生的思考力和反思能力得到重视。提高学生的文言文阅读和反思能力，可以将学生的学习引向深入，让其思维走向深刻。因此，探索基于思辨性阅读的文言文教学策略势在必行。

（四）典型课例，聚焦于点

统编版小学语文教材在三年级首次出现文言文短文《司马光》。把握好文言短文学习的关键，才能为后续的文言文学习奠定良好的基础。基于前文对小学阶段文言文全系统的分析，在教《司马光》一文时，笔者提出"读"这一核心策略。读，是学习文言文的第一步。

1.读好停顿

从解读教材的角度出发，统编版小学语文教材三年级上册第24课文言短文《司马光》的课后练习题，就提示了初读文言文的关键是"注意词句间的停顿"。读好停顿，能帮助学生更好地理解文意。

《司马光》全文仅两句话，30个字。虽然极其短小，但生字有10个，占了全文的三分之一，且长句叙述也会给学生理解带来一定难度。初读《司马光》，在读正确的基础上，应抓住文中最容易读错停顿的关键句"众皆弃去，光持石击瓮破之……"进行读的探究。

①出示句子，让学生自己试读。
②班级交流读，比较发现，读的停顿不同，意思有什么不一样。
③讨论交流，把握正确的读法："众/皆/弃去，光/持石/击瓮/破之……"

学生交流发现，"众""光"分别指孩群和司马光，后面词组代表着不同的动作，通过停顿，使之得到清晰区分。

④听老师范读，学生提笔画分隔线，明确停顿。
⑤小组内互读，在倾听中判断停顿是否正确，互评。
⑥还原古文样貌，隐去标点，看看还能否读好停顿，内化理解。

【意图：第一次学文言文，要重视教师的范读。在"读好停顿"的学习过程中，让学生动笔画一画分隔线，可以使其在具体感知中加深理解。中国古代的文章没有现代的标点，隐去标点试读，既让学生体会了古文的样貌，又在朗读中深刻感受到停顿的作用。】

2.读出情趣

如何读出情趣?《司马光》一文,可以这样设计读的指导:

(1)分角色读,区分故事人物。

文中分别写了三类人,请学生找出表示这三类人的词语。

学生交流发现:"群儿""众",指的是玩耍的孩子们;"一儿""儿",指的是落水的孩子;"光",指的是司马光。

小组内分领角色,找到相应的句子,合作读。

【意图:因人物穿插叙述,初读时很容易混淆。角色朗读,能快速帮助学生分清句子所写的人物、内容。】

(2)表演读,体会动作描写和人物形象。

出示第二句话(重点句):"众皆弃去,光持石击瓮破之,水迸,儿得活。"

小组内分领角色,细读句子,联系注释,理解句子意思。仔细揣摩动作,演一演。

小组展示交流表演(一人读,其余成员自选角色,可分演众孩、司马光、落水儿童)。

(3)组织学生讨论:"这个小组表演得好不好?动作对不对?为什么?"

在比照课文句子观察表演的过程中,引导学生关注文言文语言描写的准确性,感受众孩的惊慌失措,司马光的镇定果敢、聪明机智。

(如引导思考:"弃去"可以换成"跑掉"吗?感受"弃"在文中带有"抛下不管""慌乱逃散"的意思。思考:"击瓮"为什么不换成"敲瓮","破之"可否换成"打之"?体会"击""破"带有"果断地用力猛击"的意思。)

(4)填空式补充课文,内化情感。

隐去文中写动作的词语,让学生补充:

群儿(　　)于庭,一儿(　　)瓮,足(　　)没水中。众皆(　　)去,光(　　)石(　　)瓮(　　)之,水迸,儿得活。

(5)反复诵读,读出感情,读好语气,并试着当堂背诵。

【意图:文中以连续使用的动词,展现了众孩慌张逃散,司马光当机立断,持石击瓮救人的镜头,描写可谓一气呵成。借助表演,可以让学生形象感受文言文用词的准确生动,对人物形象的理解感悟在表演读中也水到渠成。】

3.读出文体特征

文言短文表达的显著特点是单音成义、单字成词,读起来简洁凝练、有韵律感。小学生初次读文言短文,除了读正确、读出趣味,还应当在读中对文体特点有初步的感悟了解,在脑海中初步树立对文言文的形象审美认知。

在这个过程中,文白联系读、文白对比读,是十分重要的方法。以《司马光》为例,可以这样设计:

(1)借助注释,用自己的话讲讲这个故事。

指导说好重点句:"众皆弃去,光持石击瓮破之,水迸,儿得活。"

教师相机指导:学着课文写司马光的方法(用上一连串动作),联系插图,丰富"众皆弃去"的场面,可以用上"有的……有的……还有的……"等关联词,讲得具体一些。

(2)文白比较,初步感受文言文的语言特点。

初谈感受:自己讲的故事和课文语言作比较,有什么不同?

出示三种句式比较:

A.上一个环节学生拓展"众皆弃去"说话例句。

B.教师即兴转化的古文:"众或呆立,或哭号,或奔走。"

C.课文描述:"众皆弃去。"

反复比较读。体会文言文的表达特点:简短精练。

【意图:充分运用学生讲故事的语言资源,引导学生进行文白比较,揣摩语言,形象体会文言文表达的丰富意涵。】

(3)讨论体会:文言短文简短精练的好处。

猜想:文言文为什么如此简短精练呢?

多媒体展示古代写作材料的演变:龟甲、石刻、竹简、丝帛、纸(写本、刻本)。

出示资料:课文选自《宋史·司马光传》。《宋史》有496卷,包括两千多人的列传,其中《司马光传》近7000字。

猜想古文语言必须精练的客观原因:书写条件限制。

讨论这样写的好处:简洁,方便传播;语言经过反复推敲,精彩;朗朗上口,有韵律感……

(4)出示三种版本课文比较,再次形象感知文言短文简短精练的表达特点。

首先,激发学生的好奇心:百年来,司马光的故事出现在多个版本的教科书中。它们有什么不一样呢?

其次,重点比较,发现特点。

A.白话文课文:《司马光》(人教社旧版小学语文教材一年级下册第20课)。

B.童谣:《聪明的司马光》[商务印书馆,民国二十二年(1933)《复兴国语教科书》第四册]:

花园里,假山旁,许多孩子捉迷藏。

忽然间,不提防,一个跌进大水缸。

跳不起,爬不上,大家顿时吓得慌。

逃的逃,嚷的嚷,一点没有方法想。

好孩子,司马光,人又聪明胆又壮。

只见他,急忙忙,搬了大石就敲缸。

一阵敲,一阵响,水缸敲破开小窗。

满缸水,窗外放,救出朋友没受伤。[①]

C.文言文课文:《司马光》(统编版小学语文教材三年级上册第24课)。

读一读,交流:《司马光》出现在近百年的多本教科书中,这里列举的三种不同版本,在语言表达上有什么不同?

【意图:联系古代写作材料的演变和课文相关资料,可以真切了解文言表达精练的独特审美价值。借三种语言形式的司马光的故事,进行关联阅读,让学生感受文言短文故事经久不衰的魅力及其表达的独特美。】

(5)课外拓展:推荐文言短文阅读,自选阅读文章。

首先,回顾统编版小学语文教材二年级上册课文《曹冲称象》(白话文),拓展阅读文言文《曹冲称象》,看看自己是否能读懂。

曹操得巨象,欲知其轻重,不能称。操之幼子名冲,告操曰:"置象于船上,刻其水痕所至。去象,将他物积载船中,使水及原痕。复称他物,则象重可知矣。"[②]

其次,推荐阅读文言短文《孔融让梨》:

(融)年四岁时,每与诸兄共食梨,融辄引小者。大人问其故,答曰:"我小

---

① 沈百英,沈秉廉.复兴国语教科书(初小第4册)[M].275版.上海:商务印书馆,1934:26.
② 朱文君.打开文言文诵读之门[M]//李振村,杨文华.教语文,其实很简单:小学语文名师讲演录.福州:福建教育出版社,2012:197.

儿,法当取小者。"①

【意图:拓展孩子智慧美德的文言短文,既有与旧课文相联系的《曹冲称象》,又有脍炙人口的《孔融让梨》,难度适合初学文言文的儿童,借此丰富儿童体验,激发其兴趣。】

一言以蔽之,在三年级初涉文言文阶段,"读"是关键:读好停顿,促进理解;读出趣味,培养孩子对文言文的喜爱;读出文体特征,让文言文的形象在儿童脑海中初步建立。聚焦"读"这一核心,进行学路设计,才能精准锚定,实现一课一得的效果。因此,教师要上好文言文第一课,让中国传统语言文化在孩子心中简单一点,有趣一点,独特一点。

二、"支点映射"的策略运用

弹性运演:有生成的聚焦延展
——《猴王出世》教学案例

本课例要呈现的是"支点映射"策略的实践运用案例,充分运用"问题驱动""支脉预设""弹性运演"等关键方法,体现以问为靶向,统摄映射的教学设计思路。

提问能力的培养是培养学生创新质疑能力的重要途径。在当前的语文课堂上,让学生提问的少之又少,这是由于面对学生不按常理出牌、稀奇古怪的问题,一线语文老师常常感到难以回答。但是,学生越不问,就越不会问,越不会问,教师就越是不让问,由此形成恶性循环,语文课"让学生提问"成了口号,只闻其声,未见其行。笔者以《猴王出世》一课为例,谈谈如何以"问题"为引导,带领学生经历"提问",不断推进阅读,从而实现从不懂就问到疑惑会问,最后到怀疑敢问的层次提升,②从而真正培养和提升学生提问质疑的能力。

(一)问题驱动——课前预习,生成问题资源

1.第一个层次:不懂就问

学生的提问应基于预习。在预习过程中,提出自己不懂的词语、句子,以及

---

① 徐尚衡.中国典故[M].南京:江苏凤凰少年儿童出版社,2022:254.
② 黄国才,朱乙艺."五层次阅读能力"模型构建实践研究[J].教育评论,2017(10):135.

其他问题,这是提问的第一个层次——不懂而问。只有问,才能让学生开动阅读的思维引擎,带着思考进入文本。开放了"问"的路径,当学生五花八门的问题提出来之后,许多教师会急着思考如何回答。逐个回答学生的问题显然不现实,课堂时间也不允许,而大量低质量的问题也会严重牵绊学习进程。笔者认为,其实教师没有必要回答学生的所有问题,而应当把学生的问题作为宝贵的教学资源,运用于教学之中。

2.提升路径:"切",把脉并梳理

"切",在中医中就是"摸脉象"。要激发学生提问,就要充分尊重学生的问题。课前,教师要对学生的问题进行系统归类和梳理,从而把脉分析,寻找问题的价值,发现学生的思维水平和关注取向。对学生的提问,可以从量与质两个方面来梳理。

笔者在不同地区的三个班级做了《猴王出世》预习提问的调查,课前给学生10分钟,让他们阅读课文,并提出自己不懂的问题。152个学生共提出112个问题,26%的学生没有问题。在所提的112个问题中,有效问题仅为96个,其余16个因语意不清成为无效问题。这说明,学生提问的"量"不足。随后,笔者将学生所提问题进行了归类分析,情况如表5-5所示。

表5-5 《猴王出世》预习提问情况表

问题类型	比例	代表性问题示例
无问题	26%	无
人物	29%	指向形象:石猴有什么特别之处呢? 指向言行:为什么石猴敢跳进水帘洞里呢?
情节	19%	为什么猴王是从石头缝里蹦出来的?
环境	18%	为什么水帘洞里有石桌、石凳?
写法	4%	题目叫《猴王出世》合适吗?文中只有第一段写"出世"啊!
整本书	4%	吴承恩为什么写《西游记》?

问题的分类有许多角度,而表5-5分类的角度主要着眼于了解学生的关注视角和思维基础。笔者的这种梳理,是基于古典小说的文体特点,小说三要素是人物、情节、环境。此外,学习古典名著需要关注整本书的阅读,在语文课程

学习中还需要留心其"怎么写"的问题。通过分析发现,学生的问题主要聚焦于琐碎的内容情节,涉及比较、推论、概括、质疑等高质量的问题极少,这也说明学生提问的"质"有待提升。

发现问题的同时,笔者也找到了学生提问的亮点,比如:大部分同学关注了小说的主要任务,极少部分具有高度语言敏感性的学生触摸到了"写法",善于阅读的学生已经具备了"读整本书"的意识。这些,都将成为对教学有价值的问题资源。

(二)支脉预设——课堂重点:聚焦核心问题

1.第二个层次:疑惑会问

"会问"即"善问"。学生提问能力的提升不是一蹴而就的,需要经历教师不断引导推动的过程。"会问"的前提是懂得什么是好问题。为什么学生的问题质量不高?这主要是因为学生没有建立起提"好问题"的意识,更多的是随意而问。因此,小学语文教师首先要树立"好问题"标准。笔者认为,好的语文课堂应当凸显文本特征、激发学生深度思考、体现语文学科特点。基于此认识,在引导学生善问的过程中,教师才能不断点拨,学生才能把握方向,明晰关键,树立提"好问题"的价值意识。

2.提升路径:"推",源于且高于

本阶段,教师如同"推手",要不断推动学生去梳理、辨析、推敲、整合问题。在这个过程,教师既要基于学生的问题,又不能囿于学生水平,而应当采取整合、转化等方式,让静止的问题活跃起来,引导学生一步步将有价值的问题进行归纳、提炼,从而生成新的高质量问题。

以《猴王出世》一课为例,教师在课堂上呈现第一轮问题的梳理图表,继而让学生参与问题分析的全过程,这是学生从不懂就问走向会问、善问的关键性阶段。学生仔细读问题归类表,讨论:"你觉得谁的问题给你新的启发?"这是引导学生去留意:提问可以有多种角度。接着进行比较分析:"如果要选一个问题作为这节课的核心讨论问题,你会推荐哪一个?"借学生在这个问题上的交流碰撞,教师不断向其渗透"好问题"的标准,并相机引导学生去探讨"你觉得,从语文的学习角度,怎样的问题是好问题?"学生在不断的比较思考中,潜移默化地内化了"好问题"的价值意识,那就是:提问,要清晰;提问,要关注小说主人公的个性命运;提问,要关注写作方法。还要鼓励学生大胆质疑,提出不同的看法和意见,提出高质量的问题。最后,教师可以充分利用学生已有的问题资源,进行启发归纳提炼:"我们能不能把有价值的问题整合一下,合并形成一个核心问题呢?"于是,学生基于预习问题中大部分同学关注的"石猴究竟有什么特别之处?"再整合"写法",提炼出了核心问题"作者是如何表现石猴的个性特点的",奠定了整节课深入学习的方向和基调,决定了学习的效度和深度。这一核心问题既把握住了《猴王出世》一文的关键,也凸显了语文课堂"关注写法"的核心。笔者在这个环节中用了8分钟时间。在这难能可贵的8分钟里,全体同学进行了分小组的讨论,约30%的学生参与了全班性的交流讨论,经历提炼问题的过程,实现了思维的深度碰撞,也体验到被尊重和认同的成就感。

(三)弹性运演——阅读延伸:强化追问意识

1.第三个层次:怀疑敢问

质疑,是高层次思维能力的体现。需要注意的是,质疑不是"随便怀疑",也不是为了反对而反对的哗众取宠。只有在深入理解基础上的质疑,才是有效质疑。质疑是伴随学习的不断深入,自然生成的,它既有灵感突现的偶然性,也可以由教师提供的适当契机或引导,而大大增加其产生的可能性。

2.提升路径:"酝",激活并催化

"酝",是酿酒的一个关键步骤,即"发酵"。"酝"启示我们,培养学生的质疑能力不是一蹴而就的,需要一个过程,并在这个过程中始终保持一种适宜的空间和温度。所谓"适宜的空间和温度",是指给学生提供持续的开放创新、敢于质疑的思维场,保障学生不断追问的时间和空间。在"适宜的空间和温度"中,教师要起到"酵母"的作用,即教师需要凭借高度的专业敏感性,敏锐捕捉、有效激发学生的思维,催化学生的思考进入深度的"化学变化",实现创新质疑能力的提升。在进行《猴王出世》教学的三个班级中,不同班级生成的质疑点各不相同,体现着教育的复杂性。而不同的质疑激活点,各有价值及启示。

(1)预习问题,有效转化。

A班在预习中有这样的问题:"题目叫《猴王出世》合适吗?文中只有第一段写'出世'啊!"这个问题体现出学生很强的思辨意识和高度的语言敏感性,是极好的质疑素材。在概括课文内容环节,教师可以借机激发全班同学辨析"好问题":"这个问题问得大胆,问得有水平!你觉得这个问题妙在何处?"接着进入深度追问:"原著的题目并不是这样,教材编者进行了标题设计。你觉得这个题目合适吗?你能有更好的设计吗?"由此,学生从辨析"石猴出世"、"石猴称王"与"猴王出世"的区别,到自己设计标题,概括力和辨析比较能力、语感等方面都得到锻炼。

(2)捕捉疑惑,生成质疑。

在B班教学中,学习"石猴出世"段落,当学生读到"采山花,觅树果……"这一经典对偶句群,体会到石猴在花果山自由自在、无忧无虑的生活时,某个学生突然问:"写这个干吗?孙悟空既然这么爱自由,干吗还去护送唐僧取经啊?"这突如其来的问题瞬间让课堂陷入尴尬。教师不急着回答,等待同学安静下来后说:"你的这个问题是质问,但背后的质疑精神很可贵。大家能否帮他把这个问题从'质问'变成'质疑'?"于是,学生们一下子兴奋起来,经过讨论,改成这样问:"作者为什么要写石猴那么热爱自由呢?"借助这个质疑,教师引导学生关注原著:"都说性格决定命运。石猴对自由的追求,和他之后波澜壮阔的命运转折有着怎样的关联?大家可以关注《西游记》后面的故事。"

(3)创设空间,培养意识。

即使在课堂中没有生成性的质疑,也不要放弃激发新追问的机会。学完课文,最后仍然带领学生回到预习问题,进行梳理:"现在你产生了什么新的思考和问题呢?"相信学生在静思之后,会有更深层次的追问和质疑。

提问,是一门学问。教师能让学生在课堂上解决一个问题,是一种水平,而能让学生带着问题走出课堂,则需要更高的能力。提问能力的不断进阶,将引领学生走进更高的阅读境界。对"问题驱动""支脉预设""弹性运演"等关键性方法的运用,体现了以问为靶,统摄映射的教学设计思路。

第三节 例析："通"层境的策略运用

"通"是融通语文教学主张的第三层境，内涵是"深度对话"，核心策略是"系统导学"和"情思争鸣"。聚焦节点进行统摄推进，教师精心开展导学设计，通过导学支架等引导学生寻径意会，不断进行思维淬炼、深度探究。在这一过程中，学生思维得到发展：发现多样性中的统一性，形成整体性思维；克服思维的遮蔽性及局限性，拓展想象思维；建构问题解决路径，形成逻辑思维和工具思维，实现知识的流通和生长。

本节内容分别以一个课例来充分呈现对"系统导学"和"情思争鸣"策略的运用。

一 "系统导学"的策略运用

形神妙悟：有进阶的融通之路

——以五年级下册《田忌赛马》为例

本课例要阐释的是"系统导学"策略在教学中的实践运用，从主题聚焦、活动耦合、反躬内省等方法入手，提出以主题、情境、活动，建构语文学习任务群设计的"三轮驱动"。

系统导学，离不开任务群设计。构建语文学习任务群是《义务教育语文课程标准（2022年版）》的重要课程理念。近年来小学不乏"任务设计"的相关研究实践与讨论，取得了一定的成效，任务驱动、项目式学习等方式成为教育新名词。但是，纵观小学语文阅读"任务设计及实施"，笔者仍发现一些问题亟待解决。

（一）学习任务实施三大困境

首先，概念不清，任务实施混乱。把"学习目标""学习主题""探究问题""实践活动"等与"任务"混淆杂糅，不区别课型、文体地予以实施。

其次，目标模糊，效能低。任务引导力不足，情境建构缺乏显示意义，学生缺乏创造性动能。形式烦琐花哨，效率低下。

再次，浮躁功利，泡沫多。重形式，轻内在，热热闹闹的活动讨论，取代了真正个性化的自由阅读，"浅阅读"挤占了沉浸式阅读的空间。

(二)学习任务概念校准

1.学习任务的特征

学习任务具有目标属性(有明确的目的)、事件属性(可被描述为某种事件或行动)、实践属性(必须去动脑、动手去做)和成果属性(交付"产品")。因此，学习任务不是简单的问题解决，它上承目标，下领活动，是连接两者的重要桥梁，并以成果为导向，形成一个整体的学习形态媒介。任务驱动基于阿特金森、奥苏贝尔提出的成就动机理论，其优势在于具有目标性、情境性、体验性、智趣性等特点，能够增强学习者的认知内驱力、附属内驱力、自我提高内驱力。

2.学习任务的指向

学习任务指向学科核心素养的培育，学生需要经历深度学习的过程。教师可以针对某一节课、某一项语文关键能力进行学习任务的设计组织，也可以设计组织针对单元整体的大任务，乃至跨学科的项目式学习任务来撬动学习方式的变革。这里需要注意的是，并不是所有语文课都需要任务驱动来完成，任务驱动适用于交际性情境下输出型语用的活动开展。静心阅读、用心批注思考等沉浸式学习，仍是语文学科的重要学习方式。这也启发我们，在设计语文学习任务时，同样要关注沉浸式阅读体验过程的构建。

(三)导学任务设计的构建路径

如何摒弃浮躁、克服实践中存在的痼疾，科学设计学习任务呢？笔者认为，教师应当把握课程标准中"学习任务群"相关理念，基于融通语文教学主张的"深度对话"策略，从主题、情境、活动这三个关键着手，建构语文阅读学习任务框架。下面以统编版小学语文教材五年级下册《田忌赛马》为例进行简要分析。

1.主题聚焦:锚定"素养培育",由"散"及"聚"

任务设计的主题,不能简单认为只是一个话题,教师要敏锐地意识到:主题,指引着任务设计的终点、愿景、蓝图。主题散乱,必将导致行动混乱。确立具体的主题,并与外显的任务形成整体性融合,是教材解读和教研备课的关键。

(1)价值整体化:在"素养导向"和"教材意图"中聚合核心目标。

教师在备课时,往往会将学习目标按照传统三维目标分细则表述,这固然方便教师落实与学生学习情况的对照,但也往往因此导致其缺乏聚焦关键能力的意识。教师应当进行素养目标的一体化提炼,即在核心目标的指引下,将知识、方法、价值观等目标融入实现核心目标的过程之中,经过聚合、过滤、萃取,形成核心目标的一体化表达,促进文路、教路、学路"三路合一",聚焦靶心、精准发力。以《田忌赛马》为例,我们可以如表5-6所示进行目标提炼。

表5-6 《田忌赛马》学习目标优化思路

传统目标设计(细化罗列)	关键能力目标的整体化梳理	核心目标一体化表达
1.学会忌、膑、瞪、惑、讥、讽、蔑、序8个生字,能正确读写"垂头丧气"等词语 2.分角色、有感情地朗读课文 3.理解课文内容,了解孙膑的足智多谋,学习孙膑的认真观察、分析态度和正确思想方法 4.懂得做事要开动脑筋,寻找最佳方法 5.了解、学习按一定顺序写的表达方法	1.素养导向 指向:语言智能 2.教材意图 依据:语文要素 (思维火花)	在语言实践活动中,体会思维智慧,培养逻辑表达,发展语文素养

(2)主题聚合化:在"根植语用"与"学为中心"中打磨。

基于价值整体化梳理,此时教师可以对照《义务教育语文课程标准(2022年版)》中有关"学习任务群"的分类,进一步明晰:《田忌赛马》课文指向"思辨性阅读与表达",旨在让学生在学习实践活动中,通过比较、推理、质疑、讨论等方式,梳理观点,重证据地表达,培养理性思维和理性精神。对照本课目标,可将任务主题明晰为"学习有逻辑、智能化的言语表达"。

主题明确,意味着找到了任务的核心内容,紧紧攥住这个主题,后续一系列设计都将走向链式聚合。比如,具备这一语文核心素养的学生有怎样的语文素养表现水平,又是如何拾级而上的?学习《田忌赛马》一文,传统的阅读活动安排大抵如下:把赛马对阵过程讲清楚(重点),把孙膑是怎么思考的过程说一说(难点)。但在评估学生学习的"前在基础"时,笔者却发现了问题:早在四年级的数学课上,学生就已经分析了田忌赛马的策略原理,因而此时讲清赛马过程不是重点,只是基础。对于学生而言,将逻辑思维外显为清晰的语言表达应当是难点。因此,笔者将《田忌赛马》的主题具化为三个水平的目标进阶(见表5-7),为后续活动的设计指明方向。

表5-7 《田忌赛马》学习目标表述

主题聚焦	学情分析	紧扣主题的目标进阶
学习有逻辑、智能化的言语表达	1.根植语用:综合运用言语实践 2.学为中心:前在基础 困难障碍	1.理解(基础):理解田忌赛马对阵过程,并外显为逻辑表达 2.迁移(重难点):学习孙膑善观察、会分析、谋全局的思维能力,能够对其思维过程作分析评价,并懂得在具体情境中迁移运用,进行决策,解决问题 3.融通(创新反思):能够在复杂性问题语境中,创新运用语文素养,融通反思、创新运用

2.情境触发器,撬动"交际情境",从"虚"到"实"

语用意义的生成取决于语境,情境是驱动任务推进的触发器。语文素养的培养,只有在具体情境中才能生成意义,因情境本身具有"柔软"性,可以避免任务进程的"生硬"和"机械",因此创设适切、智慧的语文实践活动情境(包含人为设计的虚拟典型情境),是激发学生学习兴趣、产生成就动机的关键。

(1)情境智趣性:在"文本语境"中注意"多元有界"。

情境设计需顺应儿童好奇、探索等天性。对于小学生来说,只有在趣味性的情境中融入挑战性和活动感,才能真正提高其思维的活跃度,但这并不意味着让学生随心所欲。比如《田忌赛马》一文属于讲述古代智慧的故事,教师为了趣味性,可以设计"课本剧"等表演情境,情境角色有了,但如果对情境的核心指向是什么感到茫然,就会导致"你表演得活灵活现""你的声音真响亮"这种无效的训练点评。情境创设应当关注"特定的多元有界",即紧贴文本语境,顺着经典文本的"文眼主旨"情境线索,在尊重文本和超越文本的观照中,保持必要的张力和平衡。因此情境创设不能仅仅匍匐于文本表面,而要深入文本语境内,紧紧抓住"语用情境"的核心,串起一条情境链,进而设计出包含阅读、思考、发现、表达、比较、建构等在内的系列学习情境。

表5-8 《田忌赛马》情景任务单

指向	情境	情境来源	推进逻辑	情境内容
智能化表达	赛场小主播	再现文本情境	条理性表达	模拟体育解说员现场解说"赛马对阵"
	孙膑献计策	挖掘文本情境	逻辑性表达	演一演"孙膑和田忌问答交流"过程
	赛制研讨会	创生文本情境空白	迁移性创想	齐威王赛制研讨会：发布赛马新规则，完善赛制
	小公民论坛	迁移社会思辨语境	内省式反思	读"现代国际羽联团体赛规则"的新闻，谈怎样应对"田忌赛马"局面，培育对"规则"的价值观认知和辩证思考

如表5-8所示，《田忌赛马》一课的情境设计抓住了"智能化表达"这一主题，让各情境之间呈现逻辑关联。教师设计的"赛场小主播""孙膑献计策"等情境，不仅是为了调动学生的兴趣，而且考虑到了"这个情境是否必要""这些情境是否彼此衔接与层层推进"，从而形成一个渐进且深入的智能化表达学习训练系统。

（2）语用交际性：在"社会情境"中嵌入"交际语境"。

交际性是任务设计中的一个特征，"交际语境"是推动思维发展、提升语文素养的必要内容，是包含倾听能力、思维理解、问题解决、智慧应答、礼仪表达的整体。比如"孙膑献计策"这一情境，课文表述得少，只以田忌与孙膑的简单对话呈现，孙膑思维决策的过程都隐含在"胸有成竹"这四个字中。在进行情境交际活动时，教师的关注点不应当在"演得好不好"，而应在"问答"中的思维智慧如何。演田忌的要善于追问，问到关键处；扮孙膑的要见招拆招，把"换马"理由讲明白，讲清依据，才能化解田忌的担忧。

基于以上理念，本课逐层设计了"赛场小主播""孙膑献计策""赛制研讨会""小公民论坛"四个情境，从文本出发，链接多视角的生活，关注对学生进行时代价值观的培育，将古代赛马故事、谋略智慧等，和学生熟悉的体验、当代阅读媒介等结合在一起，这种"交际情境"对于学生进入高阶思维有重要的促进作用。

3.活动耦合剂，贯通"系统建构"，串"珠"成"链"

如前文所说，老师容易把"实践活动"等同于任务，其实任务的整体包含主题、情境、活动。这里的"活动"指的是搭建学生学的支架，进行结构化设计。因为主题是概括抽象的,情境是形象感性的,活动就必须是具体明确的。好的活动链是产生有效行动的关键,它能把开放、主观、无逻辑的问题变成清晰、科学、高效的任务系统。

(1)系统化的结构审视,以深度学习为"参照系"。

在这个环节,教师要聚焦学习目标,基于"深度对话"理念搭建活动链,形成"上下贯通、有机衔接、相互协调"的任务体系。深度学习在学习动机、投入程度、记忆方式、思维层次和迁移能力上都有明显特征:突破学科知识表层化,学生思维浅层化的藩篱,让高阶思维(概括、推理、分析、综合、评价等)和高阶情感(共情、专念、悦纳、自省等)参与到学习中来,注重"理解与批判",注重"联系与建构",注重"迁移与运用"。[1]深度学习是进行活动整体设计的参照系。在活动整体设计完成后,有必要再次审视环节设计,梳理其必要性和适切性。活动的设计与审视可促使教师清晰地认识、衡量活动内容,有思路、有逻辑、有节奏感、有控制感地进行活动干预。图5-1为《田忌赛马》教学的整体任务设计。

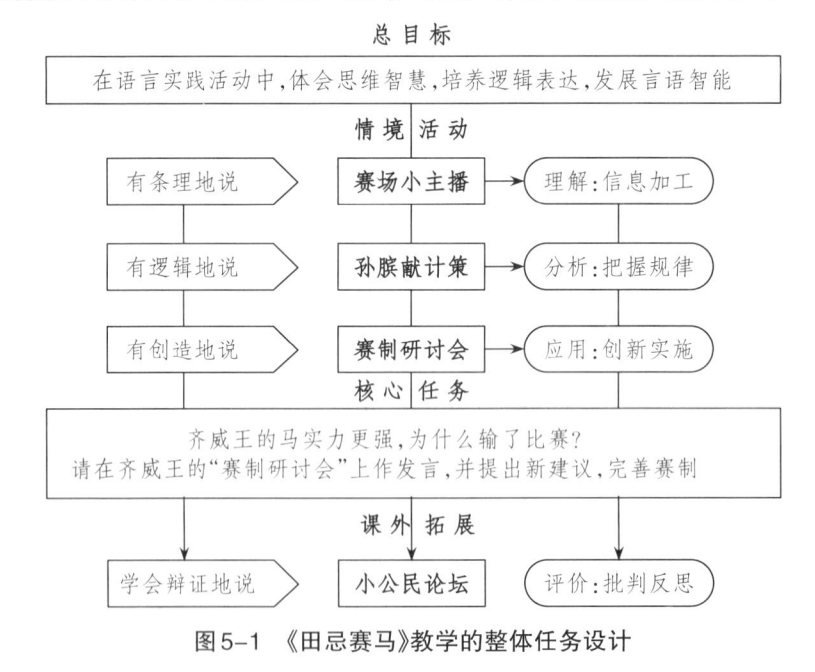

图5-1 《田忌赛马》教学的整体任务设计

(2)增值性的思维工具,寻调控赋能的"思维工具箱"。

明晰了任务的整体框架之后,就需要进入环节内部的运行推演中。如何促成活动内部的润滑、互动和高效运行,"思维工具箱"的适切使用,是教师重要的

---

[1] 李勤.语文课堂:呼唤真实情境下的深度学习[J].语文教学通讯,2020(3):19.

能力修炼,它能促进教师"教"得高效,学生"学"得轻松。

首先,适当运用思维工具。思维可视化对阅读学习具有促进作用,可以将复杂抽象的事物变得形象易懂,因此,在教学中,可适当运用可视的图式工具。如:"赛场小主播"活动可运用图片辅助的方式,配合解说,把不同等级的马进行调序连线拼搭,将赛马过程直观化;又如,在"孙膑献良策"活动中,可充分运用关联词这个语言思维工具,将"如果……如果……""与其……不如……""之所以……是因为……"等关联词作为逻辑表达的桥梁,让表达更具逻辑。

其次,利用评价工具巧妙进行引导。在任务活动中,清晰评价标准具有指引作用。比如"孙膑献计策"活动,学生很难理解"把思维过程说明白"这个抽象要求,教师可设计"三星评价表"来指引学生,提炼三个表达指标:明白清晰(有内在逻辑),长话短说(有简练思路),响亮大方(有外在风度)。让学生的自我表达和相互评价、反思提升找到方向。同时,此"三星评价表"还可以迁移运用到下一个活动"赛制研讨会",并增加"解决问题:完善赛制"这个评价指标,学习孙膑的智慧,进行创新性挑战,让学生由此产生极富创造力的思维火花,如"采用团体赛方式,就不用担心马的出场顺序了",再如"规定同场竞技的必须是相同等级的马,避免孙膑钻空子"等,不断向"四星""五星"这样更高的目标挑战,实现成长进阶。

"系统导学"策略,从"主题聚焦""活动耦合""反躬内省"等方法入手,究其实质是个体在与学科知识、学习情境的持续互动中,不断解决问题、创生意义的过程,是为实现学科核心素养的培育目标而实施的。从聚焦主题到情境突破,再到以活动串联,由此建构的"三轮驱动"模式,不仅为语文阅读学习任务设计提供了思路,而且有助于教师更加清醒、理性地对待语文学习任务的价值,避免低效或无效的任务充斥课堂。

二 "情思争鸣"的策略运用

情思共振:有风骨的文章练达
——以《闻官军收河南河北》为例

本案例要阐释的是"情思争鸣"策略在教学中的运用,充分运用"咀嚼品评""读写融合""多元思辨"的教学方法,体现言以载道,让语文课堂在"共情、共鸣、共振"中激发学生情感,彰显文化魅力。

家国情怀,是中华古诗词中激荡千年的情怀。它扎根于古诗词的文化沃土,跳动着中华民族生生不息的脉搏,凝聚了千百年来中国人的情感、审美。爱国诗[①]思想厚重,对于小学阶段纯真的儿童,感悟与内化有一定的困难。如何让这些诗中所蕴含的家国情怀在儿童心中扎根、生长,始终是教育工作者执着的探寻与思考。

(一)整体出发,把握本质

统编版小学语文教材中爱国诗共计12首,教材编排如表5-9所示。

表5-9 统编版小学语文教材爱国诗汇总表

册别	单元	诗名	作者	题材
四年级上册	第七单元	《出塞》	王昌龄	边塞征战
		《凉州词》	王 翰	边塞征战
		《夏日绝句》	李清照	抒怀言志
四年级下册	第七单元	《塞下曲》	卢 纶	边塞征战
五年级上册	第四单元	《示儿》	陆 游	叙事抒怀
		《题临安邸》	林 升	爱国忧民
		《己亥杂诗》	龚自珍	抒怀言志
五年级下册	第四单元	《从军行》	王昌龄	边塞征战
		《秋夜将晓出篱门迎凉有感》	陆 游	爱国忧民
		《闻官军收河南河北》	杜 甫	叙事抒怀
六年级上册	第二单元	《七律·长征》	毛泽东	军旅抒怀
六年级下册	第四单元	《马诗》	李 贺	咏物抒怀

1.把握爱国诗的整体审美特征

(1)特定的历史背景。爱国诗具有特殊的时代背景,或王朝更迭,或战火肆

---

① 为了论述方便,本书将小学语文教材中的爱国诗、边塞诗、革命诗、言志诗等统称为爱国诗。

虐,或家国危亡,或时代革新等,这些历史背景是小学生理解古诗的重要基础。

(2)浓烈的情感抒发。爱国诗往往直抒胸臆,表达忠心报国、忧国忧民,舍生取义的凛然正气等。每首诗都有浓烈的情感基调,如《示儿》的"悲"与"盼",《题临安邸》的"恨",《秋夜将晓出篱门迎凉有感》的"泪",《闻官军收河南河北》的"喜欲狂",《七律·长征》的"不怕"等。

(3)壮阔的情怀意象。爱国诗擅用意象叠加、画面留白。诗人或于书斋内奋笔挥毫,或于戎马倥偬之际昂首高歌,谱写气壮山河、光照千古的诗篇。如借大漠边塞雄奇风光展将士报国壮志,借咏物表现勇于创造的奋斗精神等。即使悲伤如"遗民泪",也书尽悲悯天下苍生的大情怀。

2.凝练爱国诗的整体育人价值

(1)厚植爱国情感。爱国诗悲天悯人的仁义思想和舍生取义、以身报国的爱国情怀,是对小学生进行爱国主义教育,在其心中厚植爱国情感的最好材料。

(2)培养想象思维。爱国诗中大量描述的山河意象、军旅画像、乡愁图景等,能够很好地培育儿童的语言感知力,对培养其直觉思维、形象思维有着重要的价值。

(3)发展言语审美。爱国诗具有独特的美学风格,其丰富的想象、大胆的夸张、豪迈的语言等特征,能够开阔小学生的言语感受,丰富其审美视角,提升其言语表达能力。

(二)问题分析,有向聚焦

在弘扬中华优秀传统文化的热潮中,小学生诵读的爱国诗的篇目并不少,但教师往往会感到教学效果不甚理想。其原因主要有以下几个方面。

1.资料使用随意

教师一般在学诗之前,会给学生一段历史战争资料,这些资料绝大多数以文字或视频形式呈现,目的是让学生理解古诗创作的背景。然而,资料的选择提炼,资料何时使用、如何使用,几乎不在教师的关注范围之中,加之其内容涉及的年代久远,容易导致儿童在佶屈聱牙的文字里迷失。

2.情境创设僵化

情境教学是古诗学习中教师普遍运用的方法。但是爱国诗的情境普遍是粗犷的线条勾勒，多具有宏伟壮阔的气象，很难给小学生熟悉的画面感。因而当学生进行情境体验的时候，很难走进真实情境，想象画面往往变形，想象受到阻碍。

3.辞格分析生硬

爱国诗多采用比兴、夸张、象征、咏物言志等写法，其独特的修辞特点是小学生学习的难点。许多教师不分年龄、不分层次地过早抛出概念，用生硬的修辞法去分析，让诗歌的审美意境消失殆尽。

4.爱国主义思想传递空洞

"爱国主义"属于抽象概念，道德说教一直是儿童教育中存在的突出问题。一种思想，学生只有感同身受，才能真正接受。教师要扭转空洞的说教，否则，价值教育就会被架空，低效甚至失效。

(三)儿童立场，多元突破

基于上述问题，教师必须回归"学"的原点，关注"文"的特点，提炼"教"的方法。爱国诗的教学应当基于小学生的认知逻辑，关注小学生的身心特点、心理发展规律、学习内在需要等，有针对性地组织爱国诗学习，只有这样，才能让学生突破阅读理解障碍，涵育爱国情怀。

针对爱国诗课堂教学的常见问题，笔者以统编版小学语文教材五年级下册课文，杜甫的《闻官军收河南河北》一诗为例，给出一些改进性思考建议。

1.时代再现：历史背景呈现，采用简洁、活化的儿童图示

爱国诗的历史背景，一般包含朝代、战争事件、地理位置、诗人处境等，一段简单的概述文字或是多媒体视频，看似直接，但浮光掠影的呈现，不能使时代背景在学生的认知中产生作用。

《闻官军收河南河北》一诗历史背景是唐朝安史之乱，诗中还出现了八个地名，学生读来眼花缭乱。这些地方串联起诗人杜甫在安史之乱中的遭遇、经历，因为它影响着学生对诗意的理解，因此理清这部分背景内容和地点的联系是十

分必要的(见表5-10)。

表5-10 《闻官军收河南河北》地理背景

诗中地名	背景理解
河南、河北	黄河以南、黄河以北地区,指中原大地
剑外	剑门关外
蓟北	指安史之乱叛军巢穴
巴峡、巫峡 襄阳、洛阳	诗人从四川出发回家乡,需要行船途经巴峡、巫峡,路过襄阳,才能回到故乡洛阳

因教材中的相关注释极为简略,教学时教师一般采用文字表述或视频的方式,结合安史之乱背景进行介绍,但效果不尽如人意。学生往往仅留下"战乱"这个印象,到了学习具体的句子时,依然混沌一片。而借助图示来呈现,是较好的解决方式。教师可借助如图5-2所示的地图,帮助学生理解诗意,此图在后面的想象情境、创意表达等环节还可以利用,可谓一举多得。

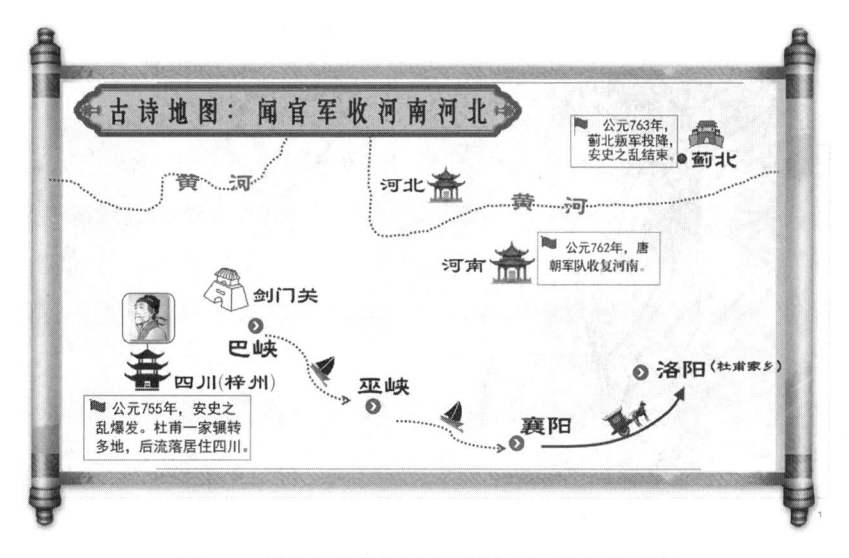

图5-2 《闻官军收河南河北》历史、地理背景图

在这幅地图中,不仅有诗中八个地点的位置关系,有安史之乱的关键信息,还有形象化的诗人返乡路线。学生只要看着这幅地图,再与诗句一一对应,就可以轻松理解诗句的意思了。特别是针对古诗最后两句"即从巴峡穿巫峡,便下襄阳向洛阳"的形象化理解,对学生展开想象,进行情景表达,更能起到有效的支撑作用。

"孩子'是带着非常清晰而详细的图示(schematism)开始学习语言的。……因为他从这一结构非常清晰、限制非常严格的图式开始,他才能够从零散的、退化的信息一跃而获得非常有序的知识体系。'"[1]以图示的方式呈现写作背景,优点在于符合儿童形象化思维的特征,不但可以提供信息,更有利于儿童在阅读爱国诗时抓住重点,建构关联关系,轻松理解历史背景和诗意。

2.咀嚼品评:情境语境创设,走向体验、演绎的儿童范式

古诗富有诗情画意,读诗句想画面有助于理解诗句的意思,感受诗人建构的画面情境。但爱国诗的特点在于,它刻画的往往不是"诗景",而是"诗境",即一个场景事件。比如《出塞》的"李广将军抵御匈奴",《示儿》的"陆游临终嘱托",《题临安邸》的"达官贵人醉酒享乐",这些事件建构了爱国诗的基本情境。在进行情境创设时,不能以简单的"读诗句,你仿佛看到了怎样的画面?"来统整感悟活动,应当关注营造"故事情境",让学生以"角色体验"的方式进行演绎。

《闻官军收河南河北》被称为杜甫生平最高兴的一首诗,读完却令人泪目,因为他讲述的是乱世流亡者的心声。古诗重点描写的是诗人杜甫突然得知朝廷平定叛军的喜讯,欣喜若狂,准备返乡。"喜欲狂"这三个字,代表了古诗的整体情感基调。教师可以这样创设情境,引导学生真切感受诗人的情感。

首先,让学生以小组为单位,围绕诗句的首联、颔联、颈联所描绘的"家人忽闻喜讯"的场景,进行角色体验,现场对话或表演。学生们进入角色,演出妻儿一扫愁容,诗人喜极而泣、漫卷诗书、纵酒放歌等画面,在"家人对话"中,沉浸式体验战乱平息,终可返乡的狂喜。

体验与对话并未就此结束,此时教师可以参与到角色中,持续推动对话和思维的深入。教师扮演杜甫的儿子,追问"母亲":"父亲(杜甫)为何会有这样不同寻常的表现?"这一问题把学生的思维感触拓展到整个安史之乱的时代背景中,此时可以联系杜甫同时期的《茅屋为秋风所破歌》《春望》等诗,激发学生去想象,根据教师的启发,去感受战乱中杜甫目睹叛军烧杀抢掠等场景,借助"母子对话"这个场景,去表达诗人为居无定所而愁,为人民流离失所而愁,为国家生灵涂炭而愁的情感。在此基础上,学生的体验对话将走进杜甫的内心世界,感受这喜悦何止是一人之喜、一家之喜,而是国之大喜,天下百姓之大喜。

---

[1] 朱自强.小学语文儿童文学教学法[M].南昌:二十一世纪出版社集团,2015:63.

爱国诗的情境创设，实现的是一种唤醒，让学生在语境与体验的融合中，进行"推演引申，铺陈发挥"的言语实践，即用白话文对古诗文进行立体还原与时代创新的演绎。①在体验中，爱国诗人的悲欢离合、开朗豁达与家国情怀逐渐氤氲发酵，对爱国精神的感知和理解也随之在学生心中悄悄渗透。

3. 多元思辨：意象语感培养，走向关联、共情的儿童审美

与田园诗等其他主题的古诗风格不同，爱国诗具有夸张、象征、借物言志等独特的意象呈现、辞格表现特征。如果仅采用生硬的修辞分析，看似把技巧说明白了，其实是对诗歌浪漫主义审美价值的一种割裂和破坏。教学应当契合小学生想象力丰富的特点，在言语共情中培育其语言艺术及审美能力。

《闻官军收河南河北》是杜甫晚年的作品，清代学者浦起龙称其为杜甫"生平第一快诗"。其尾联"即从巴峡穿巫峡，便下襄阳向洛阳"，驰骋想象、气象宏阔，将七律的表现力发挥到极致，奇趣横生。教学时，教师不必执拗于夸张等修辞方法的讲解，可以在想象式关联中，激发儿童的好奇心、探索欲，使其感受诗歌表达的新奇。

教师可以引导学生再看古诗地图，让儿童联系自己的生活体验"开脑洞"：诗人从四川（梓州）想赶回家乡洛阳，跨越三省，今天坐飞机估计要两个小时，但是在当时坐车船或徒步，大概需要一个月。按道理诗句本该用"先从巴峡到巫峡，再过襄阳到洛阳"，而诗人却用"即从、穿、便下、向"贯串，称得上"史上最快的旅程"，这样写合理吗？从中你读出了什么？学生在体会诗人归心似箭、喜悦激动之余，一定会惊异于这种陌生的创造性表达。接着教师可以拓展深化这种表达方法的运用："表达不可抑制的狂喜和期待，还有其他诗人也和他一样呢！"学生借助回忆，很快就能背诵出曾经学过的诗句。比如，就在杜甫创作《闻官军收河南河北》的四年前，李白曾遭流放，途经同一段水路，就是著名的长江三峡。当时传来被赦免的消息，李白狂喜之余写下《早发白帝城》："两岸猿声啼不住，轻舟已过万重山。"此外唐朝诗人孟郊也有类似的感受，他因金榜题名写下《登科后》："春风得意马蹄疾，一日看尽长安花。"由此教师带领学生一遍遍诵读诗歌尾联，让学生在吟诵中自然体会：诗词歌赋中最浓烈的情感，原来就是在这样

---

① 冯铁山. 小学古诗文演绎教学：内涵、价值与课型[J]. 课程·教材·教法，2019(10)：105.

激情奔放的画面意象中,一泻千里,动人心魄。

语感是以言语主体的生活体验为其内核的,两者之间正误深浅丰吝等成正比例关系。[1]只有真正让学生联系生活,调动其认知结构中已有的"相似最近发展区",建立通感,才能唤醒其言语直觉,使其感受到诗歌语言的质感、密度、弹性、张力,体会语言的独特魅力,从而化为言语审美,汇入其情感认知和表达体系中。

4.读写融合:家国情怀的内化,走向开放、共享的儿童实践

学习爱国诗,自然要受到诗人爱国情怀的熏陶。当师生深情地诵读诗歌时,虽然有激情洋溢,但并不意味着爱国情感力量的真正内化。爱国诗创作的历史时间与小学生所处的当下有遥远的距离,要深刻领悟其意涵,需要小学生正确认识"爱国"的现实内涵。首先,好之者不如乐之者,提供生动的现实情境任务,才能有效吸引学生进入对家国情感的建构过程。其次,把"国"与"家"联系在一起,更能树立学生对国家的认同感。最后,教师需要在教学中注入时代活水,建立诗情诗境与现实的对接,帮助学生形成主人翁意识,这是一种积极、健康的家国身份认同。

杜甫被称为"诗圣",他的诗充满忧国忧民的家国情怀,这种情怀应当成为新时代育人的主旋律。在学完《闻官军收河南河北》后,教师可以再次出示古诗地图,给学生布置一个语言实践项目:"今天,在成都的杜甫草堂,景区广场上就铭刻着这首诗。如今景区要进行智慧旅游升级,古诗地图要增设'二维码'标识,请同学们帮助景区录制一段'古诗导游词'语音,向游客介绍你所了解的这首诗,游客扫描二维码即可聆听。"这个驱动任务基于真实的生活情境,能够刺激学生产生兴奋感和行动力,将对历史背景的理解、诗意诗情的感悟、诗人的家国情怀等融于语言实践。学生在宣传古诗的演绎表达中,不仅体验了语言文字的生命活力,而且也把诗中的家国情怀与自己内心的归属感、自豪感、使命感交织在一起,生成切己的意义,实现了古诗价值的再创造。

"情思争鸣"策略,充分运用"咀嚼品评""读写融合""多元思辨"的教学方法,强调在导学过程中关注学生情与理协同互促的双线并行,通过从"情理交织"的设计到"情理交融"的效果,从"学用一体"的方法到"智用融通"的自在,从

---

[1] 王尚文.语感论[M].3版.上海:上海教育出版社,2006:190.

"自成境界"的妙用到"教育本然"的追求等路径,让民族精神在潜移默化中涵养。即使相隔千百年,爱国诗依然能够在新时代小学生的心中产生共鸣,历久弥新。

第四节 例析："达"层境的策略运用

"达"是融通语文教学主张的第四层境，内涵是"化用知行"，核心策略是"文章化用"和"文德化行"。强调教师借助真实表现性任务，促进学生回归生活，在新的复杂情境拓展中，进行创意探究、分享表达，达成融通素养的实践转化，文化品格的淬炼形成。

本节内容分别以一个课例来充分呈现对"文章化用"和"文德化行"策略的运用。

一、"文章化用"策略运用

笔墨精神：有活力的传承创新
——以统编版小学语文教材四年级上册"快乐读书吧"栏目的《中国古代神话》创新阅读指导为例

本案例分析的是"文章化用"策略的实践运用，要求教师充分把握"综合运用""转化重建""创意表达"等关键方法，努力让中华优秀传统文化彰显魅力，并对新时代小学生的创新思维产生新的启迪。

"快乐读书吧"是统编版小学语文教科书课外阅读课程化的重要载体，它将课外阅读作为教科书的重要组成部分，"促进了儿童阅读进教材、进课程，体现了亲子阅读、全民阅读、自主阅读的思想"[①]。统编版小学语文教材四年级上册第四单元安排了"神话"主题，其内容安排如表5-11所示。

---

① 曹爱卫."快乐读书吧"栏目解读及教学建议[J].语文教学通讯,2018(12):46.

表5-11 统编版小学语文教材四年级上册第四单元"神话"主题内容安排

主题	教材选文	推荐阅读书目	"快乐读书吧"教材与教学呈现
神话	《盘古开天地》《精卫填海》《普罗米修斯》《女娲补天》语文园地：古诗《嫦娥》	1.《神农尝百草》《女娲补天》《羿射九日》等中国古代神话 2.古希腊等世界神话故事	1.提示语：我们的祖先对世界的许多问题都抱有强烈的好奇心，他们尝试着用神话的方式给出解释，并依靠口头讲述使其代代相传（配《夸父追日》插图） 2.你读过吗：摘录《神农尝百草》片段 3.提示阅读方法：读《中国古代神话》要发挥想象，感受神话的神奇 4.相信你可以读更多：推荐阅读古希腊神话等

在当代小学生的阅读体系中，中国古代神话具有巨大的育人价值。如何增加其对小学生的吸引力，呈现其独特的魅力？融通远古与现代，是教师在进行主题阅读活动策划时的重要抓手及提升点。

（一）把握内涵，厘清育人价值

从浅层次来说，中国古代神话以神话形象、英雄为篇章，内容简短凝练。在阅读中，学生可以了解神话中的宇宙和人类的起源，会看到大地、天空、人间、海洋、仙都及众神模样，走进五方天帝和人间五帝的生活。中国古代神话充满瑰丽奇幻的想象，契合小学生形象化、无拘无束的思维的特点，因此对小学生有一定的吸引力，也是培育想象力的重要题材。

从深层内核来看，中国古代神话的价值并不仅限于此，还关乎思考人类起源，对生命的理解，人类创造世界的勇气、智慧与艰难等，从某种意义上讲，中国古代神话是中华民族文化认同的精神基石，展现着一脉相承的文化气象。这些文化特质，不应当被语文教师所忽略，它们也是激发学生对神话阅读的兴趣、推进阅读的关键点。

（二）融通现实，开掘时代资源

融通现实资源，就是架设当代生活与千年神话的桥梁。其实，中国神话的奇幻梦想，神话人物的英雄意志、超凡才能，早已进入当代时空。最能连接小学生的生活和当代科技的，莫过于"中国航天科技发展"这一当代科技文化热点。2021年，祝融号火星车成功登陆火星，创造了世界航天史的奇迹。"祝融"这一名字,引起了人们的热议。人们这一次发现,原来中国神话故事早就嵌入了中国航天的名字中,从神舟、嫦娥、悟空到祝融,中国人正一步步把神话变成现实(见表5-12)。

表5-12 中国航天工程中的神话命名举例

名字	中国航天工程及航天器	神话典故出处
天宫	中国载人空间站	天帝居住的宫殿
夸父计划	太阳监测卫星计划	夸父逐日
祝融	首辆火星车	《山海经》中的火神
神舟	中国载人航天飞船	神奇的天河之舟
嫦娥	探月工程	嫦娥奔月
玉兔	月球车	
鹊桥	中继通信卫星	牛郎织女
悟空	暗物质粒子探测卫星	《西游记》

教师可充分利用这一现实资源,精心设计阅读活动,激发学生的阅读兴趣,真正开掘中国神话的内在文化密码,让中国神话的民族精神、文化创造力等,在学生心中生根发芽。联系现实,我们可以发现两者的紧密关联之处:从神话嫦娥奔月到莫高窟的飞天壁画,再到中国航天工程,飞天梦与中国神话的历史同样悠远。古代神话是古人对未知世界的向往与探索,而如今,我们用神话中的名称命名国之重器,让神话用另一种方式,在神州大地流传回响。

(三)阅读推进,实现创新建构

推进神话主题阅读,需要运用融通思维。开掘多元路径,丰富的神话资源才能源源不断地得到阐释和传播,富有创造力的神话资源才会得到不断更新、在小学生的思想深处传承生长。本单元可以设计以下阅读探究活动,以任务驱动的方式,推动中国神话故事阅读由浅入深地深入开展。

1.引发阅读期待:制作"中国太空神话名片"

以名片设计为驱动任务,可以激发学生的阅读兴趣,有目的地发现航天命名背后的神话故事。以中国火星车"祝融"为例,首先,从中国太空探索的一系

列神话名字引入:

千年前,中国人抬头望天空的时候,满天都是神话。你们看,天宫、祝融、嫦娥、玉兔……今天,我们同样抬头望向星辰时,发现中国人正在以这些名字将梦想一一照进现实!你知道中国航天工程和航天器为什么以神话中的名字命名吗?

接着,以火星车"祝融"名字的由来作为撬动支点,告诉孩子答案就在中国古代神话之中,以引发其阅读期待。然后,告诉他们在《山海经》中可以找到祝融的故事,使其了解祝融是我国上古神话人物中的火神。再围绕"为什么要以祝融作为火星车名称"这一问题,让学生经过思维风暴、讨论交流等,发现两者之间的联系:祝融是火神,而火是驱散黑暗、照亮鸿蒙、带来温暖之物;火星探测是我国首次执行星际探测任务,将火星车命名为祝融,寓意点燃我国星际探测的火种,指引人类对浩瀚星空、宇宙未知的接续探索和自我超越。

在此基础上,教师引领学生进一步思考"以这个神话形象作为火星车的名字,还有什么更美好的希望和祝福吗?"这个问题是启发学生从更高的语言价值视角来思考神话形象的寓意。最后,指导学生制作完成"中国太空神话名片"(图5-3)。

中国太空神话名片

名字:__祝融__
中国航天科技发明:__探测器——火星车__
神奇技能:__登陆火星,在火星表面开展探测工作__
名字出处:__《山海经》中的火神__
名字寓意:__点燃中国星际探测的火种,指引人类不断超越自我,逐梦星辰__

图5-3 中国太空神话名片

以现代科技发明为触点,引发学生对神话的好奇,其阅读兴趣会愈发浓厚。

2.促进阅读深入:为"前世"神话找"今生"

第一步,让学生读古代神话故事,然后与现实勾连,去寻找和发现哪些神话中的想象在今天已经实现。这一轮的阅读,不再是单篇神话阅读,它促使学生去大量阅读神话故事,搜寻发现其中的神奇之处,并对接现实发明创造,从而实现从单篇向整本书的视域拓展。因此,广泛而深入的阅读体验是关键。在学生的阅读过程中,教师要关注其阅读习惯,帮助其解决阅读问题。

第二步，引导学生充分交流自己的阅读感受，形式可以是班级分享会等。在阅读交流的碰撞中，学生的视角不再局限于一人一物：女娲抟土造人与制陶术、"炼石补天"与冶炼技术、"燧人取火"等众多发明创造与今天的发展等。此外，古有嫦娥飞天的传说，今有探月工程的现实，传说中的上古神兽"蛟龙""鲲鹏"等，给当代中国载人潜水器、自主研发的自航绞吸挖泥船、水陆两栖飞机等提供了命名灵感，中国神话中著名的神山昆仑成了中国南极科考站的名字。学生可以细数我国航天工程和航天器的名字，开展阅读交流活动。在这一过程中，教师要善于对问题进行梳理、归类和提炼，及时对学生进行点拨，并提醒学生，对自己感兴趣的发现要做好记录。

第三步，以"我给神话人物写一封信"为活动内容，进行跨越千年的时空交流，让学生通过对话进行角色体验，用简单的书信，把对神话人物的美好寄语写下来。孩子在交流这些"时空漂流信件"之时，与神话的距离已经拉近，或对话，或祝福，或畅想，或期待，这些跨时空的表达，有助于激发学生的共情，进一步加强其阅读的体验感、参与感，发展其想象力，培养其创新表达。

3. 开拓阅读创想：为未来的科技发明征集神话命名

天宫奠基，北斗指引，嫦娥奔月，祝融取火。当学生将中国神话与现代科技发展联系在一起时，历经千年的神话形象变得鲜活起来。教师趁热打铁，再次提出充满挑战性的驱动任务：为未来科技发明征集神话命名，以思维导图的方式呈现（见图5-4），并写设计说明。

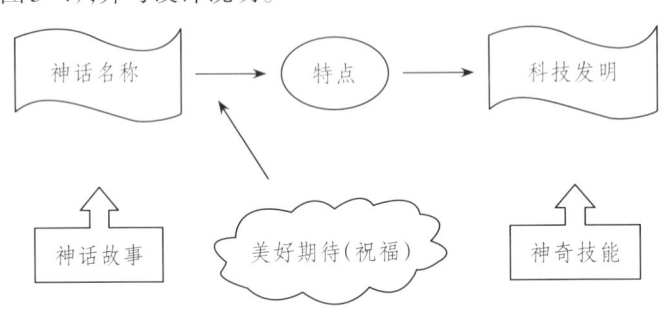

图5-4 "神话·创造"思维导图

这项活动是学生在广泛深入阅读基础上的进阶。学生首先要大量阅读中国神话故事，才能熟悉中国神话故事中形形色色的英雄人物的特点；基于其神奇的特征，再通过大胆的想象，创想出还未实现的发明创新。思维导图给出了创想的路径，也成为分享交流的生动资源。学生在设计创想时有法可依，交流时更加直观形象、一目了然。儿童的想象力一旦被激活，就会呈现出瑰丽的色彩，"精卫号"深海探测仪、"共工号"潜水艇、"盘古号"银河探测器、"句芒号"木星探测器等奇思妙想不断涌现。

在学习"快乐读书吧"栏目，带领学生进行神话阅读时，需要智慧融通时代资源，给予学生滋养。在阅读中国古代神话时，不仅让学生感到神话的神奇有趣，更让其中的超凡想象、执着追求、民族精神品格在孩子们的心中无痕渗透。这也是"文章化用"策略的有效实践运用。

二 "文德化行"的策略运用

文化生活：有魅力的融合新生
——以统编版小学语文教材三年级下册"综合性学习·中华传统节日"为例

在中国传统文化中，文化具有"以文德化育"之意。"文德"特指一个人的文化修养和道德品质，融通语文教学主张致力于文化立人的思考与探索，为课程植入"文德"精神内核。

统编版小学语文教材综合性学习单元的实施，是与学生生活联系最紧密的，但效果仍然不够理想，主要表现为目标导向不清、学习方式花样繁多、内容与生活脱节、忽视文化育人价值等问题。本案例以项目化学习融合下的小学语文综合性学习教学——统编版小学语文教材三年级下册"综合性学习·中华传统节日"为例，谈谈如何在学生日常文化生活中运用"文德化行"的策略，采用"文房雅艺""礼承启慧""文化习养"等方法，促进对学生文化精神、品格的浸润塑造。

项目化学习是指学生在一段时间内对与学科或跨学科有关的驱动性问题进行深入持续的探索，在调动所有知识、能力、品质等创造性地解决新问题、形成公开成果中，形成对核心知识和学习历程的深刻理解，能够在新情境中进行迁移。[1]项目化学习真实与开放的学习情境、"大概念"的学习逻辑、高阶的学习思维、可视化的学习成果，能使学生在综合性学习过程中形成一定的语文学

---

[1] 夏雪梅.项目化学习设计：学习素养视角下的国际与本土实践[M].北京：教育科学出版社，2018：10.

科素养,认知能力、创造能力、合作能力等关键能力也能得到发展。

(一)聚焦节庆立意,把握文化品格

传统节日文化是一个国家或地区的精神传承,承载着历史文化和价值观念。传统节日中的礼俗包含着丰富而深刻的人文精神。

1.培养传家观念与故土情怀

传统节日对家庭团聚和亲情的重视,有助于培养人们的家庭观念和责任感,增进家庭成员、亲朋好友之间的情感交流和互助精神。团圆中国年、花好月圆中秋节、孝老爱亲重阳节等节日礼俗都强调敬畏祖先,重视家庭团聚,培养孝道和家庭观念,增强家庭凝聚力。传统礼俗的作用还体现在家庭以外,比如乡里街坊、亲朋好友,大家在共同参与仪式的过程中磨合关系、化解矛盾、寻求共识、走向和睦。

2.培养团结合作和社会责任感

一些传统节日中的民俗活动需要人们共同参与合作,如春节联欢会,元宵节闹新春舞狮子、舞龙,中秋茶话会,端午赛龙舟等节庆活动,必须团结协作才能完成。共同参与节日活动,共同完成活动目标,团队成员必须加强对彼此的了解和信任,加强沟通和理解,相互包容和支持。在分工协作中,更有利于培养团结合作的精神和社会责任感。

3.弘扬传统美德,培养良好的道德观念

中国传统节日的民俗活动、节日礼仪都强调诚信、友善、谦虚、勤劳等优良美德。如我国传统的春联往往围绕诚信、和顺、节俭、清廉、勤劳致富等主题书写,反映出千百年来人们的价值认同。元宵佳节之际,城市乡村到处张灯结彩,火树银花,人们扶老携幼,出门观赏烟花,竞猜灯谜,其乐融融。人们通过参与传统节日活动,维护公序良俗,培养良好的道德情操。

4.增强文化自信和身份认同

中国传统节日是历史文化的传承和延续,通过传统节日,人们可以感受到祖先留下的文化遗产,增进对历史的了解和尊重。参与赛龙舟、舞狮子等传统节日活动,能够感受文化的特殊魅力;清明节文明扫墓活动,让人思古念今,感恩祖先,对中华民族英贤表达由衷的敬仰之情……通过传统节日,可以增进社会凝聚力,厚植家国情怀,增强文化自信。

(二)落实语文要素,生成驱动性任务

在课文《古诗三首》后专门设有"活动提示":"我国有很多传统节日,如春节、端午节、中秋节,这些节日有着深厚的文化内涵和独特的习俗。"这个活动提示有四层意思:这些节日是传统节日而不是现代节日,这些节日是中国独有的,这些节日有独特的习俗,这些节日有深厚的文化内涵。通过对活动提示的解读,再结合教材第三单元篇章页中所呈现的主题"深厚的传统文化,中国人的根",以及本单元课文《古诗三首》《纸的发明》《赵州桥》《一幅名扬中外的画》,可以明确本次综合性学习对应课程标准中"认识中华文化的丰厚博大,汲取智慧"这一目标。第三单元语文要素有两个:一是"了解课文是怎么围绕一个意思把一段话写清楚的",二是"收集传统节日的资料,交流节日的风俗习惯,写一写过节的过程"。由此可确定本次综合性学习的整体任务:在收集并记录中华传统节日资料等过程中,探寻中华传统文化的典型符号,树立文化自信,传承培育良好精神品格。

如何将这两个语文要素"无痕"地放置于驱动性问题中?笔者做了如表5-13的驱动性问题转化设计。

表5-13 "玩味·中国节"活动设计

情境	主题	角色	任务
学校举办"传统文化进校园"展示活动	"玩味·中国节"	中华传统文化小使者	以多样的方式讲述如何过有趣、有味儿、有意义的中国节

任务解读:运用从《赵州桥》《一幅名扬中外的画》中学习到的围绕一个意思把一段话写清楚的方法,合作写好"中华传统节日"介绍词,最后以多样化的方式展示学习成果。期待每位同学都能成为优秀的传统文化小使者。以上驱动性问题的转化设计首先给学生创设了一个真实的情境——"传统文化进校园"展示活动,这一情境是与学生现实生活相关的、有价值意义的真情境,可以引发学生的真学习;其次给学生打造了一个类似专家的身份——中华传统文化小使者,引导学生从文化使者的角度去活动与思考、探究。在进行驱动性问题设计

时,教师要通过情境创设、身份代入、学法引导等方法多元转化驱动性问题,引导学生深入思考与探究,解决现实生活中的问题。

(三)坚持以生为本,推进项目活动

1.成立项目小组

"中华传统节日"综合性学习的第一阶段,学生围绕驱动性问题自主展开学习,并在四人小组中交流分享收集到的资料。第二阶段,学生提出自己想深入研究的核心问题,研究相同问题的学生组建新的合作小组,并自主推选小组负责人,为综合性学习的开启进行初步准备。

2.方案的讨论、撰写

方案是对接下来将要开展的综合性学习的规划和设想。在项目融合的综合性学习中,学生可根据自己的兴趣、已有知识储备、生活经验等,进一步展开研究和协同研讨,自主撰写方案初稿。在教师的指导下,小组成员对小组已有思路进行讨论和优化,完善小组活动规划。如:在"中华传统节日"综合性学习过程中,在方案初稿撰写完成的基础上,教师组织学生从研究方法是否科学、多样,研究目标是否指向驱动性问题的解决,研究过程是否分工明确、具体可操作等方面,对各自小组的方案展开讨论、修正,并达成共识。

表5-14是"中华传统节日"综合性学习过程中一个小组撰写的项目方案。

表5-14 "中华传统节日"综合性学习项目方案设计(初稿)[①]

项目名称:中华传统节日	项目时长:2周
学科:语文	相关学科:美术、音乐、信息技术
指导老师:	研究方式:小组合作研究
研究小组成员:	
研究方法:图书查询、互联网查询、社区访谈	

---

① 蒋俊雅.项目化学习融合下的小学语文综合性学习导学策略——以三年级下册《中华传统节日》为例[J].小学语文,2022(Z1):137.

续表

研究目标:
1.多渠道分类收集中华传统节日的习俗。某同学重点负责春节,某同学重点负责中秋节,某同学重点负责端午节……
2.汇总整合各自收集到的材料,并梳理出中华传统节日的典型习俗
3.以"中华传统文化小使者"的身份,把整理后的中华传统节日的特点及习俗讲给同学、家人听
研究过程:
1.民主推选组长
2.给合作小组取一个名字,思考名字的含义
3.设计小组标志,请美术老师指导
4.组建合作小组沟通群,请家长协助
5.多渠道、多角度收集中华传统节日资料
6.整理研究结果,模仿《赵州桥》《一幅名扬中外的画》撰写节日介绍词
7.制作课件准备汇报展示,请信息老师指导
8.模拟演练,汇报展示
成果预设:
1.对中华传统节日习俗的总结
2.结合课件对中华传统节日习俗进行创新性的介绍
3.推选宣传研究成果

同时,教师在此基础上确定各个环节学生和教师分别要开展的活动的重点,如表5-15所示。

表5-15 "中华传统节日"综合性学习活动安排表

学习步骤	学生需要做的	教师需要做的
1.选定项目	分组团建,定组名等;讨论确定本组的PBL主题,如"我们的中秋节",并制作海报;各组轮流分享想法,评价他组项目	提示分组的原则,如男女比例、能力强弱等,借助演示文稿或视频发表入项演讲。审核评价各组的项目主题,引导学生分享、互评
2.制订计划	小组内讨论角色分工,把总项目分解成一个个小任务,如"中秋节的来源""与中秋有关的诗词""中秋的饮食文化"等,并规定计划执行的时间	教师以时间为跨度,制订教育计划,把本单元所需的学习方式和学习工具,逐渐渗透到本学期的日常教学环节中,如:文献的收集、演示文稿、模型的制作等

续表

学习步骤	学生需要做的	教师需要做的
3.活动探究	在一定时间内,分头查询、了解并以约定好的形式记录;小组内进行阶段性交流,并商议最后的成果展示方式;探究过程中遇到困难,积极向他人寻求合理帮助	监督学生按计划进行学习,协助学生获取探究过程中需要的资源和工具,聆听小组内的交流,需要给出意见建议的时候,再给出适当的意见建议
4.作品制作	作品可由组员单独制作或多位组员合作完成,如:中秋诗集、手工制作月饼、"我的中秋故事"手抄报等,作品数量适量	协助但不插手学生作品的制作过程,必要时提供帮助,或者给出一个具有挑战性的方向,引导学生制作出高质量的作品
5.成果交流	成果展示分享,如:举办中秋诗歌朗诵会、分享月饼、张贴海报、讲述记忆中的中秋节等,交流小组成果与心得	参与学生成果的交流和分享,协助学生获取交流所需的设备和场地
6.活动评价	依据评价量表,自评并对他组的项目成果进行评价,在评价中深化对知识的认知	从学习态度(包括参与度、合作度)、问题的探究与解决、语文能力的综合运用三个方面制定评价量表,进行多维度的评价

(四)聚焦学习能力,采取多样学习方法,开展深度学习实践

项目融合的综合性学习重视探索过程中学生自主学习能力的发展,力图引导学生围绕驱动性问题进行自主、深入的探究。

1.研究法助力资料收集

研究法可以帮助学生在综合性学习中习得科学的思想方法,开展深度探究。在"中华传统节日"综合性学习的前期,学生需要多角度收集中华传统节日资料(见表5-16),探究中华传统节日背后的中华传统文化。有的小组运用文献研究法上网收集资料;有的小组运用调查法走进社区实地调查、统计。学生得到了很多课堂上难以获得的数据、图表、照片、故事等,实现了教材文本与生活的对话。

表5-16 "玩味·中国节"调查单

节日名称	过节时间	礼俗活动	由来寓意	特点特色

在这一过程中,可以按表5-17进行过程评价。

表5-17 小组合作评价表

学习主题:		组别:	成员:		
评价指标	评价内容	评价要点	评价方式		
			自评	互评	师评
探究实践	查找资料	能围绕小组商定的传统节日查找相关资料			
		能通过上网、查课外书、询问家长等各种途径查找需要的资料			
	整理资料	能用自己喜欢的记录方式记录找到的相关资料			
		能根据记录的要点练习介绍查找的内容			
口语交际	合作交流	能积极参与小组讨论,认真倾听组员的发言,并能发表自己的意见或建议			
		能大声介绍或展示自己收集的资料			

2.图示法助力思路梳理

图示法是指以图形、图表等图示方式,将知识及其概念体系或本质特征揭示出来的一种视觉化思维方法。图示法可以帮助学生简单明了地掌握问题的前因后果,灵活地归类和梳理知识。

"中华传统节日"综合性学习,可以利用表格(见表5-18)、思维导图等,将资料系统化、结构化,使学生加强对项目成果设计推进的整体把握。

表5-18 "玩味·中国节"推荐单

推荐节日	推荐内容	推荐重点	推荐方式	展示内容

从"文房雅艺""礼承启慧""文化习养"等思路展开,成果形式可以是诵读经典诗文、制作非遗作品、展现音画风尚、开设礼俗小课堂(比如讲着装礼、行走礼、社交礼、问候礼、迎宾礼、饮食礼、祝福礼)等。传统礼俗在教育中普及,在普及中濡染。将中华优秀传统文化渗透到学生真实的生活情境之中,才能切实发挥其时代价值。

3.多技术助力创意表达

多技术学习是指综合运用传统和现代多种技术的介入式学习方式。多种技术的综合运用能支持学生在综合性学习中开展探究性学习和创新性学习。

在"中华传统节日"综合性学习后期,需要将收集、整理好的资料转化成自己和小组的创意介绍材料。学生可借助数字化工具和网络技术来进行综合性研究成果的介绍,在此过程中提升数字应用能力和纵深探究水平。当然,项目融合的综合性学习方法并不局限于以上几种。在实际教学中,教师还可以搭建多种学习支架,以满足学生在深度探究过程中收集信息的需要、交流与合作的需要和实践操作的需要。

(五)成果展示交流,评估反思,拓展文化运用

在项目融合的综合性学习中,教师应积极引导学生通过不同的形式,运用多种媒体公开发布学习成果,帮助学生在共享时代"发声",实现对学习的评估、反思。

1.多样化成果展示

综合性学习最终的成果形式也是多样化的,可以是一份倡议书,一个礼俗表演小节目、一次作品展示等。展示与交流形式也可多种多样,有项目间交流、班级交流、跨班级交流、跨年级交流、向家长展示等,这些都能使项目融合的综合性学习成果在更大的范围得到展现,又锻炼了学生包括表达能力等在内的综合能力。此外,"互联网创意传达"是指学生可以根据既有经验和丰富想象,创造性地使用微博、微信、网络论坛等,以多元创新融合的方式,实现成果的共享与共学。在"中华传统节日"综合性学习最终的成果展示中,有的项目小组以网络视频的形式发布学习成果,有的项目小组开设了微信公众号,持续推送学习成果。学生在自发地分享与传播个性化的综合性学习成果的过程中,实现文化的反思和涵育。

2.整体性评价设计

整体性评价设计要求基于综合性学习活动思路,设计相应的评价表,融合过程评价、综合评价,将评价贯穿于学习活动的全过程(见表5-19)。语文综合性学习活动评价,可以从语文素养、实践能力、合作品格、探究精神四个维度,有

针对性地进行设计。设计评价表,能使教师更好地把握教学目标能力点,帮助学生对标评价内容,明晰提升方向,在自评、互评、他评过程中,形成良好的元认知,并使他们受到激励和促进。

表5-19 过程评价、综合评价表①

学习主题:		组别:	成员:			
评价指标	评价内容	评价要点		评价方式		
				自评	互评	师评
过程评价						
团结协作能力	参与度	积极参与小组活动,按要求完成任务				
	专注度	遇到困难能坚持下去,并尝试解决				
	自信心	态度大方,充满自信				
	合作度	乐于合作,主动与人交流				
探究实践能力	整理资料	能根据需要选取有价值的材料				
	解决问题	主动积极地解决学习过程中遇到的问题				
语文素养	口语表达	能清楚、有条理地表达自己的感受,介绍自己的学习成果				
	书面表达	能写清楚过节的过程或节日里发生的令自己印象深刻的故事,并用上"围绕一个意思把一段话写清楚"的方法				
综合评价(用于小组成果展示)						
团队合作	小组合作	成员分工合理,人人有事做				
语文素养	口语表达	介绍或表演过程声音响亮,语言清晰				
实践能力	展示形式	1.自选:形式多样,有创意 2.必选:小报版面美观,布局合理,围绕小组选择的传统节日编排内容				

"文德化行"这一融通语文的教学策略强调文化传承的生活化、实践性、运用性。"中华传统节日"综合性学习单元的设计,关注生活中的传统仪式感,让践

---

① 施海燕.基于统编教材的项目化学习研究——以三年级下册"中华传统节日"为例[J].教学月刊小学版(语文),2021(5):45.

行礼仪成为发挥传统礼俗时代价值的关键环节和重要方式,传统礼俗的庄重典雅需在践行中感受,其所蕴含的人文精神需在践行中体悟。

润德于心,育德于行。中华优秀传统文化是树立民族文化自信的重要根基,传统礼俗作为切实可行、行之有效的文化资源,可以而且能够成为新时代文化自信的重要支撑。

第六章

融通语文的
支持条件

第一节 教学观念

观念是我们信奉的原则和理念,潜移默化、深入而持久地影响着我们的目标导向以及教学行为。语文教师的教学观念影响并决定着师生关系、教学目标、教学活动设计、教学进程和教学组织等,这需要教师具有科学智慧的学科认知观念、教育教学观念。

融通语文教学主张在实践中秉持"融通"的教学观念,其内涵具体呈现为以下几个方面。

一 文化:传承创新观

"千载文明,溯流而上;众行致远,山水共赴。"这是笔者为融通语文教学主张所拟的导言,其意在突出对语文学科"文化传承创新"价值的核心认知,力求展示语文有别于其他学科的意蕴特质,给当今时代和社会,赋予语文生机活力。

在教育体系中,小学语文课程不仅是语言文字的学习园地,更是中华文化的深厚载体,承载着千百年来中华民族智慧的结晶与情感的寄托。

(一)语文课程:文以载道的桥梁

"文以明道"的思想,在战国时期的《荀子》一书中已露端倪,《荀子·非相》认为:"凡言不合先王,不顺礼义,谓之奸言;虽辩,君子不听。"《荀子·正名》提出:"心合于道,说合于心,辞合于说。"这其实就是荀子"文以明道"的主张。唐代文学家韩愈主张"文以贯道",北宋理学的创始人之一周敦颐首开"文以载道"之说,用以阐述文章的道德教化作用。而以核心素养为导向的课程标准,秉承了文以载道的精神,为发挥语文课程的育人功能提供了依循。

《义务教育语文课程标准(2022年版)》将"文化自信"列于语文核心素养之首,具有深刻的历史意义。其中指出:"文化自信是指学生认同中华文化,对中华文化的生命力有坚定信心。通过语文学习,热爱国家通用语言文字,热爱中华文化,继承和弘扬中华优秀传统文化、革命文化、社会主义先进文化,关注和参与当代文化生活,初步了解和借鉴人类文明优秀成果,具有比较开阔的文化视野和一定的文化底蕴。"小学语文课程作为学生语文学习生涯的起点,其教学内容广泛而深刻,涵盖了古诗词、经典散文、历史故事、民俗风情等多个方面。语文教材中精选的文本,如同一颗颗璀璨的明珠,串联起中华文化的脉络,让学生在字里行间感受先贤的智慧、历史的沧桑、文化的魅力,不仅学习到语言的运用,更在潜移默化中接受文化的熏陶,成为文化的忠实传承者。

(二)语文教师:文化传承的使者

在承担文化传承任务的基础上,语文教师更应勇于担当起推动文化创新的使命,不仅要做知识的传递者,更要做文化的引路人。面对日新月异的现代社会,如何在保持文化根脉的同时,让中华优秀传统文化焕发新的生机与活力,是每一位语文教师需要思考的问题。这要求语文教师不仅要具备扎实的专业知识,还要拥有开放的心态和创新的思维。因为只有具备深厚的文化底蕴和敏锐的文化洞察力,才能够深入挖掘教材文本所蕴含的文化内涵,引导学生理解并尊重传统文化、多元文化。比如在课程设计上,可以开展"我是经典小说传讲人"单元学习活动,引导学生阅读古代经典小说,与同学讲述自己认为最精彩的经典情节,或通过绘制手抄报、书签等形式表现经典情节,还可以在其他文化艺术形式(如绘画、雕塑、戏曲、歌舞、影视、剪纸等)里,发现经典小说人物与情节,并与同学分享。通过多维度的实践活动,不断增进学生对传统文化的体验感、认同感和自豪感。

(三)推动文化创新:语文教师的时代责任

从实践层面来说,在语文教学中,教师的教学视野不应局限于教材,还应当走出课堂,走出教材,全方位地接纳其他文化载体。立足语文学科的特点,紧扣课程主题内容,丰富载体形式,不断提升整合资源、设计课程的能力,拓展传统文化空间,努力在语文教学中开拓出更有魅力的传统文化课堂。比如央视《经典咏流传》《非遗里的中国》《典籍里的中国》《诗画中国》《寻古中国》等一系列深度挖掘中国传统文化的节目,都是文化传承的新方式,也是辅助语文教学的有效载体。教师可以通过引入现代教学手段,如多媒体教学、互动式教学等,使传统文化以更加生动、直观的方式呈现给学生；也可以通过组织文化沙龙、创作比赛等活动，激发学生的创造力和想象力，让学生在实践中体验文化的魅力，从而成为文化创新的积极参与者。

融通语文是"守正"：坚守中华民族核心价值理念，坚守优秀文化传承，生生不息，源远流长；融通语文是"创新"：顺应新时代变革及对未来人才的召唤。因此，融通语文教学在形式、方法上是新颖的、灵活的，在小学生的心目中是有趣的、生动的，融通语文是与言语生活紧密相连的、充满魅力的。

二 目标：未来素养观

融通，是指向培养未来人才的关键学习能力。所谓"未来素养观"，即面向未来急剧变化和高度不确定的情境，培养学生适应变化并拥抱"不确定性"的态度、善于解决真实情境中复杂问题的高级能力、勇于承担个人选择后果并履行社会义务的责任感。应对未来人才需求，需要关注未来素养的培植，其中，融通学习力就是关键能力，对此，本书在第一章节中已经有系统阐释，在此进一步提炼要点（如图6-1所示）。

| 语文核心素养 | 文化自信
语言运用
思维能力
审美创造 | → 未来素养
融通素养 | 守创融通：多元文化冲击下，坚定文化自信的能力
行知融通：复杂变化情境中，善于转化应变的能力
思域融通：动态混沌网络中，建构思维路径的能力
艺趣融通：技术泛滥背景下，强化想象创造的能力 |

图6-1 语文融通学习力的内涵

融通语文教学主张培养这样的未来人才：在动态学习场域中，能够有效把握智能化时代资讯涌现的特点，能够专注聚焦学习目标，科学融合运用有效资源，在协作性学习中自主构建路径，实现知识的兼收并蓄、融会贯通，以及文化传承创新的学习能力。语文教师在培养未来人才的过程中，需要树立一系列明确且富有前瞻性的目标。这些目标不仅能指引着教师的教学实践，也能为学生未来的全面发展奠定坚实的基础。

(一)全人发展观

1.强调综合素质

小学语文教师应认识到,语文教育不仅仅是进行知识的传授,更是对学生综合素质的培养,包括促进学生语言能力、思维能力、情感态度、道德品质等多方面的均衡发展。

2.促进个性发展

在教学中,教师要尊重学生的个体差异,鼓励学生根据个人兴趣和特长进行个性化学习,培养其独特的创造力和批判性思维能力。

(二)跨文化交流观

1.扩展国际视野

通过语文教学,让学生了解不同文化背景下的语言习惯、思维方式和价值观念,培养其跨文化交流的能力和全球意识。

2.尊重文化多样性

引导学生尊重并欣赏不同文化的独特之处,促进其对不同文化的理解和尊重。

(三)创新与实践观

1.鼓励创新思维

培养学生的创新精神和创新意识,鼓励他们敢于质疑、勇于探索未知领域。

2.强化实践能力

通过语文实践活动,如写作、演讲、辩论等,提升学生的实践能力,使其能够将所学知识应用于实际生活中。

(四)信息素养观

1.适应信息时代

在信息爆炸的时代背景下,语文教师应帮助学生掌握信息检索、筛选、整合和运用的能力。

2.具有批判性思维

培养学生具备批判性思维,能够辨别信息真伪,评估信息价值,形成自己的独立见解。

(五)社会责任观

1.培养公民意识

通过语文教学,增强学生的社会责任感和公民意识,使其认识到自己作为社会成员的责任和义务。

2.关注社会问题

引导学生关注社会热点问题,通过写作、讨论等方式表达自己的看法,培养其参与社会事务的能力。

上述观念相互关联、相互促进,共同构成语文教师培养未来人才的核心理念和行动指南。

三 方法:融通育人观

融通教育把教育作为一个整体,从有机关联和综合渗透等角度进行考量,实施系统育人。

1.人与事的融通

要推进人与事的融通,强化学校管理顶层设计与制度建设,将管理、课程、环境等置于教育整体中去谋划,将学校教育与家庭教育、社区教育置于立德树人的整体中去实施,在成事中成人,以成人促成事。

2."五育"的融通

推进"五育"的融通,要将德智体美劳置于学生生命成长的过程中去落实,完善过程机制、评价机制和保障机制,把教育力量汇聚起来,推动育人从"五育并举"到"五育融通"的整体跨越。

和而不同,相融共生。唯有充分考虑教育的整体性,探索构建价值观、方法论和实践主体的融通体系,才能让教育回归育人本位,才能让师生拥有幸福完整的教育生活。

坚守中华优秀传统文化、面向未来、融通育人,是融通语文教学观的重要组成部分。这些教学观念相互补充、相互促进,共同构成促进学生全面发展与深度学习的语文教学新模式。

第二节 教师素养

教师素养是指教师在教育教学中所需的一种综合能力,包括教师的专业知识、教学技能、教育理念、职业道德、人文素养等方面的能力。进行融通语文教学需要小学语文教师具备相应的素养,分别是:第一,语文专业素养,包含文化理解力、智慧表达能力、创新思维力、审美创造力;第二,课程融通素养,包含未来教育视野、跨界整合能力、资源开发能力、协作能力等(见图6-2)。

语文专业素养
1. 文化理解力
2. 智慧表达
3. 创新思维
4. 审美创造力

融通语文教师素养

课程融通素养
1. 未来教育视野
2. 跨界整合能力
3. 资源开发能力
4. 协作能力

图6-2 语文教师融通素养结构

一、语文专业素养

(一)文化理解力

1. 深厚的文化底蕴

进行融通语文教学,教师应具备深厚的文化底蕴,包括对中华优秀传统文化的深刻理解,对世界多元文化的包容与尊重。应能够从历史、哲学、艺术等多个维度解读文学作品,引导学生领略人类文化的博大精深。

2. 跨文化交流能力

在全球化的背景下,文化理解力还体现在跨文化交流能力上。语文教师应能够引导学生认识不同文化的独特价值,促进其对不同文化的理解和尊重,培养其国际视野和跨文化交际能力。

(二)智慧表达力

1.精准的语言运用

智慧表达力是语文教师专业素养的重要组成部分。具有融通能力的语文教师能够运用准确、生动、富有感染力的语言进行教学,通过语言的魅力激发学生的学习兴趣,引导学生深入思考。

2.有效的沟通技巧

除了语言表达外,语文教师还需具备良好的沟通技巧,能够与学生建立有效的沟通机制,倾听学生的声音,理解学生的需求,从而为其提供更加个性化的教学指导。

(三)创新思维力

1.教学方法的创新

具有融通特质的语文教师具备创新思维力,能够不断探索和尝试新的教学方法和手段,如项目式学习、翻转课堂等,以适应不同学生的学习风格和需求,提高教学效果。

2.课程内容的创新

在课程内容上,应勇于创新,将时代元素、社会热点等融入语文教学中,使课程内容更加贴近学生生活,增强教学的时代感和现实性。

(四)审美创造力

1.审美鉴赏能力

小学语文教师作为美的传播者,应具备高度的审美鉴赏能力,能够引导学生欣赏文学作品中的美,感受语言的韵律美、意境美和情感美,培养学生的审美情趣和审美能力。

2.文学创作能力

除了鉴赏美,小学语文教师还应具备一定的文学创作能力。通过创作实践,更深入地理解文学创作的规律和方法,同时为学生提供更直观、更生动的文学创作指导,激发学生的创作热情和创造力。

二 课程融通素养

(一)未来教育视野

1.教育趋势洞察力

融通语文课程教学要求教师关注国内外教育改革的最新动态和趋势,如核心素养教育、STEAM教育等,及时调整和优化教学策略,以适应未来教育的发展需求。

2.创新教育理念

教师还应具备创新精神和创新意识,勇于尝试新的教学方法和模式,如项目式学习、翻转课堂等,以培养学生的创新能力和实践能力。

(二)跨界整合能力

1.跨学科融合

融通语文的跨界式教学强调打破学科壁垒,将语文知识与其他学科如历史、地理、艺术等的知识相融合,形成综合性的学习体验。跨学科视角能够让学生更全面地理解文本背后的文化、历史和社会背景,提升综合素养。

2.多元智能培养

融通语文的跨界式教学不仅关注语言智能的培养,还注重其他智能如逻辑—数学智能、空间智能、肢体动觉智能等协同发展。通过多样化的教学活动,激发学生的多种潜能,促进其全面发展。

(三)资源开发能力

1.教学资源的开发与利用

教师应具备开发和利用多种教学资源的能力,包括教材、教辅资料、网络资源、社区资源等,以丰富教学内容和形式,提高教学效果。例如,可以利用网络平台搜集和整理教学素材,设计多媒体课件,使课堂更加生动有趣,也可以组织学生参与社区文化活动,让学生在实践中学习语文。

2.跨学科教学资源的整合

融通语文要求教师能够整合不同学科的教学资源,设计跨学科的教学活动,让学生在实践中综合运用所学知识解决问题。例如,"科学阅读"活动可以让学生通过阅读科学类文章,提升科学素养和阅读能力,"诗配画"活动则能让学生在绘画中感受诗歌的意境和情感。

3.数字化教学资源共享

通过云盘、教育资源平台等数字化工具,实现教学资源的共享和协作编辑,促进教师之间的合作与交流。

(四)协作能力

1.跨学科教师协作能力

在团队教学设计上,小学语文教师应能与其他学科教师紧密合作,共同设计跨学科的教学活动。通过跨学科的教学设计,促进学生对不同领域知识的整合与应用,培养他们的综合素养。在资源共享与互补方面,小学语文教师应能积极分享自己的教学资源和经验,同时吸收其他学科教师的优势资源,实现资源共享和互补,提升教学质量。

2.社区与教育资源合作

融通语文还要求小学语文教师具备资源整合的能力,积极与社区、图书馆、博物馆等教育资源机构合作,整合社会资源,丰富教学内容和形式,为学生提供更加广阔的学习空间。为鼓励学生参与社会实践活动,小学语文教师还应与社区和相关机构合作,为学生提供实践指导和支持,帮助他们将所学知识应用于实际生活中。

三　融通语文对教师气质风格的要求

(一)融通语文要求教师具有内隐的思维气质

1.丰富灵动

具有融通理念的语文教师,拒绝停滞与僵化,内心具有丰富的感受力和广阔性、开放性,乐于接纳新事物、新思想,同时能够进行深刻的思考。他们不墨守成规,也不故步自封,在教材解读的丰富性、教学策略的灵活性、教学方法的转化应变上,有较高的敏锐性和悟性。

2.睿智创新

融通语文要求教师思想上具有思辨、求活、求新、求发展的特点,睿智聪慧,具有创造性思维;从教学观念的创新理解、教学构思的别出心裁、教学设计的匠心独运,到具体教学难点、关键点的智慧引导,能够推陈出新,具有洗练、明快之美。其语文课堂既符合教育规律,又别具活力与魅力。

(二)融通语文对教师外显教学风格的要求

1.通透

所谓通透,是指教师对学科知识讲解精当、重点突出、深入明晰、不枝不蔓。要具备"通透"的教学风格,需要教师精心挑选学科知识作为课程内容,既精准又恰当,无冗余旁骛。教学目的设定明确,教学策略与方法也随之变得清晰可辨,整个教学过程如同一条流畅的河流,各环节自然而然地紧密相连,从而使学生能够清晰理解并掌握知识脉络。

2.灵动

融通语文要求教师的教学风格呈现出活泼明朗、深入浅出、爽快通畅、洒脱豁达的样态。受其风格的影响,课堂氛围活泼而明朗,教师能够运用深入浅出的教学方法,将复杂的知识以简单易懂的方式呈现给学生,使学习过程变得爽快通畅,充满乐趣。同时,教师的授课风格洒脱豁达,不拘泥于传统框架,灵活应对各种教学情境,能激发学生的学习兴趣和创造力。

3.深广

"深广"二字体现了深度学习特质：散发、组合、迭代、深入、博大。具有"深广"教学风格的教师鼓励学生进行深度思考，通过知识的发散、组合与迭代过程，构建起广博而深厚的知识体系。教学不停留在表面知识的传授上，而是注重引导学生探索知识的内在联系和深层含义，培养学生的批判性思维和创新能力，使他们的知识学习既宽广又深厚。

第三节 资源开发

课程资源是知识、信息与经验的载体,也是课程设计、实施与评价的依托。和一般的教学相比较,融通语文的教学主张更加强调各类资源的联结、开发、创新运用,因此,推进融通语文教学,应当以"开放共享""共创共建"的理念来进行语文课程资源的建设与开发(见图6-3)。

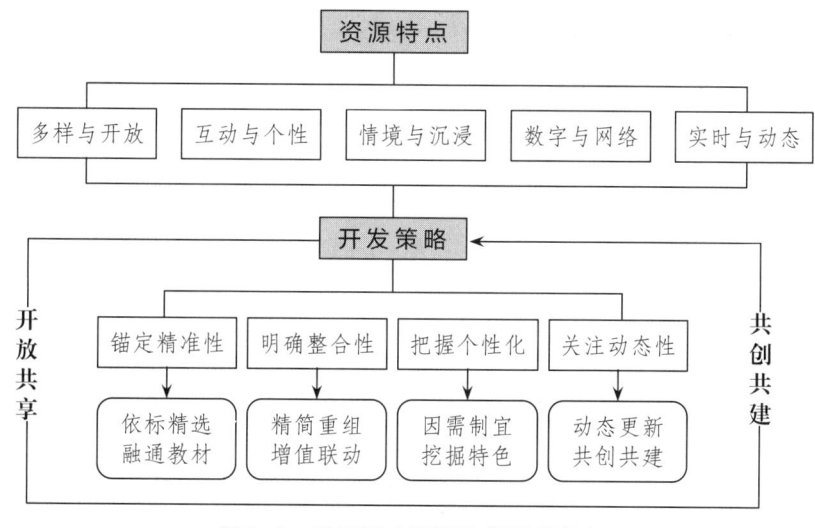

图6-3 融通语文课程资源开发框架

一、课程资源的时代特征

新时代呈现出智能互联的特征。融通语文课程资源的开发运用要注重时代特征。

(一)广泛多样性与开放性

1.广泛多样性

语文课程资源不再局限于传统的教材,而是广泛涵盖了线上线下的各种资源。这些资源包括电子书籍、在线课程、教学视频、公开课、慕课、各类资源平台、开放的图书馆资源、学习APP等。它们形式多样,内容丰富,能够满足不同学生的学习需求。

2.开放性

智能化时代,课程资源的获取和使用变得更加开放。教师和学生可以通过互联网轻松访问各种资源,不受地域和时间的限制。同时,资源的共享和共建也成为可能,教师和学生都可以成为资源的贡献者和使用者。

(二)互动性与个性化

1.互动性

智能化技术为教学互动提供了可能。通过在线平台、虚拟教室等工具,师生之间、学生之间的交流变得更加便捷和频繁。这种互动不局限于文字,还可以包括音频、视频等多种形式,使学习更加生动有趣。

2.个性化

教师可以利用人工智能技术,对学生的学习数据进行智能分析,从而为他们推荐个性化的学习资源。根据学生的兴趣、能力和学习进度等进行资源定制,有助于实现因材施教和个性化教学。

(三)情境创设与沉浸式状态

1.情境创设

智能化技术可以为学生创造各种学习情境,使他们能够在接近真实的环境中进行语言实践。例如,通过虚拟现实技术(VR),学生可以身临其境地体验不同场景下的语言交流,从而提高语言运用能力。

2.沉浸式状态

在智能化技术的支持下,学生可以随时随地进行沉浸式学习。无论是在学校、家里还是户外,只要有智能设备和网络连接,学生就可以沉浸在语文学习的氛围中,不断巩固和提升语言能力。

(四)数字化与网络化

1.数字化

随着智能化时代的到来,语文课程资源越来越趋向于数字化。数字化的资源具有易于存储、传输和共享的特点,使得学习更加便捷和高效。

2.网络化

网络化的课程资源为学生提供了更加广阔的学习空间,他们可以通过互联网访问全球范围内的优质资源,与来自不同国家和地区的学生进行交流和合作。

(五)实时性与动态性

1.实时性

智能化技术使得语文课程资源的更新和发布变得更加实时。教师可以随时将最新的教学资源和信息上传到网络平台,学生可以及时获取并学习。

2.动态性

语文课程资源在智能化时代呈现出动态变化的特点。随着技术的不断发展和教学理念的更新,课程资源的内容、形式和呈现方式也在不断调整和优化。

二、资源开发存在的问题

面对海量课程资源,语文课程资源开发存在诸多问题,这些问题不仅会影响课程资源的有效利用,还可能对教学质量和学生的学习产生负面影响。

(一)目标失焦,资源选择困难

1.缺乏明确的开发目标

在海量课程资源面前,部分教师可能缺乏清晰的目标,导致资源开发缺乏针对性和实效性。没有明确的目标指引,课程资源开发容易陷入盲目和混乱的状态。

2.资源选择困难

由于课程资源数量庞大、种类繁多，教师和学生在选择时往往感到无所适从。缺乏明确的筛选标准和依据，以及多种媒介频繁切换，可能导致选择的资源不符合教学实际和学生需求。

（二）人文内涵缺失，资源内容单一

1.忽视人文内涵

在课程资源开发过程中，部分教师过于注重知识的传授和技能的培养，而忽视了语文课程的人文内涵，导致课程资源缺乏人文关怀和情感教育，难以培养学生的审美情趣和人文素养。

2.资源内容单一

许多课程资源都注重知识点的讲解和练习，而忽视了对学生情感、态度和价值观的引导。单一的资源内容难以激发学生的学习兴趣和积极性，也不利于学生的全面发展。

（三）开发过程浮躁，质量参差不齐

1.开发过程浮躁

一些教师为了追求教学资源的形式或数量的丰富而忽视了其内容质量，导致课程资源开发过程出现浮躁、低效等问题。这不仅浪费了时间和资源，还可能损害教师和学生的利益。

2.质量参差不齐

教师对教学资源缺乏甄别意识和选择能力，选择的资源可能存在错误、重复或过时等问题，将碎片资源、内容浅浮的资源投入教学中，不仅无法为学生提供有效的学习支持，还可能误导学生，导致其学习浮躁低效。

三　课程资源的开发策略

（一）锚定精准性：依标精选，融通教材

融通的"通"指向目标达成。为了语文课程目标的有效实现，开发与利用的课程资源应直接针对并服务于这些目标。这需要教师认真分析语文课程目标，识别与这些目标紧密相关的课程资源，确保开发的资源能够直接促进学生达成学习目标。

《义务教育语文课程标准（2022年版）》对课程资源的开发与利用有这样的表述："要从核心素养形成和发展的内在规律出发，紧密结合语文教材内容，选择有利于组织和实施综合性语文实践活动的优质资源。"这提示我们，课程资源开发的出发点是促进学生核心素养形成，同时要关注和遵循学生身心发展的内在规律，还要关联语文教材内容。这三个要点，解决了如何选择开发课内外优质资源，以及"为什么用""如何用"课程资源的问题。

因教材以外的社会生活资源过于纷繁庞杂，而课程推进又有一定的时间限制，这就需要教师对课程资源进行筛选，根据教学需要精选、整合优质课程资源。多样化的资源在整合过程中，还需要依据其与课程目标的契合度，择优而用。教师既要关注各种课程资源之间的关系，对其进行灵活转化或创造，又要注重资源的整体性和协调性，做到主次分明，并能够根据不同教学阶段的标准和目标加以灵活规划、调整、利用。在语文课程推进过程中，要不断观照进程，评估课程资源的价值，为后续教学提供借鉴与参考。备课时，"依标精选"课程资源思路可参考图6-4。

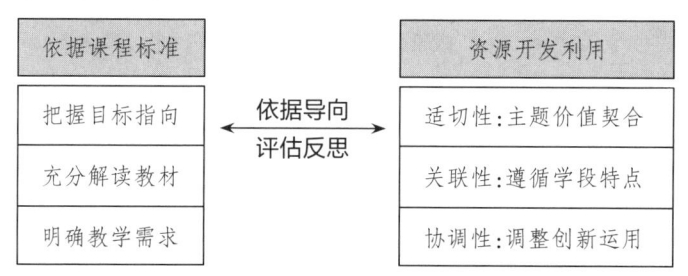

依据课程标准	依据导向	资源开发利用
把握目标指向	评估反思	适切性：主题价值契合
充分解读教材		关联性：遵循学段特点
明确教学需求		协调性：调整创新运用

图6-4　融通语文课程资源开发"依标精选"备课思路

（二）明确整合性：精简重组，增值联动

融通，要求系统形成整体，课程资源开发不能一味求多、求新，应关注整合、精简。

1. 加法思维：广泛汇聚，主题聚焦

聚多元资源，构建主题生态。在课程资源开发初期，应秉持加法思维，广泛搜集与主题紧密相关的各类资源。包括但不限于教科书、教辅材料、网络课程、视频资料、实物模型、社会实践案例等，确保资源库的丰富性和多样性，并对其进行系统梳理和分类。同时，强调资源的选择必须紧密围绕教学目标和学生需求，构建起一个以主题为核心，多元资源共生的学习生态。

2. "瘦身"策略：精简重组，价值提升

精炼资源内容，强化育人价值。在资源汇聚的基础上，需对其进行"瘦身"处理，即针对核心教学目标，对资源进行严格的筛选、精简和重组。这一过程要求对每类资源的价值进行深入论证，去除冗余和低效部分，保留最具教育意义和实用性的内容。同时，在资源运用设计上，要注重挖掘其深层次的育人价值，如培养学生的批判性思维、创新能力、人文素养等，使精简后的资源实现价值的最大化，从而提升整体教学效益。

3. 跨界融合：资源互通，增值联动

打破学科壁垒，实现资源共享。在课程资源开发过程中，跨学科整合显得尤为重要。教师应打破传统学科界限，鼓励不同学科间的知识交融与思想碰撞，共同构建综合性的课程体系。此外，还需注重校内外资源的优势互补，充分利用学校外部的社会资源、文化资源、自然资源等，为学生提供更加广阔的学习空间和更加丰富的学习体验。通过校内外资源的有效整合，不仅能够丰富课程内容，还能增强学生的社会实践能力和综合素养，共同推动语文教学乃至整个教育领域的创新发展。

（三）把握个性化：因需制宜，挖掘特色

融通理念不仅强调系统内部的协调与统一，更深刻地蕴含着对多样性与个性化的尊重与追求。在教育领域，它引导我们关注天地人事之间的适应性与内洽性，特别是在课程资源的开发与利用上，更应体现这一精神。

1. 差异性视角下的个性化课程资源

尊重差异，因需制宜。在课程资源的开发与利用过程中，我们必须深刻认

识到不同地区、学校、教师及学生之间存在着显著的差异性。这种差异性是教育多样性的体现,也是教育创新的源泉。因此,课程资源的开发不应是千篇一律的,比如,课程资源以"主题资源包"的形式呈现,资源包内,有不同难易度的挑战项目,有不同维度、不同体裁的阅读本文,还有不同特色的成果呈现范例。这样的资源包,不仅内容丰富,而且充分关注了学生的兴趣差异、能力基础差异,尊重每一方的实际需求与特点,能够确保课程资源精准对接,发挥最大效用。

2.地方特色历史文化资源的融合

基于学校的实际情况和学生的需求,教师应积极挖掘和利用具有地方特色、学校特色及个人风格的课程资源,将这些资源巧妙地融入教材之中,使之成为学生学习语文的重要素材。如当地的历史文化遗迹、名人故事、博物馆、民俗风情、自然风光等,作为时间的记录者,让文学作品中的时代背景、人物命运有了坚实的依托,使学习者能更深刻地理解文章的含义。而地理环境则为学生提供了独特的空间视角,展现出不同地域的自然风光、人文习俗,为文学作品中的场景描绘、情感抒发增添了丰富的色彩与层次。

(四)关注动态性:动态更新,共创共建

融通,意味着系统内部是不断流动的,课程资源是动态变化的。融通要求课程资源必须紧跟教学需求的脉搏,与时代发展的步伐相协调,只有这样,课程资源才会不断焕发新的生机与活力。

1.紧跟教育前沿,动态更新课程资源

教育动态为引,课程资源常新。在快速变化的教育环境中,关注并紧跟教育教学的最新动态和研究成果,是课程资源保持鲜活与前瞻性的关键。这意味着教师需要定期审视现有的课程资源,识别其中的不足与滞后之处,并及时调整、更新和优化。通过引入最新的教育理念、教学方法和技术手段,教师可以使课程资源更加贴近学生的实际需求,更加符合时代发展的要求。同时,这种动态更新的过程也是教育创新的重要体现,推动着教育质量的不断提升和教育体系的不断完善。

2.学生参与共创,激发课程资源活力

学生主体参与,课程资源共生。学生是学习的主体,也是课程资源的重要创造者和使用者。因此,在课程资源的开发和利用过程中,教师应积极鼓励学生参与,培养他们的创新意识和实践能力。通过设立学生项目、开展课题研究、组织实践活动等方式,让学生有机会亲身参与课程资源的开发和利用过程,从而激发他们的学习兴趣和创造力。同时,学生的参与也能够为课程资源注入更多新鲜血液和活力元素,使课程资源更加贴近学生的生活实际和心理需求。这种师生共同创造的课程资源开发模式,不仅能够提升学生的综合素质和能力水平,还能够促进教育教学的深度变革和可持续发展。

第七章

融通语文的教学反思与优化

第一节 融通语文的教学反思

随着"五育融合"理念的推广,打破边界、多向交融的教育思想不断深入,其应用正在逐渐得到教育界与社会的广泛认可。融通语文教学主张与教育发展的时代脉搏紧密关联,但也存在着种种问题。

一、教师认知误区,导致"跨易,联难"

伴随课程改革的进程,当前教师们普遍围绕着研究热点——跨学科、学科交叉、学科融合等,开展体现融通思想的教育实践。教师们不断深化、扩展和整合各学科之间的交流与合作,探索新的学术研究领域,创造出了许多新的知识和时代发展范式。但经过理性反思,笔者发现很多教师认知的融通课堂,还处于表面显性的"合",大部分教师并没有系统研究和深刻把握课程整合的内涵、价值和机制,对课程整合的目标和价值认识不清,在课程整合中,往往忽视对不同学科知识内在逻辑关联的准确把握,把课程整合机械地等同于不同学科内容的拼凑、叠加,造成了整合的肤浅和混乱,有些甚至背离了整合的初衷,使知识更加割裂零散。有教育学者以表格的形式汇总了当前学科融合、跨学科教学设计中存在的问题,如表7-1所示。

表7-1 不同类型的跨学科教学误区与偏差[①]

类型	表现	成因
主题拼盘型	有主题,无跨越	学科之间缺乏核心问题串联,学科没有相互跨越
目标迷失型	有跨越,无目标	学科之间缺乏整体目标统领,跨越学科的学习失去方向
浅表学习型	有目标,无作用	跨学科设计对学习的促进作用有限,可有可无
虚假表现型	有作用,无跨越	相关内容对学习有一定促进作用,但并未实现学科跨越

---

① 胡庆芳.中小学跨学科教学的追问与思考[J].基础教育课程,2023(14):6.

从表7-1可以很清晰地看到,当前跨界融合教学虽然热度节节攀升,但能够科学、有效地开展跨界教育的并不普遍。教师普遍存在一些认知误区,比如,片面地把"融通"等同于"融合""跨学科""融创",甚至有些不和谐的声音,认为融合、融通、跨学科等学习理念,会导致"去"学科。

融通教育,显然不意味着"去"学科,不能因为跨学科而削弱学科专业指导。学生所具备的良好学科基础是未来开展跨学科、综合性、项目式学习研究活动的基础。融通教育实施中的种种问题,都反映出教师对"融通"这一概念的认识还比较模糊,当然也就导致开展教学时盲目追逐热点,急于"跨",为"跨"而"跨",活动中更是囫囵吞枣、追求形式。在"跨"的基础上,怎么"合",如何"联",如何"融",似乎较少老师关注,效果不尽如人意也就显而易见了。

因此,提倡融通语文,应当再次厘清其概念的独特价值,讲清楚"融通"与"跨学科""五育融合"等核心概念的相同点与独特性,才能真正推进教学实践。

二、机制保障不足,导致"点易,面难"

从实践的角度来说,近年来在新课程理念驱动下,我国许多学校开展了"五育融合""跨学科课程"等各类研究尝试,初步形成了校内课程渗透、校际课程合作等融通模式。但整体而言,大部分融通实践停留在资源共享、课程合作、校际合作等较为简单直接的"点"的层面,没有从根本上打通"面"的渠道。

融通,意味着要在教学机制上提供重要支持,但目前机制困境依然是重要问题。各部门融通育人的机制还未形成,保障机制不足。当前许多融通式的研究实践,基本是靠学校行政手段干预,以主题活动的形式在开展,一旦失去这些行政手段,深度融通的教学就难以扎实推进。

首先,我国传统的教师培养体系和工作体制均具有明显的学科建制特点,教师的学习和工作经年累月地浸泡在特定学科的研究范式和思维习惯中,已经形成无意识的路径依赖,很难克服和超越。[1]其次,国家课程是学校施行根本,当前跨学科课程的编制缺乏公认的原则和规范,放权让教师自主开发融通课程,容易出现混乱。

---

[1] 刘希娅.中小学跨学科学习的内涵价值、现实困境与实施策略——谢家湾学校素养导向跨学科学习实践探索[J].中国教育学刊,2023(10):59.

综上,当前中小学推行融通课程的体制、能力和经验条件均不够成熟。教育部颁布的2022年版各学科课程标准,正是在分学科课程框架下,提出通过跨学科主题学习来弥补学科课程的不足,但具体怎样建立融通机制,保障融通课程开展,依然在尝试和点状实践中。

三、系统框架薄弱,导致"融易,通难"

一项高质量的、成功的融通式主题学习活动,必然是多学科教师深度合作的结果。"融"字体现了多学科参与的基本要求,"通"体现为一种深度学习的综合观和实践境界,即整合多学科知识和技能解决真实情境中的问题,促进儿童真正内化知识、在生活中能自如运用。

当前,许多语文教师协同深度和持续性不够,比如过度追求目标达成而忽视学生试错与体验,忽视承载核心目标的表现性任务设计,学习活动设计中缺少学习支架,数字技术应用较多停留在浅表层面等。这些普遍性问题都将对融通的效果产生不良影响。

一个融通主题学习活动应设置一个统整性的表现性任务,或者多个关联的小任务,借由任务的逐步或逐项完成,推动学生理解知识、实现迁移应用,并解决问题,达成学习目标。这些可以外化的、直观可见的任务成果成为检验学生学习目标达成的关键证据。

教师合作,是从主题策划开始就深度介入学习目标和任务界定、大概念的提炼与表达、活动过程设计以及评价方案研制等环节中,同时根据活动实施需要,整合多学科资源,为学生提供一体化支持,只有这样才能实现多学科知识的综合运用。如果高度依赖主干学科教师,其他学科教师仅仅是在实施环节等人手不足的时候"搭把手",显然难以取得"通"的结果。例如,以"数字化表达"和"生动介绍"为指向的"节气游戏设计"项目学习主题,最终的表现性任务"节气游戏设计"既要考查学生对数字化技术的灵活应用,也要评价学生的表达情况,如是否生动具体等。显然,无论是过程设计还是评价实施,都离不开长程推进、系统设计、过程反馈、问题分析、进行调整。如果缺少高质量的深度实践,主题学习活动只是流于表面的常识交流,缺少走向高阶思维和深度学习的机会,显然也就达不到"通"的境界。

第二节 融通语文的教学优化

针对上一节所提出的融通教学在实践中的三大问题,本节提出对应的优化思路。

一、认知深入:融通内涵的辩证剖析

融通语文是语文学科的本质属性和实践使命的彰显。

融通语文教学,是坚守语文学科本质的教学,是以情感互动为基底的教学,是讲究行知合一,追求融会贯通的教学。

融通语文教学与跨学科、学科融合、学科交叉的语文教学既有共同点,也有差异点。其共同点在于:首先,都是为解决复杂问题,寻找互补和优势而结合;其次,都在强调深化、扩展和整合学科之间的交流与合作;再次,都强调资源整合和知识共享,提高资源利用的效率和可持续性。其差异点如表7-2所示。

表7-2 "融通语文"与相似概念辨析

概念	内涵	时间	典型特征	主体关系
跨学科、学科交叉教学	不同学科之间的交流和合作,强调跨越学科壁垒,打破学科局限性,共同解决复杂问题	一个阶段或短周期	侧重应用和实践中的交流与合作,更加强调解决实际问题和推动实践应用的发展	突出个体价值和学科之间的平等性,强调不同学科间的互补性和合作性,注重学科特点和贡献
学科融合教学	指在教学和研究中将两个或更多的学科领域相互结合	长程建构系统布局	不同学科领域之间的知识和方法得以深入交互与融合	注重学科研究领域中的交流和合作
融通语文教学	1.关注情感、态度因素 2.强调学科之间的融合和互相渗透,通过深入地整合各学科的思想、理念、方法、技术等,达成融会贯通之效果		内涵更加深广: 1."融"以情感互动、自洽、浸润为基底 2."通"凸显素养目标导向 3.可自由运用跨学科、学科交叉、学科融合等方法	关注学习者之间、学科之间、人与资源环境之间的整合和创新性发展,强调减少学科冲突,构建新的学科范式

在实践中,语文教师对"融通"理念的清晰认知,有助于其科学、审慎地组织语文教学,不被活动令人目眩的外表所影响,守住学科根本,守住言语实践阵地;不为传统的教学观念所局限,敢于创新融通思域,开创新的实践天地。

融通语文的典型样态,深刻体现了语文教育的精髓与时代要求,其核心特征可概括为三个方面:古今融通、理趣融通与行知融通。具体如图7-1所示。

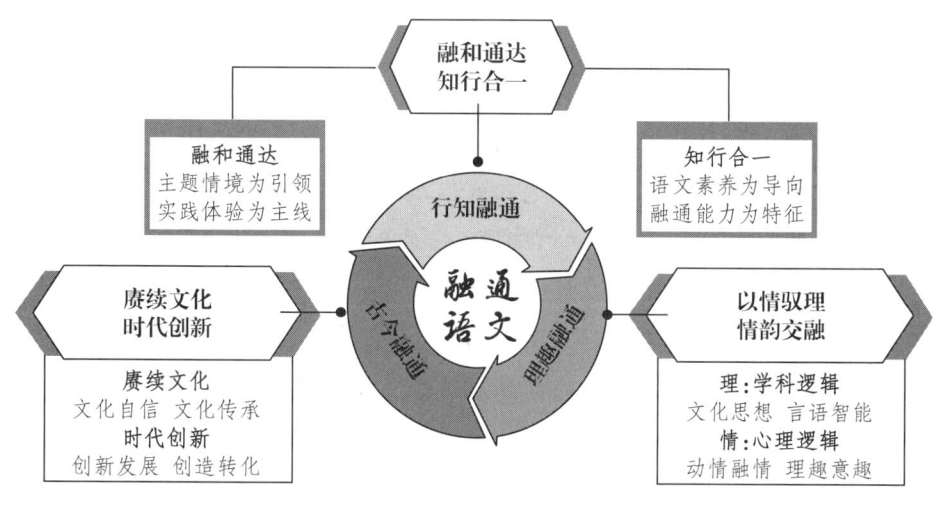

图7-1 "融通语文"的独特样态

(1)古今融通,是融通语文的文化基石。

古今融通强调在赓续中华优秀传统文化的基础上,实现时代性的创新与发展。文化自信与文化传承是这一特征的灵魂,深入挖掘古代文学、文化经典的智慧与美感,不仅能够增强民族自豪感,还能为现代生活注入深厚的文化底蕴。同时,创新转化与创新发展是古今融通的活力源泉,我们需要将传统文化的精髓与现代社会的发展需求相结合,创造出既符合时代审美又具有深刻内涵的语文作品与教学活动,让中华优秀传统文化在新时代焕发出勃勃生机。

(2)理趣融通,体现了语文教育的深度与广度。

理趣融通要求在教学过程中既要遵循学科逻辑,即文化思想、言语智能的系统传授,又要遵循心理逻辑,即注重学生的情感体验与兴趣激发。以情驭理,情韵交融,让学生在理解文本深层含义的同时,也能感受到其中的情感魅力与思想深度。这样的教学方式,不仅能提高学生的语文能力,还能培养他们的审美情趣与人文关怀。

(3)行知融通,是融通语文实践性的集中体现。

行知融通强调以主题情境为引领,以实践体验为主线,让学生在真实或模拟的情境中学习语文知识,培养融通能力。通过参与丰富多彩的语文实践活动,学生能够将所学知识转化为实际行动,实现知行合一的目标。同时,以语文素养为导向的教学设计,能够确保学生在实践过程中不断提升自己的语言运用能力、思维能力和文化素养,为未来的全面发展奠定坚实的基础。

二 机制深化:多向联动的日常破局

任何一项可持续发展的机制,都不应当仅靠行政力量来维持。单次的推动不具可持续性。聚焦学生真实的生命成长,就要扎根学生的日常生活,关注其真实日常,他们才能有真成长。教师应在学生的日常生活中,体现学生全员多主体参与、自然卷入教育点,以及多重资源的调集和运用等,形成融通教育的日常机制,实现多向联动。如图7-2所示,融通语文的教学机制,主要从学生共同体组织、教师研修工作坊、家校共育融合圈、线上交互社群等四个维度构成整体性联动,形成日常可持续的育人支撑。

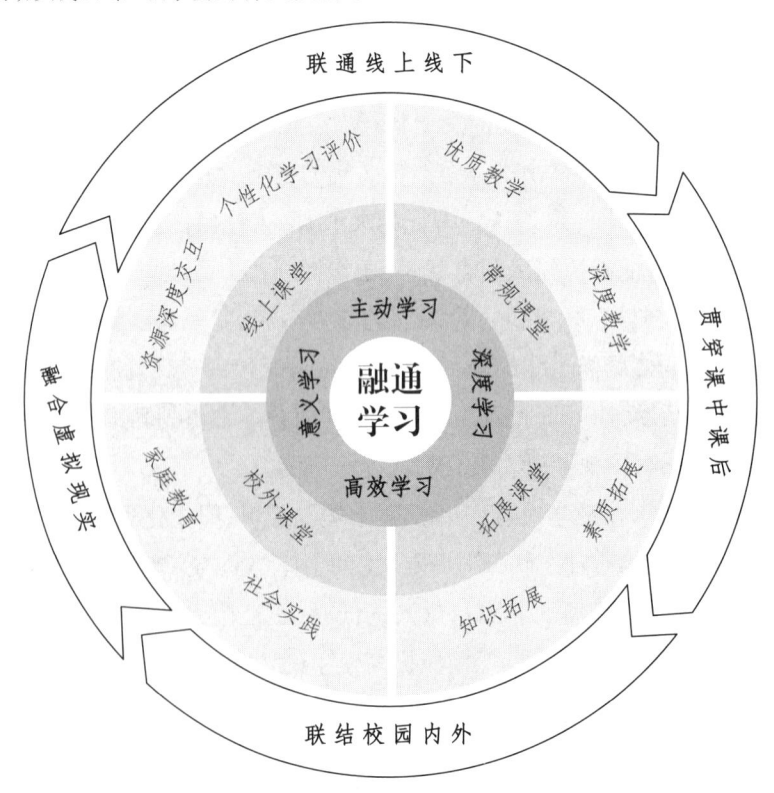

图7-2 基于融通理念的育人场景运用

(一)组建学生学习共同体,形成日常融通机制

"融"意味着要建构包容、悦纳的课堂,沉浸、润泽的课堂。同时,"融"更意味着要建立学生互学共长的学习空间。通过师与生、生与生相互配合、相互帮助而进行共同学习,实现共同发展。

学习共同体的构建主要采取什么样的方式? 可以是低年级两两互动形成相互观照的关系,也可以从中高年级开始进入四人协同学习,只有进入四人协同学习,才真正进入了人际交融的状态。它比"小组合作"更进一步,不但强调合作式任务的达成,强调共识,更注重差异与个性,利用差异来创造更多的可能性和机会,主张学生要有新的发现,让学生浸润在多元学习、多彩学习以及多元思考中,它要的不是千篇一律,不是众口一词。如果每节语文课有5—10分钟的共同体学习与汇报交流展示的时间,就可形成固定机制,确保学习共同体的推进。

(二)搭建教师研修工作坊,形成跨域教研机制

教研,是一线教师最日常的研修活动。构建日常的融通式教研模式,有助于促成融通语文的智慧聚集、目标达成。

如图7-3所示,教师研修工作坊可以按照聚合问题—确立主题—关联学科—设计方案—迭代改进—教研反思的思路,开展跨学科教研。这样才能突破思想壁垒,把不同学科间的价值理念、知识结构中的差异化特点,转化为教学理解的内在张力和创新设计。这种跨域思维和共生逻辑,应当融入融通语文的日常研修生态构建当中。

图7-3 基于"融通"理念的跨学科教研

(三)建立家校共育融合圈,深化协同育人

家庭和学校本是育人共同体,彼此同向同行,同频共振,才能彼此滋养,深化育人效果。融通语文的家校共育,专注于为学生打造丰富广阔的言语实践场

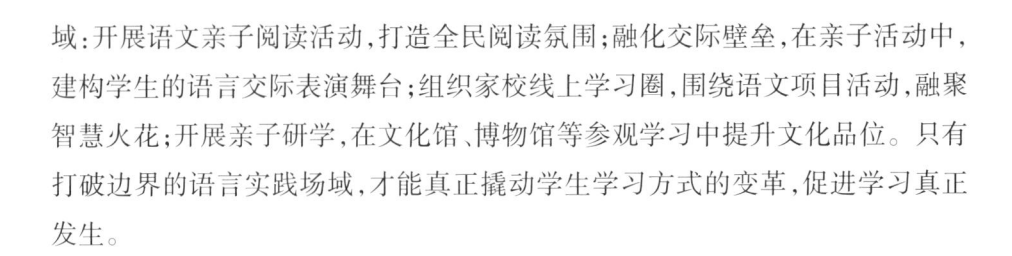

域;开展语文亲子阅读活动,打造全民阅读氛围;融化交际壁垒,在亲子活动中,建构学生的语言交际表演舞台;组织家校线上学习圈,围绕语文项目活动,融聚智慧火花;开展亲子研学,在文化馆、博物馆等参观学习中提升文化品位。只有打破边界的语言实践场域,才能真正撬动学生学习方式的变革,促进学习真正发生。

(四)构建线上交互社群,赋能智慧学习机制

在深化语文融通学习的过程中,笔者积极探索并实践了一系列创新方式,以构建活力四射的线上交互社群,并赋能智慧学习。具体而言,笔者注重将学习活动贯穿于课中及课后,不仅在课堂上引导学生深入文本、探讨思想,更在课后通过线上社群延续学习热情,分享阅读感悟,形成持续的学习循环;同时,联通线上线下,利用互联网的便捷性,打破空间的限制,让优质教育资源触手可及,实现教学资源的优化配置与共享。此外,笔者还积极联结校园内外,邀请社会知名作家、学者等加入社群,与学生进行面对面的交流,拓宽学生的视野,激发学生的创作灵感。尤其值得一提的是,笔者融合虚拟现实技术,为学生提供沉浸式的学习体验,无论是漫步于古诗文中的山水之间,还是亲历历史事件的发生场所,都能让学生身临其境地感受语文的魅力,从而更加深刻地理解和热爱语文学科。

三 系统深耕:实践推进的动态调适

(一)以言语实践为根基,融通知识的多维立面

以融通"一育+"的方式,突破融合混乱的问题,这是融通行动的逻辑起点。通过对其中"一育"的重新阐释,为其赋予新的多元意义。对语文学科而言,"一育"指的是言语素养。要促进学生通过语文学科知识的学习来提升实践能力和素养,就需要重建知识与方法、理论与实践、课程与社会之间的有机联结,以帮助学生化知成识、转识成智、智识共生。融通,具有突出的整体思维和实践导向特性,强调从整体上把握事物,为这些关系的重建创造了有利条件。

就如一个孩子学说话,他是在基于交流需求而进行的交流实践中学习的,他的学习发生在他的直接活动过程之中。换句话说,这个孩子"与人交流"才是

其真正的学习活动,在与人交流的过程中发生了"学说话"这一学习行为。基于这一认识,在设计融通实践活动时,教师首先要确定与特定学科知识适切的实践主题类型,然后创设学生相对熟悉、便于实践的具体情境,并将学科知识融入情境之中,支撑学生综合实践活动的开展。如果学生能深刻认识到学科知识在完成这一实践活动中所处的重要地位,那么他的学习目的就更可能达到。而学生在现实情境中开展实践活动,经历学科知识的生成或运用,本身就是一种学习。在这种实践活动中,知识与方法、理论与实践、课程与社会各维度和要素尽数在场,有机融合,成为不可分割的整体。

(二)以多元主题为载体,融通实践的运用场景

加强对融通实践的过程统筹和动态调适,才能实现融通育人价值最大化。在融通的综合场景运用中,为解决真实且复杂的问题而进行的跨学科教学,可以通过多种途径生动展开。

1.微项目类:立足学科,融通日常浸润体验

唯有融于日常的教育,才是真正可持续的,润物无声的日常浸润才能真正影响人、造就人。微项目内容凝练、形式灵活,在实际课堂教学中的可操作性更强、实用性更高,最适合开展日常实践体验活动。此外,微项目学习规模小、周期短、聚焦性强,学生能够在有限的时间内高效完成学习任务,提高实践效率。比如:可以结合教学内容,组织"每天五分钟阅读分享会""小组童话(诗歌)创编集""每周书法展览"活动,推动学生的日常书写、阅读及表达实践;还可以结合传统节日,开展常态化的"传统节日介绍""二十四节气社会活动设计"等活动。这些项目都考虑了项目学习的特点——真实情境运用、协作探究(创作)、成果展示,使语文学习走向发展逻辑思维能力、语言表达能力、发现问题的能力、人际沟通与交流的能力、批判性思维能力和协同创新能力之路。

2.主题整合类:主题聚焦,融通学科灵活开展

语文学科主题活动学习是指在语文教学过程中,围绕一个或多个与语文学科紧密相关的主题,设计并组织的一系列教学活动。这些活动旨在通过多样化的学习方式,激发学生的学习兴趣,深化其对语文知识的理解和应用,同时培养他们的语文素养、思维能力、审美情趣和文化素养。比如在教统编版小学语文

教材五年级上册第七单元时,聚焦"四时之景皆成趣"这个单元人文主题,可以创新性地开展"四季之韵"主题活动。学生不仅可以通过诗歌朗诵感受春天的生机、夏天的热烈、秋天的丰收与冬天的静谧,还可以结合科学知识,绘制四季变化图,用画笔描绘气候变迁对自然的影响。同时,引入数学中的统计知识,统计四季中常见植物的种类与数量,制作图表进行展示。此活动不仅能加深学生对语文课文的理解,还能巧妙地将美术、自然科学与数学等多学科知识融入其中,实现多学科知识的融通运用。

3.项目任务类:项目引领,融通工具创新表达

项目式学习在语文学科中的运用,是践行"学习任务群"理念,聚焦一个主题活动,以任务驱动的方式,推动学生在以成果为导向的目标下,投入学习,融通多学科的知识进行表达创造。项目化学习的过程复杂而曲折,学生往往受到经验不足的限制无从下手,因此教师要关注解决复杂问题的三种工具。

(1)学习单(任务单)是学生从已知走向未知的"脚手架"。

教师以学习单为支架,给学生分配角色任务,确定合作方案;学生围绕学习单上罗列的任务,有序地进行分析讨论,绘制解决问题的思维导图,在资源共享与创意分享的基础上,解决问题,共同完成学习项目。学习单记录了学生学习的轨迹,是教师监测学情的一种工具。

(2)思维导图是学生思维探究过程的"显示器"。

思维导图的形式有树形图、花形图、气泡图、鱼骨图、时间轴、表格等。教师可以引导学生围绕问题把主任务分解成一个个小任务,并按完成的先后顺序绘制鱼骨图或时间轴等思维导图;在项目探究时,可以引导学生绘制气泡图,进行小组分工,让学生利用气泡图或多项流程图来勾画解决问题的具体思路与策略;在成果展示时,可以让学生借助思维导图回顾、整理自己的学习经历,反思学习过程中的得失。

(3)学习评价量规是开展探究活动的"导航仪"。

在提出驱动性问题和设想最终的成果形态后,教师和学生需要根据学习目标与任务,从学习过程和学习成果两个维度协商设计学习评价量规。学习过程评价量规设计主要是针对学生在学习过程中的问题探究、沟通合作、自我调控、技术应用等方面设计评价标准;学习成果评价量规主要涉及学习成果的条理性、科学性、创新性和审美性等多个方面。评价内容应与学习目标、学习内容、

学习行为保持一致。

(三)以智慧创意表达为导向,融通文化的传承创造

学科知识就如经过摘、晾、揉、烘、炒等程序而被锁定精华的茶叶一样,茶叶需要合适的水来浸泡回甘,学科知识则需要教师赋予现实意义来激活。[①]坚守优秀文化传统,传承发扬文化智慧,语文课程如何做到立足传统迸发创新火花?融通语文主张以更开放的思维创新探索、跨界合作,基于"传承+创新",让跨越千年的中华优秀传统文化以更多样的姿态惊艳世界。

2016年发布的《中国学生发展核心素养》,将中国学生发展的核心素养分为文化基础、自主发展、社会参与三个方面,综合表现为人文底蕴、科学精神、学会学习、健康生活、责任担当、实践创新六大素养,进一步为教育研究者指明了教育的关键:不能割断传统,不能脱离世界。六大素养的培育要基于四大视角:发展的视角、跨学科的视角、真实情境的视角、整体素养的视角。[②]因此,融通语文教学应从核心素养的培育视角出发,挖掘语文课程潜藏的实践创新素养培育因子,并建构适合当代小学生的培育方式。

1.定好联结点,挖掘创新基因

传统与现代并不意味着云泥之别、泾渭分明。教师须从创造力的基本定义与核心内涵入手,弄清其"创新因子"是什么,才能有效地对学生进行素养培育。当代教育家何克抗教授提出,"创造性思维结构"的核心关键是发散思维,"创造性思维主体"包括形象思维、直觉思维、逻辑思维。[③]从创新思维的源头思考,对照古诗词文体的关键特征,我们可以挖掘其潜藏的创新基因,建立语文与创新素养的基本联结点。

(1)丰富的想象力培育因子。

想象力是创造力的基础。古诗词的文辞表达蕴含着最为丰富的想象力培育空间,充分挖掘其中想象力的教育价值,是教学培育创新素养的一个关键所

---

① 孙宽宁.学科课程跨学科实施的学理与路径[J].课程·教材·教法,2023(7):7.
② 师保国.核心素养的"教"与"评"——以创新素养为例[J].人民教育,2017(Z1):48-49.
③ 何克抗.儿童思维发展新论——及其在语文教学中的应用[M].北京:北京师范大学出版社,2007:169.

在。中国古典诗词言简意丰,特别是其特有的意象和意境,为想象力培育提供了极大的空间。

（2）浓郁的艺术化审美因子。

汉字有书法的视觉美,有声律的音韵美,有自然万物的意象美,还有中国文化的气韵美。审美,是发展形象思维,激发创新意识的重要途径,在培养直觉、想象力和创新意识等方面具有独特的功能。

（3）博大的开放性文化因子。

以杜甫等人为代表的现实主义诗派,其作品真实地反映现实生活,大朴无华;以李白等人为代表的浪漫主义诗派的作品,洋溢着追求理想的进取精神,乐观向上的豪迈气概。即使是带有批判思想的诗歌,也不乏扫清寰宇、震荡九州、造福百姓的正能量。从中华民族的汉语言文字中,可以发现其博大开放的思想基因,洋溢着大气质朴、谦和冲融的民族情怀。这样开放和包容的文化,是能够培育创新素养的关键性品格的。

2.开拓系统,融通实践路径

（1）探究实践,支撑稳定系统。

审视"实践创新素养"这个词,"实践"排在了"创新"之前,这就凸显了一个核心理念:创新素养不仅关注学科知识的掌握,更突出在真实情境中不断实践而形成的稳定的能力品质。培养学生的实践创新素养,除了要关注其创新能力的培养,同样要关注其创新态度和创新品格的培养。创新态度包括好奇心、合作性、开放度、创新观念等;创新品质包括不迷信权威、大胆质疑、勇于实践、坚持不懈等。缺少创新品格,就不足以谈创新素养,而创设整合性、情境化、开放性的合作体验任务,有助于学生创新品格的形成。有教师将电视综艺文化节目《中国诗词大会》引入课堂,让学生开展"游戏飞花令"的活动,这样的方式的确能激发学生对古诗词的兴趣,但散点式的、零星的创新体验,并不能真正推动学生创新品格的形成。教师可根据古诗词的主题,适当开展研究性合作学习活动,借助主题研究,多给予学生系统思考、合作交流、参与实践、解决困难的机会。例如:学习古诗《乞巧》和《嫦娥》,可以开展"古诗中的神话故事"调查研究;学习《黄鹤楼送孟浩然之广陵》《赠汪伦》,可开展"唐朝诗人的友谊"等趣味研究,激励学生去发现古诗中的文化意味,去探究李白、孟浩然、杜甫等诗人的友情。基于长程思考、问题解决,学生需要面对的挑战更为复杂,这对其意志力、创新力的考验更大。在持续互动与创生过程中,其创新素养才能得到真正有效的培养。

(2)学科融合,打造跨界系统。

以古诗词教学为例,学科融合能够打开思维视界,其新颖的方式有助于学生改变固化思维,培养发散思维,激活创新思维。"古诗中的趣味数字"引领学生发现古诗中数字的魅力与奥妙;"二十四节气话古诗"带领孩子关注古诗中的自然万象、农耕智慧;"诗歌音画时尚"活动将古诗词与音乐、绘画三者圆融呈现;"古诗中的名山大川"融合古诗与地理知识,激发学生对祖国绮丽多姿地理风貌的热爱与神往。学科融合的方式,打破了古诗词学习积累鉴赏的单一边界,使其文化价值和育人价值更加凸显,也使学生从关注古诗词的知识理解转化为对古诗词的综合运用。需要注意的是,学科融合涉及多学科的参与,但绝不是简单的跨学科教育,而是在坚持主导学科个性和特质的前提下,有统整、有主次地融入①。古诗词教学在进行学科融合时,不应当追求跨界的外在形式,而应当专注于学生是否突破了诗词学习的难点,产生了新的思维增长点,学科融合是否启发了学生的新思考。比如开展《古诗中的名山大川》组诗阅读,重点应当放在让学生读诗句、感受山川不同的风貌特征上,让学生借助中国地形图,形象而直观地感受诗词中的景物特点,在脑海中建构知识的立体联通图示,唤醒新的思维兴奋点。在这一环节中,地理知识是增值产品,具有附加属性,而不是学习的主体内容,教师绝不能喧宾夺主,把古诗词课上成地理分析课。

(3)链接时代,激活价值系统。

新时代的语文教学具有开放性、平等性、互动性等特性。大数据为古诗词学习提供了智能化辅助,让古诗词展示其时代魅力。学习友情诗、送别诗《黄鹤楼送孟浩然之广陵》,可以激发学生走进诗人的"朋友圈",感受李白作为孟浩然"超级铁粉"的鲜活生命色彩;借助"古诗中的大数据""诗词地图"等主题活动,可以打破时间隔阂,借助时间轴、空间线,把隐藏在古诗中的诗人、故事联系在一起,为学生了解诗人、理解诗歌背景,提供全新的视野。例如,某小学生团队撰写的《苏轼研究报告》引起了广泛关注。其中,"大数据帮你进一步认识苏轼""苏轼的旅游品牌价值"等主题,就是运用网络大数据,为学生们的古诗词研究提供新的助力,让他们有了新的发现。有观点认为,新技术是对传统文化的变

---

① 陆启威.学科融合如何走出"初级阶段"[J].中国教育报,2016-08-31(10).

异,但在信息时代,若还是刻舟求剑,胶柱鼓瑟,必然导致故步自封。新视野、新角度、新技术能够带来新的发现,更让古诗词可感、可亲、可爱。在激发兴趣、提升价值的基础上,学生的实践创新素养培养才能落地生根,生机盎然。

在中华优秀传统文化的传承上,语文教学不应当止步于复刻,而应通过不同的维度推动中华传统优秀文化与现代语境相融合,使其得到新的演绎、诠释,赋予其新时代的价值和生命力,向世界展示中国智慧的崭新魅力。

因应人的全面发展需要,融通,是知识进化的根本出路。融通语文,不仅仅是语文学科内容、跨学科知识的交叉融合,更是文辞、文章、文学、文化的彼此联通、交融。在此基础上,融通"整合的知识",才能更好地培育全面发展的人。

主要参考文献

[1]威尔逊.知识大融通:21世纪的科学与人文[M].梁锦鋆,译.北京:中信出版社,2016.

[2]叶澜.回归突破:"生命·实践"教育学论纲[M].上海:华东师范大学出版社,2014.

[3]顾明远.中国教育的文化基础[M].太原:山西教育出版社,2004.

[4]冯友兰.中国哲学史[M].上海:华东师范大学出版社,2000.

[5]李泽厚.论语今读[M].北京:生活·读书·新知三联书店,2004.

[6]梁漱溟.中国文化要义[M].上海:学林出版社,1987.

[8]许倬云.中国文化的精神[M].北京:九州出版社,2018.

[9]罗素.教育论[M].靳建国,译.北京:东方出版社,1990.

[10]怀特海.教育的目的[M].北京:生活.读书.新知三联书店,2022.

[11]叶嘉莹.古诗词课[M].北京:生活.读书.新知三联书店,2018.

[12]范曾.老庄心解[M].上海:华东师范大学出版社,2005.

[13]朱良志.《石涛画语录》讲记[M].北京:中华书局,2018.

[14]钟启泉,崔允漷.核心素养与教学改革[M].上海:华东师范大学出版社,2018.

[15]王尚文.语文教学对话论[M].杭州:浙江教育出版社,2004.

[16]艾兴.中国义务教育的课程论纲[M].重庆:西南师范大学出版社,2020.

[17]成尚荣.核心素养的中国表达[M].上海:华东师范大学出版社,2018.

[18]余文森.核心素养导向的课堂教学[M].上海:上海教育出版社,2017.

后记

本书是我参与的厦门市首期卓越教师培养项目的代表性成果。

庆幸在本次培训中,能够在缙云之麓的西南大学,栖身于底蕴厚重的大学校园,在专家引领和点化中,重塑教学主张、淬炼教育思想图谱。由此,让我能够从教学实践中那些枝叶斑驳的树冠,走向扎根土壤的教育大地去浸润、思考、沉潜、洞见。

同时,依托"融通语文"教学主张这个锚点,在厦门市陆佳音语文名师工作室的系统化课堂实践中,我们扎根课堂,不断去寻找教学行动的罗盘,实现融通的意蕴机理、实践策略。

令人欣喜的是,在一轮又一轮的理论熬炼和实践探索中,融通语文从最初的稚嫩,不断清晰、丰富、蜕变,在教育的底层逻辑和核心原理观照下,厘清本质,格物致知,并逐步走向融会贯通。

感谢在三年的项目学习中,给予关怀、引领和系统培育的厦门市教育局、厦门市教科院、西南大学教育学部的领导、专家、导师;感谢我的理论导师,西南大学教育学部教授、博士生导师、课程教学研究院院长艾兴教授,三年多来对本书持续的深度指导;感谢我的个人名师工作室全体成员的整体参与和实践推进;感谢本书的秦俭编辑严谨慎微、字斟句酌、推敲删润,促进书稿整体质量的提升。

谨以此书献给所有关怀、帮助、支持、鼓励我的家人、师长和朋友们!

陆佳音

2024 年 8 月 1 日